빌뱅이 언덕

빌뱅이 언덕

권정생 산문집

창비

머리말을 대신하여

　권정생 선생이 하늘로 돌아가신 지 다섯 해가 되었다. 그동안 주인 없는 오두막은 좀 더 낡아졌겠고, 선생의 유해가 뿌려진 빌뱅이 언덕은 비바람에 얼마간 더 낮아졌을 것이다. 사람의 마음은 모질지가 못해서 선생의 빈자리를 자꾸만 넓히려 들고 그리움의 깊이를 자꾸만 더하려 든다. 풀이 우북하던 마당은 수많은 발걸음으로 반들반들해졌고, 빌뱅이 언덕에는 또렷한 길 하나가 생겨났다.
　빌뱅이 언덕에서 산등성이를 타고 올라가면 꼭대기 언저리에는 꽃산만뎅이라는 공동묘지가 있다. 꽃상여가 많이 올랐다 해서 붙여진 이름이라지만 나는 어쩐지 꽃이 많이 피는 곳이어서 붙여진 이름이라고 생각한다. 이곳에 권정생 선생의 부모 묘소가 있다. 여기에도 선생의 유해를 반나마 뿌렸다. 흰 꽃 많은 5월, 간간이 선홍빛 뻐꾹채가 피어 있던 날이었다.

빌뱅이 언덕과 꽃산만뎅이를 거느린 산의 이름은 빌배산이다. 백무산 시인은 이곳의 풍수를 강아지에 비유했다. 꽃산만뎅이는 머리 쪽이고 빌뱅이 언덕은 꼬리라 했다. 자연, 그 아래 놓인 선생의 오두막은 천생 강아지똥 형상이라는 것이다.

빌뱅이 언덕 아래 오두막은 1983년 여름에 지었으며 그해 가을에 들어가 살았다. 『몽실 언니』 계약금으로 지은 집이다. 선생은 40대 중반에서야 비로소 자신만의 공간을 가질 수 있었다. 얼마나 춥게 살았으면 우선 따뜻한 것이 가장 좋다 하였을까. 한갓져서 조용하고 마음껏 외로울 수 있는, 신음 소리를 내면서 마음대로 아플 수도 있고 하염없이 생각에 젖어 들어도 누가 뭐라 않는 곳이어서 좋다는 마음을 지인에게 보내는 편지에 담은 적이 있다.

빌뱅이 언덕 두 칸 오두막집. 마을에서 가장 후미진 곳에 세우는 곳집보다 더 구석진 곳에 있는 집. 하천부지여서 번지도 없는 집. 번지 대신 '빌뱅이 언덕'이라고 해도 집배원이 알아서 편지를 전해 주던 집. 두 번의 전쟁이 필연적으로 안겨 준 가난과 병든 몸으로 철저히 외톨이가 되었던 선생과 꼭 빼닮은 집. '빌뱅이 언덕 오두막집'을 '빌뱅이 언덕 권정생'과 같은 것으로 견주어도 지나치지 않을 것이다. 이 집에서 살면서부터 선생은 비로소 스스로를 스스로답게 부리며 살아 냈던 것이다. 우리가 눈치챈 그의 삶도 온전히 여기서 완성되었으며, 한평생 져 온 짐을 정말이지 가볍게 부리고 돌아간 곳도 바로 이곳이다. 여기에 서면 그가 남긴 잠언들이 새록새록 떠올라서 절로 옷깃을 여밀 수밖에 없는 까닭도 여기에 있는 것이다.

 그리하여 이 산문집의 이름을 '빌뱅이 언덕'으로 부를 수 있게 된 것을 기쁘게 생각한다. 책의 이름으로나마 독자들의 입에 자주 오르내릴 수 있게 되었기 때문이다. 그럴 때마다 나는 권정생 선생의 어떤 아름다운 이미지가 독자들의 가슴으로 흘러들 것이라 믿기 때문이기도 하다.

 권정생 선생은 손수 산문집을 내지 않았고 낼 뜻도 없었다. 이미 두 권이 나왔지만 모두 남의 손을 거쳤고 남의 뜻이었다. 처음으로 산문이 책 속에 들어간 것은 1986년의 일이었다. 『오물덩이처럼 딩굴면서』가 그것이다. 저자가 버젓이 살아 있는데도 어쩐 일인지 엮은이 이름을 앞세운 책이었다. 이 책은 2002년에 출판사를 바꿔 『권정생 이야기』로 다시 출간되었다. 이젠 둘 다 절판되었다. 또 하나는 1996년에 나온 『우리들의 하느님』이다. 김용락 시인이 원고를 모아 녹색평론사에서 펴냈다. 이번 산문집 출간도 선생의 뜻과 무관하기는 마찬가지다.

 『빌뱅이 언덕』은 43편의 산문과 부록(시 7편, 동화 1편)으로 짜여 있다. 1부는 자전적인 산문이고, 2부와 3부는 1970~2000년대 우리들의 삶과 사회를 성찰한 산문이다. 1부와 3부의 절반 정도는 절판된 책에 실렸던 글이고, 나머지는 대부분 권정생어린이문화재단과 창비에서 새로 찾아낸 글들이다.

 부록에는 시집으로 묶기에는 양이 모자라고 사장하기에는 아까운 시들과, 좋은 작품이지만 단행본으로 묶기에는 다소 무리가 있는 동화를 실었다. 시와 동화를 굳이 산문집 자투리 자리에라도 넣은 이유는 독자들을 위한 배려다. 전집을 엮을 수만 있다면 이 작품들의 마땅한 자리가 있겠지만 선생은 평소 전집 내는 것을 못마땅하게 여겼다. 여러 출판사들이 같이 먹고살아야 한다는 이유에서였다. 선생의 뜻은 재단이 존속하는 한 지켜질 것이다.

아쉽게도 이번 산문집에서 빠진 글들도 여럿 있다. 책 분량이 많아 아예 자리를 못 잡았거나 내용이 겹치는 글들이다. 앞으로 새롭게 발굴되는 글과 함께 자료집 형태로나마 엮어서 정리해 둘 생각이다.

다섯 해 전, 빌뱅이 언덕에 뿌려진 선생의 희디흰 유해는 이제 거의 자연으로 돌아갔다. 즈음하여 우리 곁에 '빌뱅이 언덕'이 새롭게 찾아왔다. 그를 사랑하는 많은 독자들에게 이 책이 그리움을 비빌 언덕으로 가까이 자리하기를 바란다.

2012년 5월
안상학(권정생어린이문화재단 사무처장, 시인)

차례

　　　　　머리말을 대신하여 · 4

1부　　나의 동화 이야기 · 13
　　　　　오물덩이처럼 딩굴면서 · 20
　　　　　열여섯 살의 겨울 · 49
　　　　　목생 형님 · 77

2부　　토종 씨앗의 자리 · 87
　　　　　우리 삶과 함께하는 동화 · 95
　　　　　미국에도 눈물이 있었던가? · 99
　　　　　아낌없이 주는 나무 · 104
　　　　　더 이상 낮아질 수 없는 사람들 · 109
　　　　　민들레 꽃씨 · 114
　　　　　자유로운 꼴찌 · 119
　　　　　말을 만드는 사람들 · 124
　　　　　만주댁 할머니 · 126
　　　　　그저께 시내 장터에서 · 130
　　　　　우리 옛 어린이들 · 132
　　　　　그때 참새들은 모두 어디로 갔을까? · 134
　　　　　경순이의 아름다운 한 그루 나무 · 144
　　　　　엄마, 통일은 왜 해야 하나요? · 147
　　　　　시를 잃어버린 아이들 · 157
　　　　　가난한 예수처럼 사는 길 · 163
　　　　　아름다운 우리 당산나무 · 169
　　　　　쓰레기를 만드는 사람들 · 176
　　　　　구릿빛 총탄이 날아오던 날 · 179
　　　　　강물을 지키는 어머니 · 182
　　　　　고아 소녀 명자의 열 시간 · 187

3부 안동 톳제비 • 193
우리 아이들은 어떤 책을 읽을까 • 196
꿈만 같은 일 • 205
그릇되게 가르치는 학부모들 • 209
평화란 고루고루 사는 세상 • 218
올봄의 농촌 통신 • 222
가난이라는 것 • 236
처음으로 하느님께 올리는 편지 • 242
편지 대필 • 249
두 개의 이야기 • 252
자연과 더불어 크는 아이들 • 257
장화 이야기 • 271
순정이, 영아와 깨끼산 앵두꽃과 • 276
김 목사님께 • 283
다시 김 목사님께 1 • 290
다시 김 목사님께 2 • 307
새벽종을 치면서 • 318
그해 가을 • 321

부록 시 빌뱅이 언덕 • 331
민들레꽃 • 332
느티나무 안집 강아지들 • 333
인간성에 대한 반성문 2 • 335
정축년 어느 날 일기 • 336
가을 하늘 • 338
한 인간과 하늘이 동시에 울부짖었다 • 339

동화 30억의 잔치 • 340

원문 출처 • 350
발문 가장 낮은 곳에서 가장 맑은 목소리로 • 353

일러두기

1. 1975년부터 2006년까지 잡지에 발표한 산문과 절판된 책에 수록된 산문 중에서 가려 뽑아 엮었다.
2. 1부는 저자의 생애와 가족 관계를 보여 주는 자전적인 산문이고, 2부와 3부는 우리의 삶과 현실에 대한 성찰을 담고 있는 산문(2부는 1990~2000년대, 3부는 1970~1980년대에 발표한 글)이다. 부록에는 이번에 새로 찾은 시와 동화를 넣었다.
3. 어색한 문장은 원문의 뜻을 살려 교열하였고, 문단 나누기를 하지 않거나 너무 자주 하여 가독성이 떨어지는 경우에는 내용의 흐름에 맞게 조정하였다.
4. 저자만의 특이한 말이나 사투리는 그대로 살렸고, '국민학교'라는 명칭은 교육법 개정에 따라 1996년 3월부터 초등학교로 바뀌었지만, 개정 전에 발표된 글일 경우 명칭을 고치지 않고 그대로 두었다.
5. 글 뒤에 최초 발표 지면과 연도를 넣었고, 발표 연도를 알 수 없는 글에는 해당 글이 수록된 단행본 간행 연도를 넣었다.
6. 꼭 필요하다고 생각되는 곳에 편집자 주를 달았다.

1부

나는 왜 동화를 쓰게 되었는지 나 자신도 모른다. 언제 무엇이 계기가 되었는지 그런 걸 생각해 보지도 않았다. 누구나 가슴에 맺힌 이야기가 있으면 누구에겐가 들려주고 싶듯이 그렇게 동화를 썼는지도 모른다.

나의 동화 이야기

어릴 때 우리 집은 어둡고 음산했다.

일본 도쿄(東京)의 변두리 시부야(澁谷)의 셋집은 언제나 텅 빈 외로운 집이었다. 아침마다 아버지와 형은 칙칙한 바지를 접어 무릎까지 게트르(각반)를 찬찬히 감고 집을 나갔다. 뒤따라 큰누나가 도시락을 들고 공장으로 가고, 단 한 사람 소학교에 다니던 작은누나마저 책가방을 메고 나가면 저녁 때까지 집 안은 텅 빈다.

어머니는 사시코(누비옷) 삯바느질을 했다. 한 바늘 한 바늘 바느질을 하시며 어머니는 들릴 듯 말 듯한 구슬픈 목소리로 타령을 부르셨다.

집 안은 온통 어둡고, 뒤란 함석지붕의 낡은 틈 사이로 겨우 햇빛이 스며들어 와 바느질하는 어머니의 무릎을 밝혀 줬다.

열두 살 때부터 두 살을 위로 속여 사탕 공장에 다닌 큰누나는 비 오는 날에도 우산을 받지 못한 채 뛰어갔다. 작은형과 큰누나는 일요일이면 한 벌의 셔츠를 가위바위보를 해서 번갈아 입었다.

낡은 나가야(長屋)의 셋집 지붕은 비가 오면 시뻘건 물이 천장을 타고 방바닥에 흘러 떨어졌다. 양동이와 밥그릇까지 동원되어 흘러 떨어지는 빗물을 받았다.

그런 셋집에서도 우리는 자주 집세가 밀렸다. 집주인이 찾아오는 날은 아버지와 어머니는 한없이 굽실거리며 빌었다.

모가지가 길고 얼굴이 하얀 작은형은 찹쌀 종이에 싼 하얀 가루 금계랍을 자주 먹었다.

빈민가의 노동자 아버지들은 어느 집 구석에 모여 노름을 하다가 순사에게 무더기로 끌려갔다. 그 아버지들 속에 나의 아버지도 어김없이 끼어 있었다.

시부야의 아버지들은 모두가 '도카타노타이쇼'(토역 노동자의 대장)였다.

거리 청소부였던 아버지는 쓰레기 더미에서 헌책을 가려내어 와서 뒤란 구석에 차곡차곡 쌓아 두었다가 이따금 찾아오는 고물 장수에게 얼마의 돈을 받고 팔았다.

내가 그 쓰레기 책 더미 속에서 그림책이나 동화책을 찾아내어 읽은 것이 예닐곱 살 때의 일이다. 아직 학교에 입학하기 전, 나는 이 쓰레기 책 속에서 혼자 글자를 익히고 세상을 배웠다. 책은 곰팡내가 나고 반쪽이 찢겨 나가고 불에 타다 남은 것도 있었다.

『이솝 이야기』『그림 동화집』, 그리고 훗날 알았지만 오스카 와

일드의 『행복한 왕자』, 오가와 미메이의 『빨간 양초와 인어』, 미야자와 겐지의 『달밤의 전봇대』 등등 그때 읽은 동화들은 내 머릿속에 깊숙이 들어가 자리 잡았다.

이불 속에 누워 천장을 쳐다보고 있으면 판자 쪽 줄무늬가 어느새 찬 빗줄기로 변하고 그 찬비를 맞으며 왕자와 제비가 떨고 있었다. 잠이 들면 꿈속에 양초 가게의 인어가 상인에게 팔려 가는 구슬픈 모습이 나타나곤 했다.

도쿄의 폭격으로 우리는 그 셋집마저 잃어버리고 식구들은 뿔뿔이 흩어졌다.

두 형은 일본에 남고, 한국에 돌아온 우리도 이곳저곳 분산해야만 했다. 형수님은 친정으로 가고, 아버지와 작은누나는 안동으로, 어머니와 큰누나와 나와 동생은 청송 외가댁에서 살았다. 화목 장터마을에 1년 반 남짓 살면서 여섯 번 이사를 했다.

어머니는 약초를 캐서 팔고 여름에는 품을 팔았다. 일이 없는 겨울에는 자루 하나를 메고 동냥을 나가셨다. 열흘씩 보름씩 돌아오지 않으면 누나와 동생과 셋이서 귀리(호밀) 가루로 끓인 죽을 먹으며 기다렸다. 소년소설 「쌀도둑」은 그때의 이야기를 그대로 쓴 것이다.

1964년 어머니가 돌아가시고 이듬해 아버지가 또 세상을 뜨셨다. 1966년 동생이 결혼을 해서 헤어지고 나자 나는 어쩔 수 없이 병든 몸으로 혼자가 되었다.

일직교회 문간방에 들어와 있게 된 것은 1968년* 2월이었다. 민들레꽃과 강아지똥은 그 시기에 운명처럼 나의 가슴에 심어졌다.

소년 시절 『플루타크 영웅전』을 읽고 가슴이 설레었지만 나는 영웅이 못 되었다.

1969년도 제1회 기독교아동문학상 현상 모집 광고가 월간 『기독교 교육』에 실렸다. 마감 날까지는 50여 일이 충분할 것 같았다. 원고의 앞면 뒷면을 메워 가면서 열에 들뜬 몸으로 써 나갔다. 아침에 보리쌀 두 홉을 냄비에 끓여 숟가락으로 세 등분을 해 놓고 저녁까지 나눠 먹었다. 이렇게 해서 「강아지똥」은 50일간의 고통 끝에 완성되었다. 그해 5월 12일께다. 당선 통지가 배달되어 오고, 이어서 상금 만 원을 보내왔다. 그 상금에서 5천 원을 떼어 새끼 염소 한 쌍을 샀다.

그 뒤 신춘문예에 몇 번 응모했지만 실패했다. 1971년 대구 『매일신문』에 가작 입선을 하여 시상식에 갈 때 무릎을 기운 바지를 입고 나섰더니, 아랫마을 김 집사님이 조금 나은 바지를 가지고 와서 굳이 입으라고 하셨다. 그래서 입고 있던 바지를 벗고 빌려 준 바지를 입으려 하니, 추운데 그냥 껴입고 가라고 하셔서 껴입었다.

매일신문사를 찾아가 시상식장에 앉아 있으니 위아래 옷을 껴입고 있어 너무 거북스러웠던 것이 생각난다. 상금은 2만 원이었다. 시상식이 끝나 입상자들과 심사위원이 어디 다른 장소로 갈 모양인데, 동화 심사를 맡았던 김성도 선생님이 나를 따로 불러 등을 밀며 어서 돌아가라고 하던 것도 기억이 난다.

1973년 『조선일보』 신춘문예에 당선된 「무명 저고리와 엄마」는

---

*『우리들의 하느님』(녹색평론사 2008)에 실린 「유랑걸식 끝에 교회 문간방으로」에는 '1967년'으로 되어 있다.—편집자

3년 동안이나 긴 시간을 두고 한 줄 한 줄 적은 작품이다. 노트에도 적고, 생각나는 대로 종잇조각에도 적어 둔 것을 원고지에 정리한 것이다. 이 작품은 현상 모집을 겨냥해서 쓴 것이 아니다. 그래서 마감 한 주일 전에 보내면서도 당선은 생각지도 않았다.

1972년 12월 28일, 나는 감기가 덮쳐 아침도 먹지 않은 채 누워 있었다. 전날 눈이 내렸고, 그날도 잔뜩 흐린 날씨가 몹시 추웠다. 집배원이 문을 벌컥 열면서 "아재씨, 전보 왔니더." 하면서 종이쪽지를 던져 줬다.

결핵 환자에게는 어떤 것이든 흥분은 금물이다. 그런데도 나는 감정을 억제하지 못하고 흥분하고 말았다. 그래서 그날 밤 심한 각혈을 했다.

「무명 저고리와 엄마」의 당선으로 나는 동화 창작에 한 발 앞서 나가게 되었다.

나의 동화는 슬프다. 그러나 절대 절망적인 것은 없다.

어른들에게도 읽히는 것은 아마 한국인이면 누구나 체험한 고난을 주제로 썼기 때문일 것이다.

흔히 동화에다 무리한 설교조의 교훈을 담은 것이 있는데, 과연 그런 동화가 우리 인간에게 얼마만큼 유익한지 알 수 없다. 인간이 인간다워질 수 있는 것은 훈시나 설교가 아니다. 고도로 발달된 과학문명 속의 인간보다 잘 보존된 자연 속의 인간이 훨씬 인간답다.

설교를 듣는 것보다, 한 권의 도덕 교과서를 보는 것보다, 푸른 하늘과 별과 그리고 나무와 숲과 들꽃을 바라보는 것이 훨씬 유익하다. 고통을 겪는 것은 우리 인간만이 아니다. 한 포기의 나무와

꽃과 풀도 끊임없이 시달리며 살고 있다. 그러면서 그들은 억척같이 뿌리를 내리고 꽃을 피운다. 그 누구도 흉내 낼 수 없는 자기만의 빛깔로 세상을 밝혀 주고 있다.

공존은 성스럽다. 이웃 사랑은 남의 것을 빼앗지만 않으면 된다. 되로 주고 말로 빼앗아 가는 자선사업은 가장 미워해야 할 폭력 행위이다.

지구는 한쪽으로만 돌아서 인간을 미치게 했는지 모른다. 정신 장애자가 아닌 인간은 이젠 이 지구상엔 찾아볼 수 없을 것이다. 다 미쳐 버렸는데 누가 누구를 가르치고 누구에게 배운단 말인가?

내가 쓰는 동화는 그냥 '이야기'라 했으면 싶다. 서러운 사람에겐 남이 들려주는 서러운 이야기를 들으면 한결 위안이 된다. 그것은 조그만 희망으로까지 이끌어 줄 수 있기 때문이다.

나는 판단을 잘못하고 있는지는 모르지만, 서러운 사람들은 우리들 주위에 너무나 많다. 아이, 어른, 남자, 여자 할 것 없이 고달프고 원통한 것들뿐이다.

장애물을 하나 넘고 나면 더 큰 장애물이 우리를 가로막는다. 「별순이 달순이」에 나오는 옛날얘기엔 가엾은 어머니가 고갯길을 넘을 때마다 호랑이가 나타나서 맛있는 음식을 다 빼앗아 먹어버린다. 나중에는 어머니의 팔과 다리와 몸뚱이를 차례로 다 먹어버리고도 속이 차지 않아, 어린 남매인 별순이와 달순이마저 잡으려고 집으로 찾아간다. 다행히 하느님이 남매에게 밧줄을 내려 하늘나라로 구해 준다. 남매는 별과 달이 되어 밤하늘에서 살게 되지만 어쩐지 서러운 이야기이다.

나는 왜 동화를 쓰게 되었는지 나 자신도 모른다. 언제 무엇이 계기가 되었는지 그런 걸 생각해 보지도 않았다.

누구나 가슴에 맺힌 이야기가 있으면 누구에겐가 들려주고 싶듯이 그렇게 동화를 썼는지도 모른다.

_『오물덩이처럼 딩굴면서』1986

오물덩이처럼 딩굴면서

　내가 예수를 처음 알게 된 것은 나이 겨우 다섯 살 때였다. 일본 도쿄의 빈민가인 시부야에 살고 있을 때였다. 위로 두 누나들이 친구들과 함께 다니던 일요학교 얘기를 자기네끼리 주고받는 것을 곁에서 들은 것이다. 기도하는 얘기, 잠자리채 같은 연보 주머니에 1전짜리를 던져 넣는 얘기, 그리고 예수의 십자가 얘기를 했다. 옷을 벗고 알몸뚱이가 된 남자가 십자가라는 나무 위에 매달려 죽었다. 머리엔 가시관을 썼기 때문에 얼굴엔 피가 줄줄 흘렀고, 손과 발에 못을 박았기 때문에 굉장히 아팠을 거라고 했다.
　무슨 까닭으로 그렇게 죽게 되었는가는 몰랐지만, 그때 들은 예수의 십자가 모습은 어린 내게 꽤나 심각한 충격을 가져다준 것이 분명했다. 그때 내가 멋대로 그려 본 예수의 십자가 모습은 30여

년이 지난 지금까지 나의 머리에서 떠나지 않는다. 핏기 없는 검푸른 얼굴에 붉은 피를 흘리며 공중에 높이 매달린 남자가 무섭기보다 측은하게만 여겨졌다.

또 하나는 누나가 가르쳐 준 일요학교의 노래 중에 딱 한 가지 기억하고 있는 것이 있다. 예수의 십자가 모습과 거의 일치된 슬픈 동요의 가사를 우리말로 옮겨 보면 대략 다음과 같다.

잇사 아저씨
잇사 아저씨
아저씨네 집은 어디이셔요?

우리 집은
북쪽 나라 먼 산속
그 산속 깊숙이
오막집 한 채
참새들과 얘기하며
살고 있지요

2차 대전이 한창 치열했던 1944년 12월, 도쿄의 폭격은 빈민가의 구석구석까지도 잿더미로 바꿔 놓았다. 우리 집은 군마현(群馬縣) 쓰마고이(嬬戀)라는 시골로 이사를 했다. 거기서 해방을 맞아 후지오카(藤岡)로 일시 옮겼다가 1946년 3월에 귀국을 한 것이다. 조국 해방의 감격은 어린 내 가슴에도 벅찬 기대 속에 부풀어 올랐다.

그러나 찾아온 조국의 품은 어처구니없게도 모든 기대를 허물어뜨렸다.

몇 년이 못 가서 우리는 열 식구가 뿔뿔이 헤어져야 했다. 6·25가 일어나자 가족들은 서로의 생사조차 모르게 되었다.

1955년 여름, 내가 객지를 전전한 지도 4년째가 되었다. 부산에서 재봉기상회 점원으로 일하고 있었다.

교회도 예수도 까맣게 잊어버리고 좌절과 실의에서 헤어나지 못한 사춘기 시절이었다. 그런데 외로운 객지 생활 속에서도 친구는 있었다. 자동차 정비소에서 일하던 오기훈이란 아이와 최명자라는 여자아이였다.

명자는 충청도가 고향이었지만, 6·25 때 부모님을 잃고 고아원에서 자랐다. 기훈이는 이북 피난민이었다. 일찍부터 부모님은 안 계셨고, 형님과 월남을 하다가 헤어진 것이라 했다. 그는 나보다 한 살 위였지만 10년 이상 나이가 더 들어 보였다. 사고력도 행동도 생김새도 의젓했다.

기훈이와 나는 용돈이 생기면 초량동에 있는 '계몽서점'이란 헌책방에서 책을 빌려다 보는 것으로 낙을 삼았다. 계몽서점은 중앙국민학교 분교장 앞에 있었다. 주인은 마흔 살이 조금 넘은 마음씨 좋은 분으로, 처음엔 책값만큼의 보증금을 내고 책을 빌려 왔지만 나중에는 서로 알게 되어 값비싼 책도 그저 내주었다.

『젊은 베르테르의 슬픔』을 빌려다 읽고는 청년 베르테르의 사치한 죽음에 대한 실망으로 분노를 느끼기까지 했다. 그 대신 도스토옙스키의 『죄와 벌』을 읽고는 그만 기훈이도 나도 울어 버렸다. 기훈이는 얘기했다.

"나도 언젠가 라스콜니코프처럼 도끼로 사람을 때려죽일지도 몰라. 그땐 소냐처럼 먼 시베리아까지 함께 가 줄 연인이나 친구가 있어야 할 텐데……."

기훈이의 말이 아니었어도 우리는 너무 고독했고, 그래서 따뜻한 이웃이 그리웠던 것이다.

이광수의 『단종애사』를 읽고 나서 '사육신'을 존경하게 되었고, 단종의 슬픔이 우리 자신의 슬픔으로 되살아났다.

상점 유리문에 붙여 놓은 극장 포스터권이 나오면, 우리는 삼류극장에 가서 서부활극을 구경했다. 잔인한 백인들의 총탄에 죽어가는 인디언들이 전시(戰時)의 우리들의 입장과 닮은 것 같아 쓸쓸했다. 기훈이와 둘이서 밤길을 걸으면서「굳세어라 금순아」를 목이 터지도록 불렀다.

명자는 어디서 구했는지 찬송가와 성경책을 주면서 간곡히 교회에 나가도록 권유했다. 다행히 명자는 그때 얹혀 살고 있던 집 주인이 크리스천이었기 때문에 일요일 교회에만은 자유롭게 다닐 수 있었다. 그러나 나와 기훈이의 입장은 달랐다. 아침 5시에 일어나 저녁 9시까지, 더 늦으면 밤 12시까지 일을 했다. 초량동 삼일교회당 앞까지는 가 봤어도 한 번도 예배엔 참석해 보지 못했다. 그때 명자가 준 군용 찬송가는 아직 내가 보관하고 있다.

기훈이가 자살을 한 것은 그해 늦은 여름이었다. 다른 사람들은 식중독으로 죽었다고 말하지만 나는 기훈이의 죽음을 어디까지나 자살로 믿고 있다.

죽기 며칠 전 아침 기훈이는 신품(新品)이나 거의 같은 멍키스패너 한 개를 가지고 와서 팔아 달라고 했다.

"수리를 하고 간 차가 빠뜨리고 갔어. 찾으러 올까 봐 기다려도 안 오니 우리가 가져도 될 것 같아. 잡지 한 권 값은 될 거야."

나는 그 멍키스패너를 150환에 판 것으로 기억하고 있다. 그러나 기훈이에게 그 돈을 전해 주지 못했다.

갑자기 나는 넓은 바다 가운데 혼자 내던져진 기분이었다. 며칠을 두고 상점 책상에 엎드려 꼬박 밤을 새우며 울었다.

기훈이와 같이 사서 읽던 월간 잡지 『학원』을 1955년 8월호로 영원히 인연을 끊게 된 것은 기훈이의 죽음 때문이었다. 한 번 썼던 헌 상품 포장지를 벗겨, 소설도 써 보고 시도 써 보던 것을 그만두었다. 계몽서점에 찾아가는 것도, 「굳세어라 금순아」「슈샤인 보이」를 부르는 것도 그만두었다.

명자는 이따금 나를 보면 한숨 섞인 말로 위로를 했다.

"얼굴이 말이 아니야. 어디 아픈 덴 없니?"

"응, 나 요즘 자전거 타고 오르막에 오를 땐 숨이 무척 가빠."

우리는 별로 할 말이 없었다.

명자가 서울로 떠난 것은 늦가을이었다. 훗날 들리는 소문에 명자는 어느 윤락가에서 웃음을 파는 아가씨로 전락해 버렸다고 했다. 무척 착한 아이였다. 일요일이면 성경책을 들고 교회당으로 얌전히 걸어가던 명자가 창녀가 되었다. 어쩔 수 없었던 모순투성이 역사와 사회가 낳은 불행한 고아들을 누가 나무랄 수 있단 말인가?

기훈이와 명자가 모델이 된 동화 「갑돌이와 갑순이」를 읽을 때마다 두 번 다시 만날 수 없는 친구들의 가엾은 운명에 목이 멘다.

  1956년 새해가 왔다. 음력 설날도 거의 한 달이 지난 어느 날 고향집 동생에게서 편지가 왔다.

   형, 설날에 올 줄 알고 기다렸는데 올해도 집에 안 오니까 어머니가 만날 울고 계신다. 형이 올까 봐 떡을 해 두고, 설날이 지났는데도 어머니는 막차 올 때면 정거장까지 마중을 간단다. 손님이 다 내리고도 한참 동안 더 서서 기다려 보고 돌아설 때면 나도 눈물이 났어…….

  나는 가끔 몸에 열이 오르고 기침이 났다. 그러나 아무에게도 아프다는 눈치를 보이지 않았다. 자전거를 탄 채 오르막길을 오를 수 없을 정도로 숨이 찼다. 내려서 끌고 가다가 다시 탔다. 밤마다 하늘을 날아다니는 꿈을 꾸었다. 밤중에 깨어 보면 식은땀이 흐르고 몹시 갈증이 났다. 냉수를 한 대접씩 떠서 벌컥벌컥 마셨다. 밥맛이 없고, 일을 하다가도 멍하니 잊어버릴 때가 한두 번이 아니었다.

  그렇게 무리하면서 나는 1년을 버티었다. 그러나 끝내 견디지 못하고 자리에 누워 버렸다. 병원 진단 결과는 늑막염에다 폐결핵이 겹쳤다고 했다.

  1957년 2월, 고향에서 어머니가 오셨다. 나는 죄인처럼 끌려 집으로 돌아왔다. 집을 떠난 지 5년 만이었다.

  남의 집 논밭 다섯 마지기로 소작 농사를 지어 간신히 살고 있는 고향집엔 늙으신 아버지와 동생이 기다리고 있었다. 어머니 아버지는 온통 주름살투성인 할머니 할아버지로 변해 있었다. 다만 이제 열일곱 살의 동생은 아주 건강하게 어른스러워 보였다. 그도 국민학교를 졸업한 후, 집에서 농사일을 거들며 힘겨운 노동을 하고 있었다. 노동하는 것이 나쁘대서가 아니다. 아직은 공부를 하고 배움길에서 자라야 할 나이에, 평생 노동으로 시달려 온 부모님처럼 고생할 것을 생각하니 가슴이 아팠던 것이다.

오랜만에 만난 가족이지만 반가워할 수도 없었다. 말없이 우리는 앞으로 닥칠 운명에 대해 어떻게 대처해 나갈지를 생각하면서 하루하루를 보냈다. 나는 어두운 방 안에 꼼짝 않고 누워 있었다.

그런데 마을엔 나처럼 객지에서 병을 얻어 돌아와 있는 사람이 많았다. 서울에서 식모살이하던 성태란 소녀, 앞집 갑덕이는 열여섯 살인데 역시 폐결핵으로 기침을 하고 있었다. 군대에서 의병제대를 하고 돌아온 청관이와 태진이네 아버지도 폐결핵이었다. 열네 살짜리 옥자도, 배나무집에 시집갔던 성난이도 결핵이었고, 나보다 조금 늦게 온 태호도 기관차 조수로 일하다가 폐결핵으로 돌아왔다.

우리는 줄을 지어 읍내 보건소로 약을 받으러 갔다. 그러나 그때만 해도 환자의 수요량만큼 약이 공급되지 않았다. 찻삯을 간신히 구해서 50리 길을 찾아가 보면 약이 나오지 않아 허탕을 쳐야 했다. '파스'와 '아이나'를 함께 복용하다가 '아이나'만 나올 때도 있고 '파스'만 나올 때도 있었다. 그것도 저것도 나오지 않아 한두 달씩 건너뛰기도 했다.

개별로 약방에 가서 구입해 먹으라고 했지만 우리는 따로 약을 사서 먹을 형편이 못 되었다. 이렇게 무질서한 투약으로 치료는커녕 병세는 점점 더 악화되어 갔다.

우리 중에서 제일 먼저 죽은 것은 그래도 가정환경이 가장 좋다고 한 태호였다. 스물한 살 한창 피어나는 나이에 몹쓸 병마로 죽은 것이다. 그다음엔 열일곱 살로 죽은 갑덕이었다. 잇달아 태진이네 아버지가 죽었고, 옥자가 죽고, 성태가 죽었다.

성태는 무척 깔끔한 처녀였다. 빨래터에 갈 때는 남이 안 보는 이른 아침이나 저녁 늦게였다. 죽을 때까지 가사를 돌봤다. 한번은 내가 찾아갔더니 성태는 베틀에서 베를 짜고 있었다. 장작개비처럼 가늘어진 허리에 부티끈을 졸라매고 바디를 힘겹게 내려치고 있었다.

"어쩌려고 힘든 베를 짜고 있니?"

나는 너무도 놀라워 가까스로 그렇게 물었다.

"품앗이 베야. 이런 거라도 해야만 마음이 편해."

희고 푸른 얼굴로 성태는 쓸쓸하게 웃었다. 나중에 알았지만, 성태는 가슴에 구멍이 뚫려 거기서 고름이 쉴 새 없이 흘렀다. 들기름을 묻힌 솜으로 그 구멍을 막아 가면서 성태는 일을 했던 것이다.

1960년 겨울 성태는 죽었다. 스물두 살이었다.

그다음 해에는 청관이가 죽었다. 청관이는 열 식구가 넘는 대가족의 집안에서 결국 쫓겨나듯 나와 의지할 곳이 없게 되었다. 추운 겨울인데도 들판 외딴집에 불을 지피지 않는 방 안에서 이불을 뒤집어쓰고 떨고 있었다. 윗목에는 금이 간 요강이 놓였고 요강 안에는 거품이 덮인 가래와 빨간 오줌 몇 방울이 담겨 있었다. 청관이는 이따금 보건소에서 받아 온 '아이나' 1개월분을 한꺼번에 먹어 치웠다. 한시바삐 죽고 싶은 것이 그의 소원이었다.

부모도, 형제도, 친구도 그를 마다했다. 주림과 추위와 고독과 아픔을 한꺼번에 참아 가기란 너무도 벅차고 가혹한 일이었다. 불쌍한 청관이는 그렇게 죽었다.

마지막으로 성난이가 3남매 어린 자식들을 남겨 놓고 죽어 버리자, 나 혼자만 남게 되었다. 그즈음 나의 병세 역시 극도로 악화되어 있었다. 폐결핵에서 신장, 방광 결핵으로 전신 결핵이 되어 갔다.

소변보기가 어려워졌다. 횟수가 잦아지고 통증이 뒤따랐다. 한 시간에 한 번이었다가 30분마다 보아야 할 만큼 횟수가 늘고, 나중에는 10분, 5분마다 변소에 드나들어야 했다. 밤에는 잠을 제대로 잘 수 없었다.

내가 밤마다 괴로워하니 어머니께서도 주무시지 않았다.

내가 고향집에 돌아온 다음 해, 동생이 대신 집을 나갔다. 어려운 살림을 돕기 위해서는 돈을 벌어야 한다는 것이 동생의 머릿속에 꽉 차 있었다. 그는 강원도로 서울로 다니며 일자리를 찾아 헤매었다.

나는 집 나간 동생과 부모님께 도저히 그 이상 고생을 시켜 드릴 수 없어 차라리 죽어 버리길 바라고 기도했다. 밤마다 교회당에 가서 밤을 지새우며 하느님께 나의 고통을 눈물로 부르짖었다. 아마 구약성경에 나오는 욥의 모습만큼 참담했을 것이다.

여름은 그래도 밤을 지새우기가 쉬웠다. 그러나 추운 겨울은 한

층 괴로웠다. 추운 마룻바닥에 앉아 있으면 소변은 숨 돌릴 사이도 없이 마려워진다. 밤새도록 들락날락하다 보면 새벽이 온다. 새벽 종이 울리면 곧 일어서서 집으로 돌아간다.

　나중에는 아예 깡통을 기도하는 옆에 갖다 놓고 밤을 새웠다. 누구에게 들키지 않도록 각별히 조심을 하자니 기도를 제대로 할 수 없었다. 다만, "주여." "주여."를 되풀이하다가 보면 어느 사이에 "어이 추워, 어이 추워."로 바뀌어 버린다. 어쩌다가 지쳐 그 자리에 쓰러져 잠이 들면 온통 바지가 젖어 있었다. 젖은 바지는 그대로 빳빳하게 얼어 버렸다.

　버려진 바지를 어머니에게 빨리기가 죄스러워 아직 어두운 새벽에 우물에 가서 물을 길어 손수 바지를 빨았다. 빨면서 나는 울고 있었다. 아무리 참으려고 애써도 걷잡을 수 없이 눈물이 흘러내렸다. 그러나 어머니는 내가 흘린 눈물의 열 곱절 아니, 백 곱절도 넘는 숱한 눈물을 흘리고 괴로워하셨다.

　어머니는 기독교인이 아니었다. 그러나 그 나름대로 신앙을 가지고 있었다. 뒤꼍 뽕나무 아래서 밤마다 몰래 나가 기도하시는 것을 나는 알고 있었다. 산과 들로 나가서 약초를 캐 오시고 메뚜기를 잡아 오셨다. 뱀도 잡아 오시고, 개구리도 잡아 오셨다. 아마 어머니가 잡아 오신 개구리는 수천 마리가 넘을 것이다.

　벌레 한 마리 죽이는 것도 못마땅히 여기고, 생명 가진 것을 그토록 소중히 여기던 어머니가 그 많은 개구리를 어떻게 잡아 껍질을 벗기셨는지, 지금도 생각하면 어머니가 가엾다. 동생조차 집을 나가서 없고 어머니께서 내 병 치다꺼리에 여념이 없자 자연히 농사는 아버지 혼자서 지으셔야 했다. 식구들은 모두 한결같이 피골이 상접한 환자처럼 되어 갔다. 나의 모습은 꼭 죽은 송장만큼 보기 흉했을 것이다. 이발관에 갈 수 없어 바리캉을 가지고 손수 머리를 깎았다. 손바닥만 한 거울 조각을 앞에 놓고 나는 어느새 머리 깎는 데 익숙해 있었다. 우리 속담엔 "중도 제 머리는 못 깎는다."라는 말이 있지만 나는 내 머리를 내가 깎았다. 스물다섯 살이 넘을 때까지 나는 까까머리로 지냈다.

그런데 죽기만을 기다리던 내 병 증세가 뜻밖에도 차츰 호전되고 있었다. 소변 보는 횟수가 줄어들었다. 소변 볼 때마다 피고름이 섞여 나오던 것이 차츰 깨끗해지고 그토록 아프던 통증도 조금 가시었다. 누워 있어도 곤란하던 호흡이 점차 안정되어 가고 다리에 힘이 올랐다.

고향집에 돌아온 지 6년 만인 1963년 나는 교회학교 교사로 정식 임명되었다. 그렇다고 완전한 건강을 되찾은 것은 아니었다. 소변은 역시 시간마다 보아야 했고, 걸음도 아주 천천히 걸어야만 했다. 그러나 그때부터 나는 죽지 않는다는 신념을 갖게 되었다. 철야기도를 계속해 나갔다. 유일한 읽을거리는 성경책이었다. 신문도 없고, 라디오도 없고, 책 한 권 빌려 볼 수 없는 산골에서 성경은 나의 마음을 무한히 넓게 깊게 가르치고 일깨워 주었다.

나는 얼마 동안 행복을 느꼈다. 그러나 그것도 1년을 지속하지 못하고 커다란 슬픔이 닥쳐오고 말았다. 어머니의 죽음이었다.

1964년 늦겨울 어느 날, 어머니는 자리에 누우셨다. 누우시기 전날까지도 어머니는 고개 너머 저수지 공사에 일을 가셨다. 염색한 군용 작업복을 입고, 허리를 새끼 끄나풀로 묶고 집을 나서시던 그 뒷모습이 아직도 내 눈앞에 아른거릴 때면, 가슴을 쥐어뜯는 듯한 고통을 느낀다.

자리에 누운 지 6개월 만에 세상을 뜨셨다. 예순여덟 살의 할머니가 병든 자식을 위해 숨을 거두기까지 몸부림을 치며 절규하셨을 게다.

어머니가 돌아가시고 나니, 남자들만 세 식구가 남게 되었다. 우리는 서로가 말이 없었다. 겨울이 지나자 어느 사이에 나의 건강은 또다시 악화되기 시작했다.

각혈을 하고 소변 보는 횟수가 잦아졌다. 그동안 어머니의 병시중에 시달려 과로한 탓이기도 하지만 정신적으로 많은 타격을 받아서 그렇기도 했을 것이다.

어느 날 밤, 아버지는 몰래 나를 부르셨다. 아버지는 그동안 혼자 고민해 오던 집안 걱정을 털어놓으셨다. 이대로 나가다가는 집안이 망해 버리겠다는 것이다. 그래서 동생이라도 우선 결혼을 시켜 가계를 이어 나가야 된다는 것이다. 나는 아버지의 심경을 십분 이해할 수 있었다. 위로 세 분 형님 중 한 분은 일제 말기에 잃어버리고 두 분 형님마저 소식을 모른 지 오래이다. 넷째 아들인 내가 병들어 10여 년을 앓고 있으니, 이젠 막내아들에게나마 가계를 잇게 해야만 되는 건 당연했다.

아버지는 여기까지 말씀하시고 한동안 침묵해 있다가 무척 어렵게 입을 여시었다.

"정생아, 아버지로서 이런 말을 한다는 건 도리가 아니지만, 집안을 생각해서 말하는 것이니, 네가 어디 좀 나가서 있다가 오너라. 한 1년쯤 바람도 쏘이면서……."

나는 아버지의 뜻을 훤히 알 수 있었다. 오히려 아버지가 말씀하시기 전에 내가 먼저 행동했어야 했다. 나는 앞서 죽어 간 친구들을 생각하면서 살아남아 있는 것이 저주스러웠다.

1965년, 부활절을 지낸 며칠 후, 4월 중순이었다. 나는 새벽 일찍 옷 보따리 하나를 들고 집을 나왔다. 잠든 동생의 머리맡에 쪽지 한 장을 놓아두었다.

"나, 어디 좀 나갔다가 올 테니까 아버지 말씀 잘 따르기 바란다. 형."

새벽바람은 차가웠다. 기차 시간은 아직도 넉넉하게 남았다. 정거장에 도착하고 나니 그때서야 가까스로 동녘이 트기 시작했다. 조그만 대합실엔 아무도 없었다. 나는 의자에 앉아 기다렸다. 한참 기다리니까 손님들이 한둘씩 모이기 시작했다. 1시간 후에 차표를 사서 막 개찰구로 나가려는데, 누군가 헐레벌떡 달려오는 사람이 있었다. 나는 달려오는 청년을 보고 흠칫했다. 너덜너덜해진 작업복을 입은 동생이었다. 동생은 내게 다가오더니 팔을 잡아당겼다.

"형, 어디 가는 거야?"

"걱정하지 말어. 기도원에라도 가서 한 일주일 있다가 돌아올게."

나는 동생을 안심시키기 위해 그렇게 둘러대었다. 그렇지 않아도 전부터 유명한 S기도원에 한번 가고 싶어 했던 것은 사실이기 때문이다.

"안 돼! 형이 어딜 가면 나도 집에 안 있겠어."

동생은 붙잡은 팔을 놓지 않았다. 나는 한쪽 구석으로 가서 타이르기 시작했다. 일주일만 있다가 꼭 돌아올 테니 그때까지 기다려 달라고 사정을 했다. 동생은 어쩔 수 없음을 깨달았는지 호주머니 속에서 꼬깃꼬깃 접힌 종이돈 한 장을 내밀었다. 100원짜리 한 장이었다.

"일주일만 있다가 꼭 와야 해. 꼭!"

개찰구를 나오다가 돌아다보니, 동생은 돌아선 채 울고 있었다. 나는 못 본 척 기차에 올라탔다. 애써 터져 나오려는 울음을 참느라고 입술을 깨물고는 태연한 척 차창 밖을 내다보며 의자에 앉아 있었다.

S기도원에 닿은 것은 오후 4시경이었다. 아직 벌거숭이 들판에서 처녀들이 밀가루 자루 같은 것을 들고 다니며 이제 막 돋아나는 쑥을 캐느라 여념이 없었다. 어디 사는 처녀들이기에 저토록 많이 나와서 쑥을 캐는 것일까? 나는 이상하게 생각하면서 기도원으로 가는 산길에 접어들었다.

그때 열다섯 살 정도 되어 보이는 소년이 내 곁으로 달려왔다.

"아저씨, 어딜 가세요?"

소년은 나의 아래위를 훑어보며 묻는 것이었다.

"기도원에 가는 길이야."

"기도원에 오래 계실 거예요?"

소년은 거듭 물으며 걱정스럽다는 표정을 짓는 것이었다.

"얼마나 있을지 아직 모르겠어."

"식량이랑, 돈이랑, 준비해 오셨어요?"

나는 그제서야 소년이 자초지종 캐어묻는 까닭을 알 수 있었다. 나는 대답 대신 고개를 저어 보였다.

"아저씨, 돈 갖고 오지 않았음, 기도원에 못 있으실 거예요."

소년은 혼잣말처럼 불평 비슷하게 말하고는 내가 오던 길로 달려가 버리는 것이었다. 기도원에 가까워지니 쑥을 뜯는 사람은 처녀들만이 아니었다. 할머니도 있고 남자들도 있었다.

신분증을 제시하고 50원을 주고 등록증을 받았다. 100원짜리를 내고 거스름돈을 받으니 거기 서성대던 사람들이 일제히 내 거스름돈에 시선을 집중하는 것이었다. 나는 그때서야 그 사람들이 등록금 50원이 없어서 풀기 없이 서성대고 있다는 것을 알 수 있었다. 어쩐지 그 사람들 보기가 미안했다. 사무실을 나와서 안내해 주는 숙소로 가려고 하는데, 어떤 청년이 양쪽 겨드랑이에 목발을 짚고 서서 역시 고개를 떨구고 있었다. 나는 고개 숙인 청년을 유심히 보았다. 얼굴이 부어 있고 한쪽 다리를 끌다시피 하는 것이 틀림없는 나병 환자였다. 나는 청년에게 가까이 가서 물었다.

"등록을 못 하셨나요?"

청년은 나를 쳐다보더니 얼굴을 붉히며 고개를 끄덕인다. 나는 내 처지보다 더욱 딱한 청년에게 동정이 갔다. 방금 받았던 거스름돈을 주면서 등록을 하라고 했다. 청년은 몇 번 사양을 하더니 받아 들고 사무실로 갔다. 나는 기다렸다가 그와 함께 지정된 숙소로 갔다. 판자 쪼가리로 움집이나 다름없이 지어 놓은 딱 한 칸짜리 방이었다. 세 사람의 남자가 합숙을 하고 있었다. 나와 문둥이 청년이 들어가자 꺼리는 기색이 완연했다. 저녁 식사는 각자가 가지고 온 냄비에 곡식 낟알 한 줌씩 넣고 쑥죽을 끓여서 먹고 있었다. 각기 벽 쪽으로 돌아앉아 훌훌 마시듯이 먹어 치운다.

문둥이 청년과 나는 우두커니 앉아 있기가 무엇해서 밖으로 나왔다. 기도원 산비탈엔 저녁 짓는 연기로 꽉 찼다. 모두들 한결같이 쑥죽을 끓이고 있었다. 나는 아까 이리로 올 때, 처녀들과 할머니들이 쑥을 캐던 이유를 이제야 알게 되었다.

저녁 예배 시간이 되어 우리는 예배당으로 갔다. 석조 건물의 예배당은 꽤나 넓었다. 몇천 명을 수용할 수 있을 것 같았다. 밤을 새워 기도를 하면서 예배당 마루에서 지냈다. 다음 날 아침엔 기도원 내에 있는 매점에서 고구마를 사서 먹었다. 날고구마를 그대로 문둥이 청년과 함께 썹어 먹고는 산비탈 소나무 밑에서 잤다.

3일째 되던 날, 문둥이 청년은 더 있을 수 없다면서 기도원을 떠나갔다.

"그동안 고마웠습니다."

청년은 주저주저하면서 내 손을 잡았다. 나는 그의 손을 꽉 마주 잡고 산 밑까지 전송을 했다. 그가 목발을 짚고 절뚝거리며 가는 뒷모습이 산모퉁이로 사라져 버리자 나는 여태까지 참았던 눈물이 왈칵 쏟아져 내리고 말았다. 그 뒤 일주일 동안 기도원에 있었지만, 잠시도 그 문둥이 청년의 모습이 눈앞에서 떠나지 않아 괴로웠다. 차라리 그 청년과 함께 어디든 함께 갔더라면 하는 뉘우침까지 일어나는 것이었다. 길 잃은 양처럼 떠나간 청년을 생각하니 이 넓은 기도원엔 예수님이 안 계신 것 같았다. 분명히 문둥이 청년을 따라가 버린 것만 같았다. 나는 기도원을 떠나기로 마음먹었다. 그동안 계속 고구마만 먹으면서 살았지만 이젠 고구마를 살 돈도 없었다. 수중에 남은 돈은 60원뿐이었던 것으로 기억된다.

기도원에 들어와서 꼭 10일 만이었다.

산을 내려와서 한길에 나서자 나는 어느 쪽으로 갈지 망설여졌다. 나는 고향집이 있는 북녘 하늘을 바라보다가 어느새 발길을 그쪽으로 옮겨 놓았다. 그래도 집 쪽 가까운 곳으로 가고 싶어진 것이다. 아주 천천히 쉬어 가면서 걸었다.

한나절이 조금 지나자 몹시 배가 고파졌다. 뉘 집에 들어가서 점심 요기라도 청해 볼까 싶었지만 그만두었다. 나는 어느새 각오가 되어 있었다. 점심 같은 것은 아예 생각조차 말아야 한다. 그리고 구걸을 할 바엔 철저한 거지가 되자고 결심하게 된 것이다.

나는 수중에 남았던 60원으로 길가 상점에서 두레박용 깡통 하나와 성냥 한 갑을 샀다. 문둥이 청년이 불현듯이 보고 싶어졌다. 나는 목발을 짚은 청년을 찾으면서 길을 걸었다.

그로부터 꼭 3개월 남짓 나의 거지 생활이 시작된 것이다.

그해 봄은 무척 가뭄이 심했던 것으로 기억된다. 그 대신 여름엔 비가 잦았다.

기도원을 나온 그날 밤부터 나는 아예 노숙을 하기로 마음먹었다. 철저한 거지가 되기로 결심한 것이다.

그 당시의 일들을 새롭게 회상할 수 있는 것으로 시 몇 편을 가지고 있다. 시라기보다 낙서나 다름없는 지극히 감상적인 글이지만 여기 서너 편만 소개하기로 한다.

내 잠자리

밤안개 깔린
포플러나무 밑으로
가랑잎처럼 굴러갔습니다
그날
갈릴리의 밤은
저렇게 달려가는 자동차
헤드라이트의 불빛도
신호등 불빛도 없었겠지요
여우도 굴이 있고
날아가는 새도 깃들 곳 있다시던
그 갈릴리엔
넓은 하늘 반짝이는 별빛만이
오늘 밤도 그렇게 반짝입니다
사람의 손이 만든
콘크리트 다리 밑
오늘 밤은 거기를
빌어 들었습니다
주님

어쩌면 이런 자리에
누추하게 함께 주무실는지요

나의 친구

사랑 어린 눈으로
안아 주시면서
지난밤은 조금도
춥지 않았습니다

거지

거지를 만나
우리는 하얀 눈으로
마주 보았습니다
서로가
나를 불행하다 말하기 싫어
그렇게 헤어졌습니다
삶이란
처음도 나중도 없는
어울려 날아가는 티끌같이

바람이 된 것뿐입니다
저마다가 그 바람을 안고
북으로 남으로 헤어집니다
어디쯤 날아갔을까?
한참 다음에야
나를 아끼느라 그 거지 생각에
자꾸만 바람빛이
흐려 왔습니다

딸기밭

새빨간 딸기밭이
보였습니다
고꾸라지듯 달려가 보니
딸기밭은 벌써
거둠이 끝난 다음이었습니다
알맹이보다 더 새빨간
딸기 꼭지들이
나를 비웃고 있었습니다
불효자에겐
보아스가 룻을 위해 남겨 줬던
그런 이삭조차 없었습니다

건넛산

바위 벼랑 위로

흘러가는 구름이

자꾸 눈앞을 어지럽힙니다

어머니

배가 고픕니다

나는 오랜 세월 병고에 시달려 왔기 때문에 직접 간접으로 사람들에게 많은 신세를 져 왔다. 집을 나와 거지 생활을 하던 그 당시도 친절을 베풀어 준 많은 사람들을 잊지 못한다.

상주 지방, 마을 앞에 우물이 있고 늙은 소나무가 있는 외딴집 노부부의 정다운 모습을 잊을 수 없어 「복사꽃 외딴집」이란 동화를 썼다. 열흘 동안 매일 아침마다 찾아갔지만 한 번도 얼굴을 찌푸리지 않고 깡통에 밥을 꾹꾹 눌러 담아 준 점촌 조그만 식당집 아주머니, 가로수 밑에 쓰러져 있을 때 두레박에다 물을 길어 헐레벌떡 달려와 먹여 주시던 그 할머니의 얼굴도, 뱃삯이 없다니까 그냥 강을 건네주시던 뱃사공 할아버지도 좀처럼 내 기억에서 지워지지 않는 얼굴들이다. 이처럼 곳곳에 마음 착한 사람들이 있기 때문에 나는 죽지 않고 살아날 수 있었던 것이다.

그즈음 나의 머리에는 죽음에 대한 생각이 잠시도 떠나지 않았다. 어떻게 하면 남에게 내 추한 모습을 보이지 않고 자취 없이 죽을 수 있을까를 골똘히 생각했다. 오늘 밤에 꼭 뉘 집에서 삽이나 괭이를 빌려 인적이 드문 산속에 구덩이를 파고 들어가 죽어 버려야지 하고 별렀다. 실제로 나는 몇 번인가 죽을 장소를 보아 두기도 했었다. 그러나 밤이 되면 낮에 마음먹은 것이 물거품처럼 사라지고 나의 죽음은 또 다음 날로 미뤄지는 것이었다.

8월 초순이었다. 나는 어느새 예천 지방에 와 있었다. 나도 모르는 사이에 고향에 가까이 와 버린 것이다.

나는 망설였다. 여기서 북으로 바로 가면 영주를 거쳐 강원도로 가게 된다. 그 대신 동쪽으로 길을 꺾으면, 우리 집까지는 불과 100리 정도밖에 되지 않는다. 나는 갑자기 집으로 가고 싶었다. 어느새 나의 머릿속은 집으로 돌아갈 어떤 구실을 만들고 있었다.

그런데 그날 밤 갑자기 온몸에 불덩이처럼 열이 오르고 걸음을 옮겨 놓기 힘들 만큼 아랫배의 국부(局部)가 아프기 시작했다. 나중에 알았지만 그때부터 나는 부고환결핵(副睾丸結核)을 앓게 된 것이다. 짐작만으로도 열이 40도 정도로 오르내리는 듯했다. 아버지와 동생의 얼굴이 못 견디도록 보고 싶었다.

이튿날 아침 나는 집으로 돌아가기로 마음먹었다. 나의 모습은 보통 몰골이 아니었다. 볕에 그을린 살갗은 아무리 씻어도 깨끗해지지 않았다. 그대로 집에 가면 동네 사람들이 어떻게 대할지, 될 수 있으면 추한 모습을 보이지 않으려고 냇물에 목욕을 하고 이발도 했다. 돌아가기로 마음먹고 나니 잠시도 지체할 수 없었다.

그날 집에 도착한 것은 한밤중이었다. 지름길로 가느라고 높은 산을 넘어 부지런히 걸었지만 병든 몸으로는 어쩔 수 없었다.

나는 3개월 만에 정든 사립문을 밀치고 뜰로 들어섰다. 그런데 밤 12시가 지났음 직한데, 아버지가 거처하시는 사랑방에 불빛이 빤하게 켜져 있었다. 나는 떨리는 가슴으로 잠시 방문 앞에 서 있다가 가까스로 기척을 하고 문을 열었다.

나는 깜짝 놀랐다. 뜻밖에도 아버지가 병석에 누워 계셨기 때문이다. 동생이 일어나 달려왔다. 나는 지친 몸을 그대로 가눌 수 없어 쓰러지면서 동생에게,

"죽, 죽 좀 끓여 줘!"

했다. 동생은 부엌에 달려 나가더니 멀건 밀가루죽을 쑤어 왔다. 나는 하루 종일 아무것도 먹지 않았기 때문에 그 밀가루죽을 벌컥벌컥 마시듯이 먹었다.

아버지는 벽을 붙들며 일어나 내 손을 잡으셨다.

"정생아, 잘 돌아왔다."

아버지는 벽 쪽으로 고개를 돌리더니 소리 없이 우시는 것이었다.

동생은 내가 그동안 어디 있었느냐고 자초지종을 캐어물었다. 나는 다만 기도원에 있었다고만 대답했다.

오늘날까지 나는 이 3개월 동안의 일들을 동생에게나 누님들에게 얘기하지 않았다. 될 수 있는 한, 동기간에도 마음의 부담이 되는 것은 말하지 않고 참아 왔다.

사실 그때의 일을 솔직하게 이야기한다는 것은 부끄러운 일이다. 그래서 여기서도 시 따위로 대충 적어 놓고 많은 얘기를 숨겨 놓았다.

그러나 나는 이 3개월 동안이 일생에서 가장 보람 있었던 인생 체험 기간으로 소중히 마음속에 남을 것으로 믿는다. 예수님의 40

일간 금식 기도만큼 나에게 산 교훈을 일깨워 준 기간이기도 했다.

들판에 앉아서 읽은 성경을 생생하게 몸으로 체험할 수 있었다. 머리로 읽는 성경은 자칫하면 환상에 그치고 말지만 실제로 체험하면서 읽으면 성경의 주인공과 대화하는 느낌이 드는 것이다. 나는 몇 번이나 죽음과의 싸움에서 눈물의 선지자 예레미야를 만났고, 아모스를, 엘리야를, 애굽에 팔려 간 요셉을, 그리고 세례 요한을, 사도 바울을 만나 볼 수 있었다. 그리고 가장 가깝게 나의 주 예수님을 사귈 수 있었던 기간이기도 했다.

8월의 무더위에도 아버지는 방문을 꼭꼭 닫아 놓고 줄곧 꼼짝 않고 누워 계셨다. 찬바람이 불기 시작한 가을에야 이따금 나들이를 하시는 듯하더니, 다시 자리에 누우신 뒤, 결국 일어나지 못하고 12월에 세상을 뜨셨다.

사람의 힘은 한계가 있는 것이다. 인위적으로 어떤 일을 성취해 보려 해도 결국 자연적인 재난이 그것을 막아 버릴 때가 있다. 또한 자연의 조건이 유리하게 이루어져도 인간 스스로가 실수를 범하게 되면 역시 허사가 되어 버린다. 결국 하느님의 섭리를 따를 수밖에 없는 우리 인간은 약하지 않은가?

1967년* 동생이 결혼을 해서 따로 헤어져 살았다. 참으로 감사한 일이다. 나에게 베풀어 준 하느님의 최대의 은혜는 자유로운 몸이었다.

물론 나는 부모님에게 너무도 불효했다. 그리고 내 몸으로 이웃

---

*「나의 동화 이야기」에는 '1966년'에 동생이 결혼을 했다고 되어 있다.(이 책 15면) ─ 편집자

에게 봉사하지 못하고, 철저하게도 자신의 몸 하나만을 위해 살아왔다. 그것도 남에게 폐만 끼치면서 지금도 그렇게 살고 있다.

나는 어릴 적에 누나들에게 배운 동요를 새삼스레 되씹으며, 내가 그 동요의 주인공이 된 기분에 사로잡힐 때가 있다.

우리 집은
북쪽 나라 먼 산속
그 산속 깊숙이
오막집 한 채
참새들과 얘기하며
살고 있지요

정말이지, 나는 누구와 한 마디의 말을 주고받지 않은 채 하루해를 보낼 때가 종종 있다. 얘기할 상대가 없다는 것은 너무도 가혹한 일이다. 그러나 경우에 따라서는 그편이 다행일 수도 있다.

이 세상에는 사람에게 실망을 하여 삭발을 한 후 깊은 산속 절간으로 가서 은둔 생활을 하는 스님들도 있다. 결혼을 했다가도 헤어지고, 사람이 싫어서 자살까지 하는 사람도 있지 않은가. 아무리 오래 살아도 백 년을 넘기기 어려우니 인생은 너무도 짧다. 이 짧은 기간을 우리는 어떻게 살아야 하는 건지 나 역시 생각해 보지 못했다.

어릴 적에는 배우지 못했기 때문에 학교에 가서 공부하는 것이 소원이었고, 그것이 이뤄지지 않았을 때 병이 들어 버렸다. 병든 다음에는 하루속히 건강해지기만 바라며 기다려 왔다. 그러나 그 병마에서도 헤어나지 못한 지금, 나는 모든 것이 숙제로 남게 되었다. 헛된 것만을 좇아왔던 지난날을 돌이켜 보면 역시 허무하다는 것을 느낀다. 그러면서도 역시 살기 때문에 괴롭고 고달픈 것이다.

몇 해 전에 이곳 교회에 부흥회를 인도하러 온 목사님이 돌아가신 뒤 나에게 편지를 보내왔다.

"권 선생님의 생활이 누가복음 16장에 나오는 거지 나사로와 꼭 같다고 생각했습니다."

나는 이 편지를 읽고 여태까지 몰랐던 자신의 모습을 발견하게 되었다. 과연 그렇다. 나는 부자의 문간에 앉아서 얻어먹는 거지이다.

분수를 지킬 줄 모르면 그 이상 불행할 수가 없을 것이다. 누구나 자신의 처지에 알맞게 행동하고 지나친 욕심을 버린다면 타인에게 끼치는 해가 훨씬 줄어들 것이다.

나는 그때부터 나사로와 입장을 함께하며 거기서 벗어나려 하지 않기로 했다. 개들에게 헌데를 핥이면서 부자가 먹던 찌꺼기를 얻어먹던 나사로였지만, 그는 하늘나라를 볼 줄 알았다.

그래, 그것이면 족한 것이다. 나는 거지 나사로를 알고부터 세상을 보는 눈을 달리했다. 천국이라는 것, 행복이라는 것, 아름다움이라는 것을 여태까지와는 거꾸로 보게 된 것이다.

내가 다섯 살 때 환상으로 본 그리스도와 십자가의 의미도 조금씩 알게 되었다. 거듭나는 과정은 아마 이렇게 서서히 이루어지는

지도 모른다. 그리스도를 믿는 것은 가장 인간스럽게 사는 것이다. 나는 지금 한 인간으로 돌아가기 위해 몸부림을 치고 있다. 내가 사람답기 위해 또 한 사람을 찾고 있다. 나는 여지껏 사람을 사랑해 본 적이 없다. 그러나 지금은 다르다. 여태까지는 내가 다른 사람으로부터 사랑을 받고 싶어 했는데, 지금은 반대로 사람을 사랑하고 싶다. 외로운 만큼 사람을 사랑하고 싶다.

아침부터 밤까지 나의 기도는 그것만으로 줄곧 이어지고 있다. 그런데도 나는 사람을 찾지 못하고 있다. 사람을 낚지 못하는 것이다. 예수가 갈릴리 바닷가에서 제자들을 부를 때, 사람을 낚는 어부가 되게 하겠다고 하였다. 하느님의 아들은 이 세상에 사람을 낚으러 온 것이다.

그런데도 세상에는 사람이 없었다. 3년 동안 다니며 문둥이도 낫게 하고, 맹인의 눈을 뜨게 하고, 심지어는 죽은 사람까지 살려 주었다. 그런데도 사람은 없었다. 결국 그리스도는 사람을 낚기 위해 십자가의 죽음도 사양치 않았다. 그분이 죽은 후 2천 년이 지난 지금, 이 땅 위에 과연 얼마만큼의 사람이 살고 있는지 추측하기 어렵다.

중국의 루쉰이 쓴 「광인 일기」라는 소설을 보면 "아직 사람을 잡아먹지 않는 어린이가 있을지 모른다. 아이들을 구하라."라고 씌어 있다.

부활한 그리스도가 갈릴리 바닷가에 찾아가 베드로를 향해 세 번이나 거듭 물었다.

"요한의 아들 시몬, 당신은 이 사람들이 나를 사랑하는 것보다 더 사랑합니까?"

예수가 베드로에게 물은 사랑이란 어떤 사랑일까? 죽음에서 이긴 하느님의 아들이 어째서 그토록 간곡히 사랑을 구했을까? 그분은 완전히 신으로 돌아간 것인데 어째서 그토록 고독하였는가? 한낱 보잘것없는 무식한 어부에게 과연 사랑을 받고 싶었을까?

나는 예수를 믿는 사람이다. 그러나 예수를 사랑하지는 못했다. 내가 필요할 때면 불렀다가 필요 없으면 잊어버린다.

그를 믿으면 병을 고칠 수 있기 때문에, 그를 믿으면 멸망하지 않고 영생을 얻기 때문에 필요했지 사랑한 건 아니었다.

베드로가 예수를 따라다닌 것도 나와 흡사한 생각에서였을 게다. 머리에 금관을 쓰고 높은 보좌 위에서 낮고 천한 인간을 다스리는 그리스도는 인간의 사랑이 필요 없을지도 모른다. 그러나 피묻은 손으로 모든 영광을 버리고 홀연히 갈릴리 바닷가에 나타난 예수는 인간의 사랑이 필요했던 것이다. 비록 비천한 고기잡이 베드로 같은 인간에게도 한 사람으로서의 깨끗한 사랑의 피를 느끼고 싶었던 것이다. 그것을 깨닫지 못할 때 우리는 예수의 참뜻을 모른다. 사랑이 무언지도 모른다. 지금 이 순간에도 그리스도는 한 인간으로서 우리 곁에 와 사랑을 구하고 있을 것이다.

나의 신앙은 이렇게 사람을 찾는 것으로 바뀌었다. 그것이 곧 그리스도를 만나는 일이기 때문이다. 단 한 사람이라도 족하다. 사람을 낚아 그를 사랑하면 곧 그리스도를 사랑하는 길이 된다. 피와 피가 통하는 사랑, 그것만이 그리스도와 나의 사랑인 것이다.

얼마 전 나는 일본 작가 미야자와 겐지가 쓴 「은하철도의 밤」이라는 동화를 읽었다. 주인공 조반니는 영혼과 육체가 모두 고독한 소년인데 같은 반 친구 캄파넬라를 사랑하고 있다. 캄파넬라는 헤세의 데미안과 거의 비슷한 소년이다. 어쩌면 겐지는 이 캄파넬라를 그가 신앙했던 부처의 모습으로 그렸는지도 모른다. 아니면 예수의 모습을 이 소년을 통해 표현해 보려 했는지도 모른다.

조반니와 캄파넬라는 꿈나라에서 하늘을 나는 기차를 함께 탄다. 캄파넬라와 마주 앉은 조반니는 더할 수 없는 행복을 느꼈다.

"캄파넬라, 다시 우리 둘만이 함께했구나. 어디까지나 어디까지나 같이 가 줘……."

조반니가 꿈에서 깨어났을 때 캄파넬라는 이미 이 세상의 사람이 아니었다. 물에 빠진 소녀 자넬리를 건져 준 다음, 자신은 물속에 잠긴 채 죽어 버린 것이다. 결국 조반니는 캄파넬라를 현세에서 잃고 말지만, 그가 죽으므로 말미암아 영원히 사랑할 수 있게 된다.

사람이 사람을 사랑하는 게 얼마나 어려운가를 나는 알고 있다. 견딜 수 없을 만큼의 아픔과 쓰라림이 뒤따른다는 것을 옛 성현들도 말하고 있다.

고린도전서 13장에 사도 바울이 말한 대로라면 너무 어려워 도저히 사람은 사람을 사랑할 수 없을지도 모른다. 특히 나와 같은 인간은 생전에 아무도 사랑해 보지 못하고 죽을지도 모른다.

_『새가정』 1976

열여섯 살의 겨울

1

나는 열 살 안팎의 나이에 두 번의 전쟁을 겪었다. 2차 대전은 일본에서 당했고, 6·25는 한국에서 치렀다.

전쟁 속에서는 모든 인간이 악마가 된다. 어머니가 갓난아이를 밭고랑에 버리고 먹을 것 때문에 남의 걸 훔치는 건 예사다.

나도 피난길에서 사과를 훔치고 보리도 훔쳤다. 훔칠 수 없을 때는 구걸을 했다. 반찬 투정 같은 건 꿈 같은 얘기다. 입에 넣고 먹을 수 있는 것이면 닥치는 대로 먹는다. 흙이 묻었건 똥이 묻었건 가리지 않는다.

살아야 한다는 본능 자체가 절대적 도덕이요 종교다.

자식을 밭도랑에 버리고 달아났던 어느 어머니가 백릿길을 간 다음, 가까스로 정신이 들자 흐느껴 울면서 아기를 찾는 걸 봤다.

지금도 나는 사람에겐 최소한의 먹을 것과 입을 것이 있고 안정된 환경에서만이 사람이 사람일 수 있다고 믿는다.

1946년 4월,* 내가 부모님의 고향 나라인 한국에 온 것은 태어나서 8년 7개월 만이었다. 밤새도록 화물열차의 구석에 앉았다가 조그만 시골 역에 내렸을 때, 너무도 세상이 삭막해서인지 눈물이 절로 흘러내렸다. 벌거숭이산과 키 낮은 초가집, 그 초가집 골목길에 맨발로 뛰어다니는 아이들은 얼굴도 입은 옷도 온통 때투성이었다.

한국에 와서 처음 먹은 음식은 쑥으로 끓인 죽이었다.

1년 반 동안 떠돌이 생활을 하면서 생활 터전을 찾다가 겨우 지금 살고 있는 마을에 소작 농사를 하게 되었다.

아버지의 소작 농사로는 우리는 학교에 갈 수 없어 어머니가 행상에 나섰다. 그래서 나는 학교에서 돌아오면 세 식구의 밥을 짓고 살림을 했다. 어머니는 닷새 만에 돌아오는 장날에 와서 다음 날이면 또 나갔다.

열한 살 때 여덟 살인 동생과 같이 1학년에 입학을 했고, 2학년 때 담임 선생님이 3학년으로 월반을 하라고 했고, 3학년 땐 5학년으로 월반을 권했지만 어머니가 반대하셨다. 이유는 상급반은 학교를 늦게 파하기 때문에 집안일을 못 한다는 것이다.

6·25 때 월북을 한 최○○ 선생님이 자주 나에게 시험지 채점이

---

*「오물덩이처럼 딩굴면서」에는 '1946년 3월'에 귀국했다고 되어 있다.(이 책 21면) ─ 편집자

나 교실 환경 정리 같은 것을 거들게 하면 어머니는 찾아가서 제발 일찍 보내 달라고 사정을 했다.

"얘를 중학교 보내려면 지금이라도 열심히 돈을 모아 두어야지요. 앞으로 1년만 더 고생하면 될 것 같으니 그때까지만 그냥 학교에 다니는 걸로 해 주십시오."

그렇게 해서 선생님과 나와 어머니는 같이 약속을 했다.

그러나 1년 뒤에 6·25가 일어났고 최○○ 선생님은 행방불명이 되어 여태 소식이 없다. 어머니가 고생고생 행상으로 모았던 돈(소 세 마리를 살 수 있었다던 돈)은 화폐가치가 백분의 일로 떨어져 염소 새끼 한 마리도 살 수 없게 되었다.

열심히 일을 하면 일한 만큼 대가를 받는다는 말도 전쟁 시엔 통하지 않는다. 죽이고 죽고 빼앗고 빼앗기면서 하나같이 피해자만 남는다.

자본주의에 물든 반동분자로 총살당하고 용공 부역자로 잡혀가서 총살당하고, 오직 죽이는 것만을 능사로 삼았고 당연하게 생각했다. 앞집 아버지는 반동분자로 인민군에게 잡혀가 총살당하고 뒷집 아저씨는 용공분자로 국군에게 총살당했다. 한동네 한이웃끼리 서로 감시하고 감시받으며 살아야 하는 살벌한 세상이었다.

해방 후 몇 해 동안은 국민학교 아이들도 드러내 놓고 공산주의와 자본주의에 대한 서투른 논쟁을 일삼았지만, 6·25로 인해 공산주의라는 말 자체도 두려움의 대상이 되어 버렸다.

용공으로 끌려가 죽은 이들의 가족들은 이런 분위기에서 자신들에게 가해지는 극심한 정신적 고통을 견뎌야만 했다.

야학을 열어 마을 사람들을 깨우치고 가르치던 성실한 사람으로 알려졌던 황○○ 선생이 끌려가 총살당한 뒤, 그분의 형님은 사건과 연루되었다고 잡혀가 모진 고문을 당하고, 불안과 공포에서 헤어나지 못해 목을 매 자살을 했다.

국민학교 김○○ 선생님도 죽고 최○○ 선생님은 월북을 했다.

최 선생님의 월북으로 우리는 오랫동안 풀이 죽어 공부에 대한 의욕을 잃었다. 선생님이 만든 교가를 부르는 것도 중단되었다.

○○을 빛내인 저 버드나무
몇 성상 푸르러 온 아득한 역사
어진 자 길러 내인 지극한 그 은혜를
못내 갚았노라.

국민학교의 교가로서는 뜻풀이가 어려운 내용이다. 아쉽게도 나는 이 노래의 둘째 절을 잊어버렸다.

누가 적이며 누가 내 편인지 분간이 되지 않는 시대에 선악의 판단도 어려웠다. 학교에 가나 집에 오나 불리는 노래는 온통 군가뿐이었다. 「무찌르자 오랑캐」에서부터 「공비 토벌가」까지 목청껏 누가 잘 부르나 어느 반이 잘하나 경쟁까지 했다.

인민군 점령 밑에서는 위대한 김○○ 장군의 노래를 배웠던 아이들이 그들이 떠난 다음엔 즉시 김○○을 때려잡는 노래를 해야만 되었다.

소련 깃발과 인민 깃발이 나란히 붙어 있던 곳에 성조기와 태극기가 바뀌어 붙었다. 밤중에 미군들이 여인들을 강탈해 가고 가축을 잡아가도 우리는 유엔군 아저씨께 감사를 드려야 했다.

여자아이들은 줄넘기를 해도 공놀이를 해도 군가를 부르고, 남자아이들은 전쟁 흉내를 내며 난폭하고 쌍스러운 욕지거리를 배웠다. 학교 운동장이나 시장이나 어디서도 전쟁 용어들로 감정이 거칠어졌다.

순진무구하다는 아이들은 알사탕 한 개나 껌 한 개 때문에 약삭빠르고 비굴해졌다. 대한민국을 도우러 온 유엔군들은 아이들에게까지 지극히 음탕한 말과 몸짓을 하며 즐기고 있었다.

전염병이 만연되었다. 결핵으로 고통을 겪는 아이들이 늘어갔다. 국군에게 끌려가 총살당한 황○○ 선생의 딸 춘자가 그해 겨울에 폐결핵으로 죽어 버렸다. 임파선 결핵을 앓던 성칠이도 죽고, 승원이도 문자도 학교를 그만두었다. 자고 나면 누가 어떻게 죽었다는 소문이 끊이지 않았다. 산에 나무를 하러 갔다가 갈퀴로 지뢰를 건드려 폭발하여 죽은 나무꾼도 생겼다.

이렇게 죽음은 언제 어디서나 우리를 공포 속으로 몰고 갔다. 참으로 외롭고 고달픈 시절이었다. 누구하고 조용히 마주 앉아 이야기를 나눌 상대도 없었다. 죽이고 쳐부수라는 구호만이 살아 있는 세상이었다.

2

이럴 때 나는 처음으로 사랑을 했다. 같은 반에 있는 동갑내기 여학생 양자였다. 검정 물감을 들인 옥양목 치마저고리를 언제나 단정하게 입고 다니는 애였다.

그때는 우리 모두 남학생은 머리칼을 하나 남기지 않고 깨끗이 밀어 버린 까까머리였고 여학생은 똑같은 단발머리였다. 그것도 이발관에서 깎는 것이 아니라 집에서 가위나 칼로 어설프게 깎은 머리여서 들쭉날쭉 우스꽝스러웠다.

그런데 양자의 단발머리는 참으로 가지런히 다듬어져 있었다. 그 다듬어진 뒷머리 밑에 하얀 동정이 또 언제나 깨끗했다. 그러나 양자한테 마음이 끌린 것은 이런 겉모습 때문이 아니라 무언가 보이지 않는 그늘이 엿보였기 때문이다.

양자는 자주 조퇴를 했다. 주로 오전 공부가 끝나면 선생님께 말씀드리고는 말없이 집으로 갔는데, 얼마 뒤에는 아침 수업 한두 시간만 끝내고 돌아가기까지 했다. 그 까닭을 한참 뒤에 알게 되었는데 어머니가 병석에 누워 있다는 것이었다.

양자한테 특별히 마음을 쓴 이유가 또 있다. 조퇴가 잦아지기 전 여름에 어느 선생님의 입대 송별식을 준비하기 위해, 학교 뒷산 골짜기에 있는 복숭아밭에 복숭아를 사러 가서였다.

학생 한 사람당 얼마씩 모은 돈으로 우리는 가지고 간 책보자기에 복숭아를 싸서 남학생들은 어깨에 메고 여학생들은 머리에 이고 왔다. 그것뿐이었다.

송별회 때 둘러앉아 우리는 복숭아 두 개씩 나눠 먹고 헤어졌는데 양자가 돌아오는 길에 나한테 달려와서 둘레를 살피고 난 뒤에 아무도 몰래 빨간 복숭아 한 개를 내미는 것이었다. 양자 얼굴도 내 얼굴도 모르긴 했지만 그 복숭아만큼이나 빨개졌을 것이다. 나는 얼떨결에 그 복숭아를 받기는 했지만 고맙다는 말 한마디 하지 못했다. 그 자리에서도 그랬지만 그 뒤에도 복숭아 얘기는커녕 양자한테 말 한마디 건네지 못한 것이다.

양자 역시 마찬가지였다. 가끔 가다가 둘이 마주쳐도 모른 척하기 일쑤였다. 그토록 부지런히 공부를 하는데도 양자의 성적은 언제나 중간쯤에서 머물렀다.

언젠가 외우기 시험을 보는데 양자는 짧은 시조 한 수를 끝까지 외지 못하고 만 것이다. 마지막 한 줄을 남겨 놓고 얼굴을 붉히며 뻣뻣이 서 있는 것이었다. 양자가 선택한 시조는 신사임당의 「까마귀 싸우는 골에 백로야 가지 마라」*였다. 가장 쉽게 누구나 다 외우고 있던 것인데 안타깝게도 마지막 한 줄 "청강에 좋이 씻은 몸을 더럽힐까 하노라."를 끝내 외우지 못했다.

듣고 있던 나는 가슴이 더욱 타는 듯했다. 양자는 그만 털썩 주저앉아 고개를 푹 숙인 채 공부가 끝날 때까지 움직이지 않았다.

그 양자가 겨울방학이 다가올 즈음 조퇴가 늘어나더니 말없이 사흘 동안 결석을 했다.

나는 쪽지 한 장을 썼다. 어머니 병세가 더 나빠졌는가 묻고 네

---

*이 시조의 지은이는 포은 정몽주의 어머니인 '영천 이씨'로 알려져 있는데 권정생 선생이 신사임당으로 착오한 듯하다.—편집자

가 안 오니 마음이 참 쓸쓸하다고 했다. 그 쪽지를 양자네 쪽에 살고 있는 숙자한테 전해 달라고 보낸 것이다.

그것은 커다란 실수였다. 숙자가 그냥 전한 것이 아니라 중간에서 뜯어보고 소문을 퍼뜨려 버렸다.

순진한 나는 그것도 모르고 처음 며칠 동안 양자한테서 답장을 기다렸다. 그러나 답장은 안 오고 내가 써 보낸 쪽지 속의 몇 구절을 아이들이 큰 소리로 외우고 다니는 것이었다.

그때서야 나는 실수를 했다는 걸 깨달았다. 그러나 벌써 일은 엎질러진 것이고 양자와 나는 고개를 들지 못하게 되어 버렸다. 다행히 겨울방학이 시작되어 우리는 아이들의 놀림 속에서 벗어날 수 있었다.

양자네 어머니는 다음 해 양자가 학교를 졸업한 뒤 곧 돌아가신 것으로 안다.

우울한 일들은 끊임없이 일어났다. 달리기를 어찌나 잘했는지 전교 남학생까지 포함해서 가장 앞섰던 수임이란 애가 6학년을 졸업하지 못하고 시집을 간 것이다. 비록 나이는 조금 많아 열일곱 살이었지만 국민학교 여학생이 시집을 가야 했던 사정은 전쟁과 가난 때문이었다. 제대로 형식도 순서도 없이 우리는 그렇게 버려졌던 것이다.

1년 뒤에 수임이가 갓난아기를 업고 있는 것을 장터에서 꼭 한 번 봤지만 그 뒤는 모른다. 지금도 그때 수임이가 아기를 업고 힘든 보따리를 이고 걸어가던 모습이 생각나면 가슴이 메어진다.

그해 겨울, 나는 처음으로 내 손으로 지게를 만들었다. 달영이란 애와 함께 온 산을 누비며 지겟감이 될 만한 소나무를 찾아다녔다.

지겟감이 되는 소나무는 꼭 양지 쪽 소나무여야 하고 껍질이 검은 것보다 붉은 소나무가 더 좋다고 했다. 물론 옹이도 적고 곧은 나무여야 한다.

닷새를 돌아다닌 끝에 몇 그루의 소나무를 베어 왔다. 가지를 약간 위쪽으로 휘게 하고는 칡덩굴로 비틀어지지 않도록 묶어 양지 쪽에 세워 뒀다. 본래는 응달에 오래오래 말려야 하는 건데, 시간이 없어서 빨리 말리기 위해서다.

나는 아버지 지게를 본떠서 만들기 시작했다. 낫과 톱과 자귀와 끌로 이틀 동안 꼬박 일을 해서 지게를 만들었다. 그런데 지게에는 세장이 세 개 있는데, 윗세장과 아랫세장을 끼우는 구멍을 약간 기울게 파야 하는데 그러지 못해 지게가 위쪽 아래쪽이 수직으로 서 있게 되어 다시 파야 했다. 그것만 실수를 했지 다른 데는 흠 없이 잘 만들었다. 어른들이 보고는 아주 잘 만들었다고 칭찬을 했다.

나는 베어다 놓은 지겟감으로 동생 것도 만들었다. 속으로 혼자서 계획을 세운 것이다. 나무를 해서 이 지게로 져다 팔아 중학교 학비를 모아 보려 했던 것이다.

우리는 산에 가서 갈비(불쏘시개로 쓰던 솔잎)를 긁어다 장에 내다 팔았다. 보통 우리가 해 간 나무는 7000원에서 8000원을 받았다. 날이 궂어서 나뭇짐이 덜 나오는 날은 10000원을 받기도 했다.

동생의 것과 합치면 15000원쯤 되어 두 번을 팔면 암탉 한 마리를 살 수 있었다. 참으로 힘든 노동이었지만 목표를 세우고 일을 하면 힘든 것보다 보람이 앞선다.

암탉이 다섯 마리 되었다. 그러나 중학교는 결국 들어가지 못하고 말았다. 나는 1년 뒤에 가기로 결심을 하고 닭을 열심히 키웠다. 다섯 마리 암탉이 모두 병아리를 까더니 여름까지는 백 마리가 훨씬 넘었다.

이솝우화에 나오는 우유장수 처녀처럼 나도 송아지를 사고 그 소를 키워 송아지를 낳는 꿈을 꾸었다. 그런데 그것도 허물어지고 말았다. 닭 전염병이 덮친 것이다. 전쟁과 함께 미국에서 따라 들어온 이 새로운 전염병은 온 마을의 닭을 삽시간에 쓸고 갔다. 백 마리가 넘는 크고 작은 닭이 일주일도 못 가서 모조리 죽고 마지막에 조그만 병아리 한 마리만 남았다.

우리는 온 식구가 엉엉 울었다.

3

결국 그해 여름부터 객지 생활을 하게 되었다. 읍내 ○국민학교 뒷문 옆에 있는 가게의 점원이 된 것이다. 공부 잘하고 성실하다는 소문을 듣고 가게 주인이 사람을 보내왔다.

가까운 읍내니까 오히려 부모님은 안심이 된다고 애써 보내려 하는 눈치여서 나는 어쩔 수 없이 갔다.

주인은 자수성가를 해서 성공한 알뜰한 사람이었다. 그러나 돈을 버는 방법이 바르지가 않았다.

주인은 판잣집 가게를 따로 마련해서 나에게 고구마와 담배를 팔게 했다. 나는 시키는 대로 했을 뿐이다.

　6·25전쟁 때 피난을 가면서 길바닥에 앉아 사과를 팔아 본 일이 있지만 이런 가게를 혼자 지키는 건 처음이다.

　아침 일찍 일어나 가게 문을 열고 청소를 하고 방석을 털어 가게 앞에다 깔고는 고구마를 쏟아부어 놓는다. 하루 네댓 가마니는 팔았다.

　나는 손님들에게 고구마를 후하게 줬다. 그래야만 손님이 많이 찾아올 것이기 때문이다. 주인집에서는 처음부터 그렇게 하라고 가르쳤고 그대로 따른 것이기도 했다.

　그런데 보름쯤 지나서 주인이 나를 불렀다. 고구마가 많이 축난다는 것이다. 가마니째 달아 본 무게와 소매로 판 고구마의 무게가 많이 차이 난다고 했다. 그러니 앞으로는 덤을 너무 많이 주지 말라고 했다. 나는 그렇게 하겠다고 대답을 했지만 내가 기록하고 있는 매상 장부를 보면 고구마는 갑절이 넘는 이윤이 나오고 있었다.

　한 주일 뒤에 주인이 또 불렀다. 이번에는 고구마를 저울질할 때 요령껏 하라는 것이다. 그러면서 시범을 보여 주었다. 한 관씩 표시를 해 준 작은 막대 저울로 고구마를 달 때, 손잡이를 잡고 새끼손가락 끝으로 약간만 고구마가 얹힌 쪽으로 누르면 된다는 것이다.

　나는 다음 날 혼자서 그 요령을 시험해 보았다. 놀랍게도 그것은 커다란 속임수였다. 새끼손가락의 중간 마디로 저울대의 머리를 약간만 건드리면 3킬로그램만으로도 한 관이 되었다.

　한 관은 3.75킬로그램이다. 그런데 3킬로그램만으로 한 관이 되게 속여서 파는 짓이다. 나는 차마 그렇게 할 수 없었다. 도무지 손이 떨려서 고구마를 달 수 없었다.
 그런데 주인이 또 불렀다. 왜 시킨 대로 하지 않느냐는 것이다. 나는 시킨 대로 안 했으니 대답할 말이 없었다. 주인과 머슴 사이는 바로 이런 것이다.
 나는 어느새 노예가 되어 있었던 것이다. 아무리 시대가 바뀌고 신분의 차이가 없어졌다지만 역시 인간 사회에는 계급이 있기 마련이다.
 가난은 양심을 지키지 못하게 하며 거짓을 강요받게 만든다.
 나중에야 알았지만 주인은 나도 모르게 사람을 시켜 나에게 고구마를 사러 보낸 것이다. 그게 바로 스파이 행위다. 한두 번이 아니라 매일 한 번씩 사람을 바꾸어 보낸 것이다.
 돈의 힘이란 바로 이런 것이다. 돈은 돈만 벌지 않고 악을 낳고 퍼뜨리는 악마다. 나는 그래서 그 돈에 복종했고 내 조그만 양심을 속이게 되었다.
 나에게 고구마를 사러 오는 사람들은 모두 가난한 이들이었다. 날고구마를 한두 관씩 사다가 쪄서 파는 고구마 장수들, 한 끼니를 잇기 위해 한 관씩 사 가는 사람들이 대부분이다.
 그런 사람들에게 무게를 속여야 했다. 고구마 두 개씩은 속이게 되었다. 낱개로 쪄서 파는 아주머니는 될 수 있으면 작고 때깔이 좋은 걸 골랐다. 그런 작은 고구마라면 다섯 개도 속일 수 있었다.
 처음 얼마 동안은 두렵고 떨리며 괴로웠지만 차츰 아무렇지 않게 되었다. 나도 악마들의 세상에 길들여진 것이다.
 아편이나 히로뽕만 마약이 아니다. 이 세상 모든 게 사람의 올곧은 마음을 삐뚤어지게 하는 마약이다. 그래서 종교까지도 아편이라 했을 것이다.

아무리 훌륭한 일도 정신을 잃고 맹목적으로 끌려가면 모두 악마로 둔갑해 버린다. 사람은 무엇을 하든지 어디를 가든지 항상 깨어 있어야 한다.

내가 고구마 파는 데만 정신을 쏟고 있는데 한번은 시골 어느 아주머니가 찾아왔다. 꼬깃꼬깃 접힌 돈을 꺼내더니,

"학상, 아래 장날 고구마 사 갔는데, 글쎄 정신도 없제. 돈도 안 주고 그양 가 뿌릿잖나. 얼매나 미안튼지 어서 갖다 줘야 된다 된다 하면서도 이롷기 늦어 부렀대이."

하며 고구마 한 관 값을 내어 주는 것이었다.

세상이란 또 이렇기도 했다. 돈은 돈을 낳고 그 돈이 쌓이면 악을 낳는데, 가난한 사람들은 그러지 못한다.

장날이면 고구마 가게가 무척 붐빈다. 그러면 서로가 정신을 잃고 사는 쪽도 파는 쪽도 돈을 주고받는 걸 잊을 때가 있다. 나는 까맣게 모르고 있었고 수많은 사람을 속이면서도 아무렇지 않았는데 이 아주머니는 고구마 한 관 값 때문에 이렇게 며칠 동안 괴로워했다니 참으로 바보스러웠다. 그까짓 거 모른 척 지나가 버려도 되고 그렇게 하는 것이 살아가는 데 이득이 될 텐데, 왜 이런 바보짓을 하는지 모르겠다.

그러면서 나는 그것을 아주 재미있는 일로 생각했다. 그래서 옆집 구멍가게 아주머니께 자랑삼아 이야기를 했다.

그런데 그 아주머니도 장사꾼이었다.

"학생, 그럼 그 돈은 없던 거나 마찬가지니 학생이 써 버려요."

나는 깜짝 놀랐다. 그러나 얼른 마음을 가다듬었다. 내가 세상에 태어나서 처음으로 부정행위를 저지른 것이다.

"그럼, 그 돈 아주머니가 맡아 주세요."

"그래, 내가 맡아 놓을게. 언제든지 쓸데가 있으면 달라고 해."

나는 고구마 가게 주인이 가르쳐 준 요령을 따르는 것만 아니라 나대로 요령을 이용할 줄 알게 된 것이다. 이렇게만 계속했더라면 나는 커다란 장사꾼이 되어 어느 기업의 사장님 못지않은 부자가 되었을지도 모른다.

그러나 그렇게 될 수는 없었다.

어느 날 고구마 가게에 뜻밖에도 어머니가 찾아오신 것이다. 어머니는 학교에서 가을 운동회가 있어서 고구마를 쪄서 팔아 보려고 왔다고 했다. 나는 어머니께 고구마 두 관을 팔면서 하마터면 여느 사람들에게 하듯이 속일 뻔했다.

어머니를 보내 놓고 나는 그때서야 가슴이 아프기 시작한 것이다. 그날 밤 판잣집 가겟방에서 혼자 자면서 거의 밤을 지새우다시피 울었다.

내가 어린 시절 읽었던 동화가 생각났다.

돈 때문에 결국은 나쁜 사람들에게 구경거리로 팔려 가는 주인공을 그린 오가와 미메이의 「빨간 양초와 인어」, 금으로 장식된 왕자의 몸보다 가난한 사람들을 위해 온몸을 부수어 이웃을 돕는 오스카 와일드의 「행복한 왕자」, 빵 한 조각을 훔치다가 19년이나 옥살이를 하는 '장 발장'의 이야기, 고구마 한 개를 가지고 서로 다투다가 힘센 토끼한테 다 빼앗기는 이솝의 '생쥐 이야기', 내 가슴에는 그렇게 아름다운 동화들이 죽지 않고 살아 있었던 것이다.

나는 어릴 때부터 말이 없고 외로웠다. 그게 천성이었는지 모른다. 주위에 많은 사람들이 있었는데 왜 그토록 외로웠는지.

고구마를 팔면서 가끔 아는 사람이 지나가다가 나를 보고 깜짝 놀라기도 했는데 한번은 국민학교 시절 교장 선생님이 지나치다 나를 보셨다.

교장 선생님은 손수건으로 눈물을 훔치기까지 하셨다. 전교 수석으로 졸업한 아이, 비록 시골 국민학교지만 1등을 했던 나를 몹시 아껴 주시던 것을 나도 알고 있었다.

"너는 계속 학교에 가서 공부를 해야 하는데……."

교장 선생님이 한참 서서 측은하게 바라보다가 돌아가던 것이 평생 잊히지 않는다.

결국 나는 고구마 가게를 떠나기로 했다. 갑자기 두려워진 것이다.

나는 사람이 착하게 살아가는 것을 어느 정도 알고 있었다. 나는 어릴 적부터 부지런했다.

학교만 파하면 돌아와서 무엇이든 일을 했다. 집 둘레에 빈터가 있으면 일구어 고추도 심고, 물을 길어다 부어 가면서 미나리도 심었다. 꽃밭도 만들고 애써 과일나무 접붙이기도 배웠다.

텃밭에 내가 가꾼 고추가 주렁주렁 열리면 이웃 아주머니들이 풋고추를 따 가지고 갔다. 그게 그렇게 즐거웠는데, 이렇게 나쁜 길로 들어서게 되다니.

내 작은 소견으로는 그게 모두 내가 잘못한 것으로 알았다. 어떤 나쁜 꾐도 거부하고 물리치면 되는 것으로 알았다. 끝까지 성실하게 살면 언젠가 보상을 받게 된다는 감상을 믿고 있었다. 그래서 뒷날 또 한 번 크게 속아 넘어간지도 모른다.

나는 주인에게 집에 다니러 가게 해 달라고 했다. 용기가 없어 그만두겠다는 말을 못 했다.

집에 간다니까 옆집 구멍가게 아주머니가 전에 감추어 뒀던 고구마 한 관 값을 내주었다. 나는 가슴을 두근거리며 그것을 받았다. 그 돈에 주인집에서 얻은 용돈을 보태어 어머니께 양동이를 하나 사다 드린 것으로 기억된다.

그 바보같이 착한 아주머니의 돈은 오랜 세월 잊히지 않고 머리에 남고 가슴에 남아 떠나지 않는다. 그 착했던 아주머니는 훗날 내가 쓰는 동화 속에 자주 등장하여 살아남게 되었다. 어떤 모습이었는지 지금은 그때 그 꼬깃꼬깃 접힌 종이돈을 건네주던 거칠고 무딘 손만이 기억되는 아주머니지만 내게는 살아 있는 천사였다.

4

집에 돌아오니 마침 아랫마을 예배당에 조○○라는 교회 선생이 성경구락부를 열어 놓고 중등부 학생을 모집하고 있었다. 물론 낮에는 시간이 없고 밤에 나가 공부하는 야간학교였다.

거기서 영어 알파벳도 배우고 수학도 공부했다. 수업료는 한 달에 한 번씩 나무를 해다 드리면 되었다.

조 선생님은 서른 살 가까운 나이에 사범학교에 다니면서 이 조그만 시골 교회 전도사 일도 겸하고 있었다. 교회에서 받는 보수는 교인들이 모은 좁쌀 한 말이 될 때도 있고 조금 넘을 때도 있다고 했다.

선생님은 아침 일찍 좁쌀로 끓인 죽을 한 그릇 먹고 50리 길을 걸어서 사범학교에 갔다. 물론 도시락을 쌀 수 없어 종일 굶고는 저녁에 다시 걸어서 돌아왔다.

한번은 야간학교 수업 시간이 한참 지났는데도 선생님이 오지 않아 우리가 동구 밖까지 마중을 갔더니 어두운 길을 터벅터벅 걸어오는 것이었다.

선생님은 며칠 뒤에 그날 늦었던 까닭을 들려주었다. 중간쯤 되는 곳까지 걸어오는데 갑자기 앞이 캄캄해져 그냥 털썩 주저앉아 버렸다는 것이다. 이래서는 안 된다고 간신히 정신을 차려 거의 기어가듯이 어느 집에 찾아가 먹을 것을 달라고 했더니 그 집에서도 방금 저녁을 다 먹고 숭늉 한 양푼만 있는데 그거라도 마시라고 내어 주더라고 했다. 그래서 그 숭늉을 밑에 찌꺼기 하나 남기지 않고 다 마셨더니 겨우 기운을 차릴 수 있었다는 것이다.

그해 첫눈이 내리던 날 나는 동생과 둘이서 산에 가서 나무를 했다. 어머니께서,

"날씨가 궂으니 선생님한테 나무를 해다 드려라."

했기 때문이다. 점심나절까지는 흐리기만 하던 하늘에서 오후부터 눈송이가 떨어지더니 점점 쏟아져 함박눈으로 변했다. 겨울 해는 짧고 눈 오는 날은 더욱 빨리 저문다.

우리는 나무를 지고 아랫마을 산 밑에 있는 조 선생님 댁으로 갔다. 마침 사모님은 아기를 업고 친정에 가시고 선생님의 어머니와 둘만 계셨다. 뜻밖에 나뭇짐을 지고 간 우리를 보자 두 분은 어쩔 줄 모르게 미안해하는 것이었다. 눈이 벌써 쌓여 발목이 빠졌다. 선생님은 우리를 끌고 들어가 저녁 준비까지 했다.

저녁은 안남미(安南米)로 지은 밥과, 고춧가루도 아무것도 넣지 않고 그냥 물만 붓고 끓인 된장뿐이었다.

비록 안남미지만 쌀밥은 누구한테나 귀한 것이었다. 밥을 먹고 나자 선생님은 시렁에 얹힌 보퉁이를 모조리 끌러 놓고 해지고 줄어든 바지 두 개를 꺼내 놓았다. 구멍이 난 엉덩이를 기워 입으라고 넓적한 헝겊을 맞추어 가위로 오려 주기까지 했다.

조 선생님은 부지런하고 자상하며 무척 열정적이었다. 수업 시간에도 교과 공부보다 이야기를 많이 했다.

그때 선생님은 대학에 가기 위해 입시 준비를 하고 있었는데, 한번은 칠판에다 수학 문제 하나를 써 놓고 풀어 볼 사람 누구 없느냐고 했다.

내가 잠깐 쳐다보니 쉽게 풀 수 있어 손을 들었더니 나와서 풀라고 했다. 지금 그 문제 전체를 다 기억할 수는 없지만 마지막 답은 −4였다.

선생님은 깜짝 놀라면서, 이건 작년(1952) ○대학 입학시험에 나온 건데 선생님은 두 시간 동안이나 걸려 간신히 풀었다는 것이다. 그래서 하도 어려워 학생들에게 화제로 삼아 보려고 문제를 써서 보였는데 내가 금방 풀어 보이자 약간은 맥이 풀리는 기분이셨다.

그로부터 조 선생님은 기회만 있으면 나에게 어떻게 해서라도 상급학교에 진학하도록 권했다.

5

그때만 해도 역시 공부는 인생의 최후 수단이며 목적이었다. 물론 훌륭한 사람이 되기 위해서 공부하고, 그래서 나라를 위하고 사회를 위해 일한다는 더 넓은 뜻이 담긴 목적이 있었지만 어디까지나 그것은 뒷날의 일이다.

사실 지식이란 사람에 따라서는 선하게 쓰일 수도 있고 나쁘게 이용될 수도 있는 것이다. 그래서 많이 배운 사람이라고 더 훌륭하고 착한 것은 아니지 않는가.

이 세상의 모든 교육은 선하고 아름답게 살아가기 위한 교육이 아니라, 좀 더 편리하고 풍요하게 살기 위한 교육이 되어 버렸다. 그것도 물질적 풍요와 편리는 지나쳐서 쾌락으로 어긋나 버린 것이다. 그래서 많이 배운 사람은 더 많이 차지하고 더 많이 편하게 살고, 배우지 못한 사람은 가난하고 고달프게 살아야 한다.

공부한 사람이 만들어 놓은 문명의 도구는 짧은 시간에 많은 것을 생산할 수 있어도 사람이 살아가는 데 없어서는 안 되는 식량만은 그렇게 못 한다.

그러면서 적어도 볍씨를 뿌려 거두기까지 6~7개월이 걸리는 쌀보다 기곗값이 더 비싸다. 곡식 가운데 메밀과 쉰날거리라 불리는 조는 가장 빨리 수확할 수 있다. 씨를 뿌린 뒤 50일 만에 거둘 수 있다고 해서 이름이 쉰날거리인 것이다.

농민들은 쉽게 거둬지는 이런 곡식을 그다지 귀하게 여기지 않는다. 보리는 가을에 심어 이듬해 여름에 거둔다. 그래서 보리쌀은 겨울을 난 강한 곡식이라 해서 쌀보다 더 귀하게 여긴다.

의식주 중에서 가장 귀한 것은 역시 먹는 것이며 다음이 입는 것과 잠자는 곳이다.

봉건시대 양반들은 일을 하지 않았다. 그런 사람들이 더 훌륭하고 죽도록 일을 하는 농사꾼이나 도구를 만드는 장인 들을 홀대하였다.

과학문명시대도 마찬가지다. 공부는 오직 편하게 살기 위한 수단이다. 배우면 영리해지고 못 배우면 바보가 되는 것이지, 배우면 착해지고 못 배우면 악해지는 건 절대 아니다.

우리나라보다 조금 더 앞서서 배운 일본은 더 빨리 영리해져서 못 배운 우리 조선을 강제로 빼앗았다. 그들이 진정 선한 공부를 했더라면 못 배운 조선을 거짓 보호하는 것이 아니라 참되게 보살펴 주어야 했을 것이다.

선진국은 먼저 배워서 강해진 나라이며 후진국을 이용해 먹는 도둑일 수밖에 없다. 일본이 그랬고, 미국이 그랬고, 다른 모든 선진국도 그렇게 후진국을 잡아먹은 것이다.

개인의 경우도 마찬가지다. 배우면 강해져서 못 배운 사람을 등쳐 먹는 것은 똑같지 않는가? 배운 사람이 못 배운 사람을 등쳐 먹으니 못 배운 사람은 억울해서 빼앗기지 않으려고 따라서 배우려 애쓰고, 그러니 지식이란 살아가기 위한 무기일 수밖에 없다.

무지했던 사람들은 달나라엔 계수나무가 있고 옥토끼가 떡방아를 찧는다고 생각했다. 그러나 배운 사람은 달나라엔 공기가 없고 물도 없는 벌거숭이 사막이라는 걸 밝혀내었다. 똑똑한 사람은 사물을 곧이곧대로 보고 있지만 마음은 얼마나 황폐한가. 달나라에 계수나무가 있고 옥토끼가 살고 있다고 믿었던 사람들은 미개하고 어리석었지만 마음속은 훨씬 아름다웠다.

그렇다면 진정 어리석은 쪽은 누구인가? 우리 어른들이 자식을 가르치는 목적이 남에게 뒤지지 않게 하기 위한 것이고 나아가서는 더욱 앞장서서 지배하라는 것일 게다.

이렇게 말하면 공부라는 것은 온통 나쁘기만 한 것이라고 주장한다고 할지 모르지만, 꼭 그렇다는 것은 아니다. 슬기를 넓히는 공부, 좀 더 아름답게 생각을 키우는 공부, 다 함께 도우며 살아가는 공부도 얼마든지 있기 때문이다. 이런 공부는 수학 점수나 영어 점수를 더 많이 따서 되는 공부가 아니다. 나는 그런 것을 구별 짓자는 주장이다.

수세식 변소를 만들면 화장실은 깨끗해지지만 강물은 더러워진다. 내 집 안을 깨끗하게 하려다가 모든 사람, 짐승, 물고기까지 더러워져 죽게 되는 환경오염을 생각하지 않는 공부는 나쁜 공부다.

노래 공부를 해도 사람의 마음을 착하게 하는 노래를 만드는 사람이 있고, 반대로 사람의 마음을 병들게 하는 노래를 만드는 사람도 있다. 과학도 마찬가지고 의술도 마찬가지다.

내가 8·15해방을 맞은 것은 일본의 어느 시골에서였다. 그때 바

로 옆집에 살고 있던 일본 사람이 우리에게 한다는 말이,

"이젠 우리 일본은 이렇게 납작해졌고 당신네들이 이렇게 높아졌소."

하면서 손짓으로 땅과 하늘을 가리키는 것이었다.

그때까지만 해도 우리는, 그들과 우리는 일본인과 조선인이라는 차이만 생각했지 이웃끼리 그렇게 높거나 낮거나 한 사이로 생각지는 않았다. 나는 아홉 살의 어린 나이였지만 갑자기 일본인들이 비굴할 만큼 조선 사람들에게 싹싹해지는 걸 보고 어처구니가 없었다. 반대로 조선 사람들이 우쭐대는 것도 싫었다.

금방 세상이 뒤바뀌었다고 사람의 가치가 달라지는 건가? 그렇다면 일본이 조선을 지배하며 억압했을 땐 그들이 모두 하늘이었고 우리는 밟히는 지렁이었다는 대답이 나온다. 정말 그런 것일까?

힘이 인간을 지배하고 자연을 파괴하며 목숨을 짓밟아 버리는 것이라면 그건 힘이 아니라 바로 악마다. 같은 힘이라도 선하게 쓰이는 힘이야말로 사랑이다. 그러니까 무조건 힘을 기르는 것을 나쁘다고 하지 않는다. 오히려 선하게 쓰일 수 있는 힘이라면 더욱 부지런히 기르고 쌓아 올려야 한다.

사람들의 하루 일과를 세 등분 하면 여덟 시간 잠자고 여덟 시간 일하고 여덟 시간은 쉴 수 있다. 마지막 여덟 시간을 어떻게 소중하게 쉴 수 있는가가 문제다. 옛날에는 주경야독이라 해서 낮에 밭 갈고 밤에 책을 읽는, 참으로 보람된 하루를 보내는 분들이 있었다. 사람이 사람답게 사는 것은 바로 이런 생활이 아닌가 싶다.

지금은 산업시대여서 밭을 가는 것은 불가능한 사람이 많지만,

낮에 여덟 시간 일하고 밤에 책을 읽고 가끔씩 이웃끼리 모여 정담도 나누고 걱정도 나눈다면 세상은 그런대로 평화로워질 것이다.

그런데 사람들은 안정을 원하면서 또 한편으로는 변화를 바라는 이중성을 지니고 있다. 아니면 맹목으로 변화라는 말에 편승해서 환상에 빠져드는지도 모른다. 결국 인류 역사는 이런 변화를 추구하다 보니 혼란과 싸움이 끊이지 않는다.

해방 직후에 어느 집 머슴은 주인이 걸핏하면 "이놈아, 저놈아." 부른다고 해서 그 집을 나와 버렸다. 그러자 그 집 주인이 달려 나와 머슴을 붙잡고 한다는 소리가,

"두 번 다시 이놈 저놈 안 할 테니까 가지 마라 이놈아."

했단다. 제 버릇 개 못 준다고 오랫동안 상전이 머슴에게 하던 말버릇이 하루아침에 고쳐지는 것은 아니었다.

머슴은 더욱 화가 나서,

"이놈 소리 안 한다면서 왜 자꾸 이놈아 하는가요?"

따져도 여전히 그 주인은,

"그래, 다시는 안 할게 이놈아."

했다니, 그래서 결국은 머슴은 가 버리고 그해 농사짓는 데 큰 어려움을 겪었단다.

그 머슴이 그렇게 떠나간 뒤, 근처에 머슴을 들인 주인들은 한결같이 머슴에게 하는 말이 공손해졌다. 그러니 제일 먼저 반항을 하고 떠나가 버린 머슴은 머슴 사회에서는 선구자며 혁명가였다.

혁명가란 따로 있는 것이 아니다. 잘못되고 공정치 못한 일이면 스스로를 희생해서라도 바로 고쳐 나가는 사람이다. 개인의 사소

한 일이나 사회와 국가의 일 모두가 이와 같은 것이다. 그것이 사람이 공부하는 마지막 목표다.

자기가 고용한 일꾼을 고용주의 욕심대로 나쁘게 이용하는 것을 절대 용서해서는 안 된다. 주인과 일꾼이기 전에 사람과 사람이라는 걸 잊어서는 안 된다.

읍내 고구마 장수 집에서 내가 저울질을 속여 손해 본 사람들이 수백 명은 될 것이다. 이 세상에서 부정 축재를 한 몇몇 사람들 때문에 수많은 백성이 고통을 겪고 있다는 건 학교에서 배우지 않아도 쉽게 알 수 있다.

돈이 많은 사람이나 권력을 가진 사람이 부정을 하면 가난하고 약한 사람들은 따라서 나쁘게 된다. 인간들을 옭아매는 사슬은 바로 돈과 권력이기 때문이다.

일제 36년과 8·15해방과 6·25전쟁을 겪으면서 나는 사람답게 사는 길이 얼마나 괴로운가를 깨달았다.

요즘도 버스 정류장에서 흔히 보지만 나란히 줄지어 버스를 타기보다 서로 밀치며 앞서 타려는 사람이 더 많다. 그런 혼란 속에서 누구 하나가 질서를 지키려다 보면 그 사람은 맨 뒤에 타거나 만원일 땐 버스를 타지 못하게 된다. 시간을 맞추어 맨 먼저 와서 기다려도 뒤에 온 사람이 밀어내면 먼저 와서 기다린 보람도 없다.

가톨릭 신자이며 나가사키 의과대학 부속병원 의사였던 나가이 다카시 선생은 원자탄이 떨어지는 순간의 일을 나중에 이렇게 기록했다.

"달아나는 것입니다. 어쨌든 달아나는 것입니다. 모든 것을 다

내어던지고 달아나는 것입니다. 즉시 뛰어 달아나는 것입니다.
일이라든가, 책임이라든가, 의무라든가, 의리라든가, 인정이라든가, 재산이라든가…… 그런 일체를 다 내어던지고, 내 목숨 하나 살릴 것만을 생각하고 폭심(爆心)에서 멀리멀리 달아나는 것밖에 살아남을 방법은 없습니다."
나가이 선생은 원자 벌판에서는 모두가 짐승이 될 수밖에 없다고 가슴 아프게 생각하고 있지만, 우리는 언제 어디서나 짐승으로 살고 있는 것을 알아야 한다.
나 혼자 좋은 대학에 들어가기 위해 친구도 이웃도 다 뿌리쳐야 하고, 나 혼자 취직 시험에 합격하기 위해 수백 명 수천 명을 밀어내 버리고, 더 많은 땅을 가지기 위해 집 없는 사람을 산등성이나 난지도로 몰아내 버리고, 자가용을 타고 좁은 길을 지나가면서 무거운 짐을 든 사람들을 한쪽으로 비켜서게 하고, 큰 기업체들은 돈을 벌기 위해 공장폐수를 쏟아 놓아 더러운 물을 마시게 하고, 어디 한군데 사람다운 곳은 없다.

6

1953년 겨울, 나는 또다시 집을 떠났다. 그때 우리 집은 농토도 집도 없어 결국 스스로 살아갈 길을 개척해야 할 형편이었지만, 그것보다는 고학이라도 해서 상급학교에 진학하는 데 목적이 있었다.
그런데 그것이 뜻대로 되지 않았다. 그때의 일은 다른 글에 썼기 때문에 여기서는 그만두기로 한다.

　4년 뒤에 내가 폐결핵과 늑막염으로 고향으로 돌아와 결국 30년이 넘도록 건강을 회복하지 못하고 있다.

　병을 앓으면서 나는 언제나 건강해지면 조그만 논과 밭에서 농사를 지으며 될 수 있으면 결혼도 하고 아기도 키우며 가난하더라도 산새와 들꽃과 함께 어울려 살고 싶었다. 그것만이 사람답게 사는 길이라고 믿었다. 지금은 모든 걸 다 포기했지만 그렇게 사는 것이야말로 자연과 인간과 하느님을 함께 섬기며 사는 것이라 생각한다.

　혹시나 10대의 어린 나이에 좌절을 겪는 청소년이 있다면 경쟁 사회에서 벗어나 가난한 인생을 살도록 권하고 싶다. 우리에게 필요한 것은 먹는 것 입는 것만이 전부가 아니라는 것, 잘못된 향락은 더 큰 고통이 따른다는 것. 우리에게 더 소중한 것은 푸른 하늘 밑에서 여덟 시간 일하고 이웃과 더불어 가난하게 사는 것이다.

　부처도 그렇게 가르쳤고, 예수도, 그리고 앞서 간 성현들이 모두 그렇게 살며 우리에게 권했다.

　불교 신자이면서 누이동생이 믿었던 가톨릭의 하느님을 섬겼던 일본의 농민 시인 미야자와 겐지의 시 한 편을 마지막으로 적으면서 이 글의 끝을 맺겠다.

비에 지지 않고

　비에 지지 않고

바람에도 지지 않고
눈보라와 여름 더위에도 지지 않는
튼튼한 몸을 가지고
욕심도 없이
절대 화내지 말고
언제나 조용히 웃는 얼굴로
하루 현미 네 홉과
된장과 나물을 조금 먹고
모든 것을
자기 계산에 넣지 않고
잘 듣고 보고 알아서
그리고 잊어버리지 말고
들판 소나무 숲 속 그늘에
조그만 초가지붕 오두막에 살며
동쪽에 병든 어린이가 있으면
가서 간호해 주고
서쪽에 고달픈 어머니가 있으면
가서 그의 볏단을 져다 드리고
남쪽에 죽어 가는 사람 있으면
가서 무서워 말라고 위로하고
북쪽에 싸움과 소송이 있으면
쓸데없는 짓이니 그만두라고 하고
가뭄이 들면 눈물을 흘리고

추운 여름엔 허둥허둥 걸으며
모두한테서 멍텅구리라 들으며
칭찬도 듣지 말고
괴로움도 끼치지 않는
그런 사람이
나는 되고 싶다.

미야자와 겐지는 그렇게 살다가 서른일곱 살의 나이로 일찍 죽었다. 그러나 백 살을 산 사람보다 더 많이 산 것이다.

_『날자, 깃을 펴지 못한 새들이여!』 1989

목생 형님

생각나는 사람에 대한 이야기를 쓰자니 좀처럼 생각나는 사람이 없다. 더욱이 어떤 삶의 계기를 만들어 내게 영향을 끼쳐 준 실재의 인물도 생각나지 않는다.

어쩔 수 없이 나는 내 혈육 가운데 잊지 못할 둘째 형님에 대한 이야기를 쓰기로 했다.

아직 내가 이 세상에 태어나기 전인 1936년 가을, 어머니는 아버지를 찾아 현해탄을 건너 일본으로 가셨다. 그때 어머니에겐 벌써 5남매의 자식이 딸려 있었다. 이보다 7년 앞서 일본에 간 남편(아버지)에게서 소식이 끊기자 더 기다릴 수 없어 감히 말만 들어온 일본행 연락선을 타게 된 것이다. 일개 시골 아낙인 어머니가 손수 주재소로 면사무소로 찾아다니며 수속을 밟아 간신히 얻어 낸 여권이 안타깝게도 네 사람밖에 나오지 않았다. 5남매 중 둘은 떼어 놓아야만 하는 형편에 이른 것이다.

마침 맏형님은 열아홉 살의 청년으로 친구와 함께 일단 만주로 갔다가 뒤에 일본에 건너가기로 계획하고 만주로 떠났다. 그런데 둘째인 목생(木生) 형님은 아직 열다섯 살의 어린 소년으로 객지에 보낼 수 없어 잠시 동안 할머니에게 맡겨 두기로 했다. 그 당시 할머니는 의성 지방 길안골이라는 산속 깊숙한 외딴집에 나병을 앓고 있는 막내 삼촌을 데리고 숨어 살고 있었다.

"목생아, 일본에 닿으면 곧 아버지 보내어 어떡하더라도 널 데려 갈 테니까 할머니하고 삼촌 말 잘 듣고 기다려라."

목생 형님은 착했다. 눈물을 감추어 가면서 어머니와 동생들과의 이별을 참아 주었다. 일본에 닿는 즉시 아버지를 보내어 데려가겠다고 약속한 어머니는 그걸 이행하지 못했다.

목생 형님은 길안골 산속 문둥이 삼촌과 할머니 밑에서 고독과 주림을 이기지 못해 2년 만인 1938년, 열일곱 살의 아까운 나이로 죽고 말았다. 내가 태어나서 첫돌이 채 되기 전이었다.

나는 이때부터 자장가 대신 어머니의 구슬픈 타령을 들으면서 자랐다. 슬픈 타령과 함께 항상 젖어 있는 어머니의 눈동자는 나의 성격 형성기에 가장 많은 영향을 끼쳤음을 부인하지 못한다. 내가 사물을 어느 정도 분별하게 되고부터 목생 형님의 형상이 점점 나의 머리에 뚜렷이 부각되기 시작했다.

어머니가 이야기하셨다.

"꼭 한 번 꿈에 나타나 주었어. 할아버지 산소 곁에 오두마니 서서 '엄마, 나 할아버지한테 왔어.' 하면서 울지 않고 웃었어."

할아버지가 나무처럼 살라고 지어 준 이름 때문인지 목생 형님은 유달리 나무를 좋아했다고 한다. 산에서 베어 온 갖가지 나무로 베틀 연장도 다듬고, 물레도 다듬고, 씨아도, 도리깨도 만들었다고 한다. 마음에 드는 나무가 있으면 베어다가 뒤란에 쌓아 놓고 쓸데가 생기면 골라 무엇이든 만들었다. 열두세 살 때부터 솜씨가 제법이어서 웬만한 집 안 연장 가지는 목생 형님의 손으로 만들어 썼다고 한다.

언젠가는 산에서 미출미출한 옻나무 회초리를 잔뜩 베어 지고 와서 온몸에 옻이 올라 고생한 적도 있다. 어머니가 20리나 되는 약수탕에 가서 약물을 길어다 먹이고 발라 주어 가까스로 낫게 된 후부터 나무의 종류를 익히느라 성가실 만큼 나무 이름을 물었다고 한다.

할머니와 함께 살았던 2년간의 생활은 자세하지는 않지만 후에 들은 소문과 추측으로 헤아릴 수가 있다.

칡뿌리와 산나물, 송기죽이 식생활의 전부였던 것은 말할 나위도 없다. 싸리나무로 덫을 만들어 들쥐까지 잡아먹어야 하는 절박한 상황에 이르게 되면서, 목생 형님의 고통은 무엇으로 표현할 수 없었을 것이다. 쥐 잡을 덫은 목생 형님이 손수 만들었을 것이다.

형님은 잡은 쥐 고기를 어떻게 먹었을까? 끓여서 먹었을까? 아니면 구워서 먹었을까? 문둥이 삼촌께 양보하고 형님은 아주 조금밖에 먹지 못했을지 모른다.

삼촌은 마음씨가 어땠을까? 성질이 고약했다면 외로운 형님을 가끔 윽박지르지나 않았을까? 산으로 내쫓듯이 보내어 힘든 칡뿌리를 캐 오라고 시키고, 나무를 해 오라고 시키고, 군불을 지피라고 시켰을 게다.

할머니는 어떻게 했을까? 아비 어미의 눈이 화등잔처럼 살아 있는데, 왜 병든 자식 데리고 쫓겨 오듯 숨어 살고 있는 나한테 와서 보채느냐고 구박이나 주지 않았을까? 먹을 것이 있으면 숨겨 뒀다가 몰래 문둥이 삼촌한테만 주고 형님은 굶기지나 않았을까? 그럴 때마다 형님은 뒤란 구석에서 훌쩍거리며 울었겠지? 때로는 산봉우리 높이높이 올라가 남쪽 하늘을 바라보며 어머니를 불렀을 게다. 아버지도 불렀을 게다. 동생들 이름도 불렀을 게다.

"을생(乙生)아아!"

"귀분아아!"

"또분아아!"

목이 터지도록 부르면서 울었을 게다.

외딴 산속에서 친구가 없는 목생 형님은 나무와 더욱 친했겠지. 그중에서도 늘 푸른 소나무를 정말 친구처럼 사랑했을 게다. 사태 난 비탈에 뿌리가 엉성하게 드러난 나무가 있으면 흙을 덮어 주고, 다른 데 옮겨 심어 주기도 했을 게다.

시간이 나면 옛날처럼 연장을 다듬었겠지. 씨아도 만들고, 물레도 만들고, 재떨이도 만들었을 게다. 혹시나 식구들이 모이면 쓰게 될 집 안 연장을 깎고 다듬으며 시간을 보내었을 게다.

봄이면 산새들의 지저귀는 소리를 듣고 여름엔 개울물에 혼자서 미역을 감았겠지. 눈 내리는 겨울밤엔 오래오래 잠 못 이루며 식구들 생각을 했겠지. 매정하게 소식 없는 아버지 어머니를 원망도 했겠지.

세 살 아래인 동생 을생이와 싸운 것을 생각하다간 가슴이 아프도록 후회도 했겠지. 누이동생 귀분이에게 할미꽃 족두리 만들어 씌워 주던 일, 또분이를 업어 주고 코 닦아 주던 일도 생각했겠지.

공중에 날아다니는 새에게도, 들에 피어나는 한 송이 꽃에도 하느님은 먹이고 입히신다는데 형님은 먹을 것이 없어 굶어서 죽었다.

숨이 넘어갈 때의 모습은 어땠을까? 할머니는 그래도 불쌍한 손자를 끌어안고 몸부림치셨겠지. 문둥이 삼촌도 손가락이 다 문드러져 나간 손바닥만으로 조카의 이마를 쓸어 주며 눈물을 흘렸을 게다. 가엾은 사람들.

지금도 길안골 산속 어디쯤에 불쌍한 목생 형님과 문둥이였던 삼촌이 묻혀 있다.

아니, 목생 형님은 어느 봉우리 위에 한 그루 소나무가 되어 늘 푸른 잎을 피우며 서 있을 게다. 일제의 무자비한 침략과 못난 조상들도 죄 없는 한 어린 소년의 넋마저 빼앗지는 못했을 것이다.

얼굴 한 번 보지 못한 형님. 그러나 그럼으로 말미암아 더 귀중한 형님을 만나 보게 될지도 모른다.

역사는 잔인하지만 생명은 아름답다.

새해엔 내 나이도 마흔이 넘는다.

가끔 독신 생활이 외롭지 않느냐고 은근히 물어 오는 분들이 있다. 이런 땐 딱하게도 어떻게 대답해 줄지 망설여진다. 외롭다고 하면 당장 묘책이라도 있단 말인가? 인간이라면 외롭지 않은 이가 어디 있을까? 결혼이라는 수단이 외로움을 해소해 주는 유일한 길이라면 인간으로 태어날 아무런 의미도 없지 않은가? 나 자신도 외로운 원인을 독신이라는 테두리에서 생각해 볼 때도 있다. 그러나 꼭 외롭기 때문에 결혼을 해야만 한다는 생각을 가져 본 적은 없다. 나는 나 자신도 독신인 이유를 잘 모른다. 지병 때문에 결혼을 하지 않은 것도 아니다. 데데해서 혼기를 놓쳐 버린 못난 인간인지도 모른다.

그러나 나에겐 이 세상에 태어나면서 하느님이 부과해 준 소중한 내 인생이 마련되어 있었다.

목생 형님의 죽음과 다섯 살 때 들은 예수의 십자가 죽음, 이 두 죽음이 나의 뇌리에 박히면서 외곬으로만 비껴 나가려는 못된 인간이 되어 버렸다고 보고 싶다.

그래서 나는 아주 어릴 적부터 보이는 유형의 세계에 이내 싫증을 느끼고, 보이지 않는 무형의 세계를 동경하며 의식 중이거나 무의식 중이거나 그것을 실체화하려고 몸부림쳐 왔다.

교육다운 교육을 받아 보지 못한 나로선 스승이 될 만한 사람을 만나지 못했다. 그래서 생각나는 사람도, 특별히 나에게 영향을 끼쳐 준 사람도 찾을 수 없다.

얼마 전까지도 나는 헤어진 혈육들이 한자리에 모여 보고 싶은 마음이 간절했지만, 지금은 그것조차 많이 퇴색해 버렸다.

살아 있는 것은 무형의 그림이다. 그것이 더욱 또렷이 내 마음속 깊숙이 향기를 뿜으며 생동하고 있는 한 나는 덜 외로울 수 있다. 다 잃고 난 다음에야 우리는 소중한 한 가지를 차지할 것이기 때문이다.

생각나는 사람, 그리운 사람이 아닌 내 가슴에 살아 있는 목생 형님은 끊을 수 없는 반려자이며 내 사랑하는 소년이다.

슬픈 동화의 샘처럼 항시 맑디맑은 그 눈동자가 내 영혼을 감싸고 있는 한 나는 거기서 벗어날 수도, 벗어나고 싶지도 않다.

_『새생명』1978

2부

드넓은 밤하늘을 보면 우리 인생이 얼마나 작고 초라한지 알 것이다. 하늘을 쳐다보는 데 아직 돈 내라 소리 없지 않은가. 가난한 사람에게도 우주는 그만큼 너그럽다. 작은 것으로, 느리게 꼴찌로 뒤처져 살아도 자유로운 삶이 있다.

토종 씨앗의 자리

가을걷이가 끝나면 농부들은 다음 해 농사지을 씨앗을 갈무리해야 한다.

나락씨는 봉태기에 담아 시렁에 얹어 두고 조와 수수는 이삭째 엮어 방 안 보꾹에 매달아 놓는다. 참깨씨, 팥씨, 녹두씨 같은 자잘한 것은 무명 주머니에 담아 역시 보꾹 서까래에 달아 놓는다.

목화씨는 박두구미에 담아 바깥 처마 밑에 매달아 두고 삼(대마초)씨는 짚으로 촘촘하게 엮은 오쟁이에 담아 역시 서까래에 매단다. 어떻게 해서라도 쥐한테 먹히지 않고 바람이 잘 통해 씨앗이 썩지 않도록 신경을 쓴다.

감자씨와 토란씨는 무를 묻은 땅속에 함께 묻어 놓는다.

농부가 여름에 농사를 지어 추수를 끝냈다고 그것이 끝이 아니다. 다음 해에 또 심고 가꿀 씨앗까지 갈무리를 하고 난 다음에야 마음 놓고 겨울을 난다.

우리 인간들이 남자 여자 서로 만나 자식을 낳고, 그 자식이 자라 가정을 이루어 손자를 보고 나면 할아버지 할머니는 그제야 대를 이을 후손이 생긴 것에 마음 놓고 죽는다.

우리 집 마당가 은행나무에 지난겨울 까치가 집을 지었다. 2월 한 달 동안 나뭇가지를 조금씩 물어다 쌓아 가더니 6월에야 새끼 한 쌍을 키워 떠나보냈다.

이 땅 위에 살아 있는 목숨은 이렇게 하나같이 자손을 낳아 키우며 퍼뜨린다.

우장춘 박사가 씨 없는 수박을 만들었다고 했을 때 정작 수박 농사 짓던 농부들은, 그럼 다음 해 수박 농사는 어떻게 하느냐고 걱정을 했다. 한편으론 무슨 요술 같은 수박을 만들겠나 믿지 않는 사람도 있었다. 결국 씨 없는 수박은 소문만 떠돌았지 그 시절 사람들은 구경조차 못 했다.

그런데 이제는 씨 없는 것이 너무 많아졌다. 그래도 아무도 걱정하는 사람이 없다. 농부들은 해마다 씨앗을 그냥 사다 쓰면 된다. 씨앗은 종묘사에서 팔고 집에서 애지중지 보관하는 농부는 아무도 없다. 아예 씨앗을 보관했다가 심는 것을 잊어버렸다.

『문학동네』 2006년 여름호에서 김진경 선생은 콩씨를 심었더니 싹이 나지 않았다고 했는데 내 경험은 조금 다르다.

몇 해 전에 어째서 씨앗을 일회용으로 쓰고 버리는지 궁금해서 그해 말린 고추에서 씨앗을 받아 뒀다가 다음 해 텃밭에다 직접 심어 보았다. 씨앗은 싹이 트더니 아무 탈 없이 자랐다. 가지가 뻗어 나가고 꽃이 한두 개쯤 필 때까지는 정상으로 자라는 것 같았다. 그런데 그때부터 이상하게 문제가 생겼다. 종묘사에서 사다 심은 것과 비교해 보니 사다 심은 고추 포기엔 마디마다 고추가 열리는데, 내가 직접 받아 심은 것은 두세 마디씩 건너 띄엄띄엄 열리는 게 영 시원치 않았다. 고추 열매의 크기는 별로 다르지 않고 고추 맛도 괜찮은데 도무지 열매가 달리지 않는 것이다. 거름을 아무리 줘도 가지만 무성하지 꽃이 안 핀다. 결국 종묘사에서 사다 심은 고추에 비해 십분의 일도 열리지 않았다.

왜 이런 걸까? 이것이 바로 씨앗 장수들의 기술이었던 것이다.

땅호박이라고 하는 채소용 호박은 직접 열매에서 씨앗을 받아 심으면 잎만 무성하지 아예 열매는 맺지도 않았다. 참으로 요술 같은 세상이다.

박지원의 「허생전」에 나오는 허생은 매점 매석으로 돈을 벌어들였다지만 첨단과학시대에는 더욱 지능적이다.

이젠 농민들은 이런 지독한 장사꾼들에게 꼼짝없이 얽매여 살 수밖에 없다. 농민들은 해마다 각종 농약과 비료에다 비닐 같은 농자재와 씨앗까지 모든 걸 돈을 주고 사야 한다.

며칠 전엔 우리 마을에서는 새 고추건조기를 주문하라고 이장님이 마을 스피커를 통해 알려 주었다. 얼마 안 있으면 양파씨에 겨울을 나는 비닐하우스 감을 사라고 할 것이다. 1월이면 고추씨 장수가 오고 이어서 온갖 채소와 참외, 수박 씨 장수가 온다. 돈 쓸 데가 끝이 없다.

중간 고샅집 윤 씨 어르신네가 돌아가시고 나서 할머니 혼자 계시는 집에 가 봤더니 할머니가 그러신다.

"저것 봐, 영감이 죽으면서 남긴 거야."

마당가 둘레엔 경운기를 비롯해서 고추건조기, 관리기, 이앙기, 이런저런 농기계들이 널려 있고 모두 녹이 슬어 가고 있었다.

옛날 소작 농사를 지을 때는 가을이면 타작마당에서 양쪽에 가마니를 놓고 곡식을 나누었다. 먼저 땅 주인 쪽 가마니에 한 말 붓고 다음엔 소작인 집 가마니에 한 말 부었다. 그렇게 번갈아 한 말씩 한 말씩 똑같이 나누었다.

그런데 타작마당에는 으레 북데기라고 해서 찌꺼기 곡식이 남는다. 좀 욕심 많은 땅 주인은 그 찌꺼기 곡식마저 정확히 나누어 가져갔다.

나는 어린 시절 보아 온 소작 농사의 조건이 당연하다고 생각했다. 땅임자니까 반을 가져가는 것이 꼭 나쁘다고 보지 않았기 때문이다. 땅임자는 땅을 빌려 준 것이니 오히려 고맙다고 생각했지 다른 나쁜 감정은 없었다. 다만 가을이면 힘들여 거둔 곡식을 반씩이나 주어 버리는 게 아깝고 섭섭하다는 마음은 들었다. 부모님들도 언제나 우리 땅에서 옹근 농사를 짓고 싶어 하셨지만 역시 땅 주인에게 깍듯이 인사를 해야만 했다.

지금은 이 소작 농사가 도지(도조)라고 해서 몇 년씩 임차료를 내고 있다. 사용료는 그다지 비싸지 않다. 비교적 좋은 땅이라도 1년에 200평당 10만 원이 조금 넘는다. 그래서 남의 땅이라도 그렇게 부담스럽지 않게 빌려 쓰고 있다.

한 가지 다른 점은 옛날에는 농사가 식량을 얻기 위한 것이었다면 지금은 돈을 얻기 위해 상품을 생산하는 일이 되어 버렸다는 것이다. 그러다 보니 어쩔 수 없이 한두 가지 작물에 집중되어 오곡 농사라는 게 없어졌다. 이곳 안동 지방에서는 고추 농사와 양파 농사가 주된 농사다.

그러니 심으면서 값을 먼저 계산하게 된다. 지나치게 풍년이 들어도 값이 폭락하니 그것도 걱정이다. 사람 살아가는 데 걱정 없는 곳이 어디 있겠냐만, 농산물을 거두어 값이 어떻게 되나 걱정부터 하는 건 옛날에는 없었다. 그냥 풍년만 들면 즐거웠다. 그런데 이제는 어쩔 수 없이 농사꾼도 장사꾼이 되어 버렸다.

돈을 계산하게 되면 밑지는지 남는지 따지게 된다. 좀 더 남기기 위해서는 깍쟁이가 될 수밖에 없다. 장사꾼 속이는 건 하늘도 눈감아 준다고 했던가.

그렇다고 지금 농사꾼이 허생처럼 매점을 하거나 매석을 하는 직업 장사꾼이라는 건 아니다. 농사꾼은 어떻게 해서라도 소비자가 좋아하는 농산물을 생산해 내는 것이 목적이다. 사 먹어 주지 않으면 망하기 때문이다. 그래서 농사꾼은 소비자라는 또 다른 상전을 모시게 되었다.

언젠가 북한에서 양계장을 닭공장이라 한다는 말을 듣고 충격을 받은 적이 있다. 닭공장이란 말이 솔직한 표현일지는 모르지만 우리네 정서에는 아무래도 살벌하다고 생각했기 때문이다. 하지만 이제는 농촌의 모든 것이 공장이 되어 버렸다.

아랫마을 김 씨가 처음 제초제를 쳤을 때 풀이니 벌레니 모조리 죽어 가는 것을 보고 두려운 마음이 들었는데 이제는 면역이 생겨 아무렇지 않다고 한다. 농촌의 농심이 이렇게 변한 것도 어쩔 수 없다.

이제는 세상에 착한 사람이 별로 없다. 착하게 살 수 있는 곳이 없어진 것이다.

텔레비전을 보면 온통 먹어라, 입어라, 마셔라, 신어라, 발라라……. 이렇게 돈 쓰게 하는 광고 천지다. 부드럽고 친절하게 말하는 것 같지만 어찌 보면 강요하다 못해 협박을 하는 듯도 하다. 마치 그렇게 안 하면 좋지 못할 것처럼 느끼게 만들고 있다.

요즘 시골 버스를 타 보면 아주 깨끗해졌다. 시골 사람들도 옷차림이 말쑥하게 세련되었다. 겉모습만으로는 잘사는 선진국만큼 따라가고 있다.

시골에도 고무신 신은 사람은 없다. 깨끗한 구두에, 할머니, 아주머니 들은 짧은 치마에 블라우스를 입고 머리를 하나같이 짧게 파마를 했다. 남자들도 여느 도시의 신사처럼 차림새가 깨끗하다.

전에는 신문지를 오려 뒤를 닦는 것도 황송했는데 이제는 부드러운 두루마리 화장지에 익숙해졌다. 텔레비전도 작은 것은 답답해서 못 보겠다고 일흔 살이 넘은 큰대추나무집 할머니는 대형 텔레비전으로 바꿨다. 텔레비전에서 선전하는 대로 모두 잘 따라 살고 있다.

마을 집들도 깨끗해지고 골목길도 시멘트로 포장되어 집집마다 자동차가 드나들 수 있게 되었다. 뺍자구라고 하는 질경이 풀이 돋아나고 봄이면 민들레가 노랗게 피던 고샅길도 모두 사라졌다. 뒤

덮인 시멘트 밑에서 모두 질식해 죽었을 테고, 게다가 빈틈이 있는 곳에 풀이 돋아나면 여지없이 제초제를 쳐 버린다. 제초제는 집 안 마당에나 어디에나 뿌려 대어 아예 상비약처럼 되어 버렸다.

　수돗물이 들어오고 나서 집 안에 목욕실이 생기고 세탁기도 생겼다. 모든 것이 깨끗하고 편리하고 풍요로워졌다.

　이런 것을 두고 문화인이라 하는 건지 문명인이라 하는 건지 나는 잘 모르겠는데 아무래도 어색하다.

　며칠 전에 아랫마을 손 씨가 우리 집까지 목욕을 하러 왔다. 우리 집엔 따로 목욕실이 없어 마당가 수돗물로 몸을 씻었다. 손 씨는 아랫마을에 수도관이 고장나서 수리를 하느라 모든 집에 물이 나오지 않아 우리 집으로 왔다고 했다. 들에서 흙투성이가 되도록 일을 하고 왔는데 씻을 물이 없으니 답답했을 게다.

　문제는 바로 이것이다. 몸을 씻을 만한 깨끗한 개울물이 없어진 것이다. 아무리 집 안이 깨끗해진들 개울물이 시궁창처럼 더럽다면 그게 어떻게 농촌일 수 있겠는가. 참으로 모순된 삶이 오늘의 농촌에 있다. 유리알처럼 맑았던 시냇물은 이젠 아무 데도 없다.

　우리가 걱정하는 씨앗 문제는 한 부분일 뿐이다. 아이엠에프(IMF) 당시 우리 종묘 회사가 모두 외국자본에 넘어갔다고 걱정을 했다. 우리 농민의 삶의 일부가 외국자본에 예속된 것이다.

　이것저것 따지고 보면 우리 농촌의 주체적 삶은 아무것도 남아 있지 않다.

　옛날엔 농민이라는 말을 안 쓰고 '여름지기'라고 했다. 열매를 맺게 하는 사람이라는 뜻이다. 열매는 모든 목숨이 먹고 살아가는 귀한 생명의 씨앗이다. 밥을 하늘이라고 말한 이유가 여기에 있을 게다. 하늘이란 말은 추상적이긴 하지만 그만큼 소중하다는 뜻이다.

우리 농민들이 수백 년, 수천 년 동안 그토록 알뜰살뜰 보관해 왔던 토종 씨앗이 거의 사라져 버렸지만 지금이라도 제자리를 찾았으면 한다. 토종 씨앗은 오랜 세월 우리 기후와 토질에 맞게 진화되어 웬만한 질병에도 면역이 생겨 있다. 그래서 농약이 없어도 깨끗하게 자라고 열매를 맺어 탈 없이 먹고 살았다.

내가 기억하는 토종 씨앗 이름들을 적어 보면 재미있는 이름이 많다.

돼지나락, 까투리나락, 쌍두배나락, 오두바리수수, 눈까막이수수, 개파리콩, 어금니콩, 게발차조, 개똥차조, 물푸레차조, 오누이 강냉이, 모두 정답다.

감자는 자주감자, 흰감자, 분홍감자 세 가지가 있었다. 돌아가신 박실 어르신네는 자주감자를 자지감자라 하고 분홍감자를 보지감자라 했다.

"야아들아, 자지감자캉 보지감자캉 한데 두지 마라. 바람피운다."

그렇게 한바탕 웃었다.

이렇게 우리 토종 씨앗엔 웃음이 있고 시(詩)가 있고 동화가 담겨 있었다.

우리 씨앗을 잃어버리면 우리 혼도 함께 잃어버릴 것이다.

_『문학동네』 2006

우리 삶과 함께하는 동화

　요즘 아이들은 동요를 부르지 않는다. 해마다 각 방송국에서는 동요 잔치를 벌여 대략 계산해도 100여 곡이 넘는 새로운 동요가 발표되고 있지만 그 동요는 텔레비전에서 한 번 방송되고 난 뒤 그대로 사라져 버린다. 1등을 한 곡은 교과서에 실려 학교에서 가르치지만 역시 아이들은 동요를 부르지 않는다. 동요는 이제 무대 공연에서만 불릴 뿐, 생활에서는 거의 사라졌다. 왜 그럴까?
　아이들이 나한테 편지를 보내온다.
　그런데 이따금 책을 읽는 것이 고통스럽다는 하소연을 해 오는 아이들이 예상 밖으로 많다.
　"나는 책 읽기가 싫은데 선생님이…… 혹은 엄마가…… 억지로 읽으라고 해서 읽고 있습니다."

"좀 신나고 야한 이야기를 써서 우리가 스물네 시간 동안 웃으며 살 수 있는 보람 있는 책을 써 주십시오."

한 아이는 '봉숭아 학당'이라는 텔레비전 코미디를 그대로 묶어 낸 책을 가져와서 이렇게 재미있게 쓰라고 친절하게 충고하듯이 놓고 가기도 했다.

책을 읽고 감동을 받았다는 편지도 있지만 그것은 어린이 스스로가 느낀 감동이 아니고 선생님이나 부모님 들의 영향이 큰 것 같았다.

어린이문학은 참 어렵다.

요즘은 아이들이 먹을 것, 입을 것 등 모든 것이 풍요롭고 재미있는 놀이가 많다. 구태여 책을 읽지 않아도 텔레비전에서 만화를 실컷 볼 수 있고, 드라마, 영화, 컴퓨터게임, 야구 경기, 축구 경기……. 도무지 책 읽을 시간이 없다. 이런 세상에 웬만큼 써 가지고는 아이들이 거들떠보지도 않는다.

작년(2001)에 그림책으로 나온 동화 『비나리 달이네 집』은 뜻밖이었다. 시내 책방 주인 아주머니가 "애들이 엄청 좋아해요." 하신다. 이유가 뭘까 생각해 보니 '달이'라는 강아지 때문이 아닌가 싶었다.

이 동화는 원래 이곳(안동)에서 가까운 장애아 시설에서 가끔 내고 있는 쪽지 회보에다 원고지 10매 정도 분량으로 썼던 것이다. 다리 하나가 잘려 나간 강아지를 같은 장애를 가진 아이들이 무척 좋아했다는 말을 듣고 좀 더 길게 써서 완성해 보고 싶었다.

강아지 달이와 신부님은 실존 인물이다. 먼저 신부님께 양해를 구했더니 쉽게 허락하셨다. 그런데 어려웠다. 살아 있는 강아지 달이의 모습이 제대로 그려지지가 않았다.

한 3년을 두고 머릿속에다 영화를 찍듯이 한 장면 한 장면 그림을 담았다. 그러고는 순서를 짜 맞추어 현실을 판타지 속으로 끌어들여 사진을 찍어 나갔다. 읽는 사람에게 달이의 모습을 뚜렷이 보여 줘야 하기 때문이다.

그래서 마흔 장짜리 달이네 집 이야기가 완성된 것이다.

『비나리 달이네 집』은 화가 김동성 선생의 시정 넘치는 그림이 함께 어울려 아이들에게 친근하게 다가갔다. 글 쓰는 사람과 읽는 사람이 함께 생각과 마음을 나눌 수 있는 것은 큰 보람이다.

어떻게 해야 이 삭막한 도시 아이들이 재미있게 읽고 마음을 씻어 낼 수 있는 좋은 동화를 쓸 수 있을까, 참으로 고민스럽다.

옛날 농촌 아이들에게 생활과 노래와 동화는 하나였다.

깐치야 깐치야
내 눈에 가시 든 거
꺼내 다고
니 새끼 웅굴에 빠진 거
건져 주마
졸뱅이로 건질까
뚤뱅이로 건질까
헛 쉬!

아이들 눈에 먼지나 티끌이 들면 어른들은 아이의 눈을 살살 문지르면서 이 노래를 불렀다. 할머니, 할아버지, 아버지, 어머니, 누나, 오빠, 아니면 이웃집 누구한테나 이런 노래를 들으며 눈 속의 먼지를 씻어 냈다. 정말 까치 엄마가 이 노래를 듣고 도와주었는지는 모르지만 어쨌든 눈은 감쪽같이 깨끗해졌다.

엄마 소야 니 먹었나
꼬꼬 닭아 니 먹었나
멍멍 개야 니 먹었나
꿀꿀 돼지 니 먹었나

아이가 먹던 누룽지를 어디 감춰 뒀는데 없어졌다. 그래서 소한테 가서 물어보고 멍멍 개한테 먹었냐고 물어보고, 동요는 이렇게 아이들의 생활 속에 함께 있었다.

나는 생각날 때마다 이런 옛 동요를 중얼거리며 지금 우리 생활과 함께할 수 있는 노래와 얘기를 써 보려 애쓰고 있다.

그런데 쉽지가 않아서 문제다.

_『어린이문학』 2002

미국에도 눈물이 있었던가?

지난 9월 11일 뉴욕 세계무역센터 테러 사건 후, 신문과 라디오, 텔레비전에서는 온통 그 보도로 며칠 동안 호황을 누렸다. 그러느라 국내외 조그만 사건 사고에는 관심을 두지 못했다.

그런데 아주 조그마하지만 귀한 소식이 있었다. 하나는 대구 농수산물 도매시장에서 쥐가 고양이를 30분간이나 물어뜯으며 싸웠다는 신문 기사와, 까치들이 전국의 과수원에 몰려와 익어 가는 과일들을 다 망쳐 놓아 할 수 없이 엽총으로 쏘아 죽인다는 소식, 그리고 에스비에스(SBS)에서 보여 준 사북 산골 외딴집 아이 윤지와 뱀 이야기였다.

사북에서 살고 있는 윤지는 열두 살 여자아이이다. 두 살 때 엄마가 집을 나가 버려 아버지와 언니와 셋이서 살았다. 윤지네 집은 산비탈 외딴집이다. 울도 담도 없는 작은 오두막에서 윤지는 10년 동안 집 근처에 기어 다니는 뱀과 동무하며 놀았다. 살모사와 능구렁이, 까치독사도 모두 윤지의 손등과 어깨와 머리에서 똬리를 틀고 함께 논다.

구약성경 이사야서에 보면 어린아이가 독사의 굴에 손을 넣고 장난을 친다는 구절이 있는데 윤지가 바로 그런 아이다.

그런 윤지한테 아버지는 일부러 뱀을 잡아다 준다.

"윤지는 두 살 때부터 뱀하고 놀았지요."

"위험하지 않나요?"

"괜찮아요. 10년간 한 번도 물리지 않았으니까요."

윤지네 아버지는 딸아이가 뱀과 노는 것을 아무렇지 않게 보고 있는데 우리에겐 이해가 안 된다. 어떤 아버지가 두 살배기 어린것이 뱀하고 놀고 있는 것을 보고 그냥 두겠는가. 절대 그런 아버지는 없을 것이다. 윤지네 아버지는 그만큼 순수한 사람이었다.

가끔 신문이나 텔레비전에서 야생동물을 길들여 키우며 친하게 지내는 사람들은 보았지만 윤지처럼 뱀하고 함께 노는 어른이나 아이는 보지 못했다. 윤지는 아버지가 방금 잡아다 준 뱀도 서슴없이 목에다 걸며 친해진다. 정말 신기했다.

살모사가 윤지의 겨드랑이로 파고들어 가 아랫배 옷자락으로 기어 나오자 "아이구, 차가워 차가워!" 하면서 깔깔 웃는다. 보통 사람들이 볼 때 그건 절대 정상이 아니다.

까치들이 떼 지어 몰려와 과수원을 온통 헤집어 놓는다. 다 익은 사과, 배 모두 쪼아 놓아 농사를 망쳐 버린다. 까치는 이젠 농촌에서 길조가 아니라 원수가 되어 버렸다. 그래서 총으로 쏘아 잡아 죽이고 있다.

까치들이 왜 전에는 하지 않던 짓을 하는지 그 까닭을 알아보니 냇가에 개구리들이 사라졌기 때문이라는 것이다. 개구리뿐만 아니라 새들의 먹이가 되었던 곤충과 물고기도 없어졌다.

옛날에 가끔 새들이 개구리를 잡아 가 가시나무에 꽂아 둔 것을 본 적이 있다. 개구리를 잡아먹기도 하고 이렇게 가시에 꽂아 뒀다가 어려울 때 양식을 했던 것이다.

그러던 것이 이젠 냇가에 개구리가 사라진 지 오래이다. 메뚜기도 없고 다른 벌레도 없다. 새들이 먹을 것이 없자 할 수 없이 과일밭으로 몰려와서 농사를 망친다. 이건 까치 잘못이 아니다. 사람들 스스로가 이런 결과를 가져오게 한 것이다. 그런데도 죄 없는 까치를 총으로 쏘아 죽이고 있다.

뉴욕의 110층짜리 세계무역센터에 비행기를 돌진시켜 폭파해 버린 아랍인들은 왜 그랬을까?

사건이 일어나고 다음 날, 그곳 잿더미 근처에선 우리한테는 너무도 눈에 익숙한 광경이 벌어졌다. 행방불명이 된 사람을 찾는 사진과 간단한 사연을 적은 쪽지가 여기저기 나붙고, 가족 친지 들이 흐느끼며 울고 있었다.

그걸 보는 순간 나는 '아, 미국인에게도 눈물이 있었구나!' 하고 고통을 당한 사람들에 대한 아픔 때문에 눈시울이 더워지지 않을 수 없었다.

사실 그 높은 빌딩이 폭파되는 순간을 처음 봤을 때는 '미국이 이제 죗값을 치르는구나.' 하고 나도 모르게 가슴이 후련해지며 통쾌한 느낌까지 들었다. 그동안 우리들, 제3세계 약소국가들은 저 오만한 미국에 의해 얼마나 많은 피눈물을 흘렸던가.

50년 전 우리 한반도는 2차 세계대전 때 전 세계에 뿌려진 폭탄의 몇 갑절을 두들겨 맞고 온 나라가 잿더미가 되지 않았던가. 반으로 나뉜 북쪽은 아예 영원히 일어서지 못하게 박살을 내 버린 것이다.

미국은 한반도에 원자탄을 터뜨린다고 엄포를 놓았다. 눈보라 치는 흥남 부두의 비극은 그래서 일어난 것이다. 우는 갓난아이를 바다에 내던진 엄마가 있었고, 아버지와 자식이 헤어져 아버지는 죽음의 땅에 남고 자식은 살길을 찾아 떠나기도 했다. 형제와 부모와 자식이, 이웃이 그렇게 죽고 헤어지고 망가졌던 6·25전쟁을 우리는 영원히 잊을 수 없다. 400만 명이 다치고 150만 명이 죽었다. 살아남은 사람은 집을 잃고 가족을 잃고 살아오던 터전을 모두 잃었다. 그렇게 50년을 살아왔다.

북한 아이들은 어린 시절부터 미군 허수아비를 세워 놓고 찔러 죽이는 훈련을 한다. 얼마나 원한이 맺혔으면 그리하겠는가.

베트남전쟁에서 이라크전쟁, 리비아 폭격, 유럽의 코소보전쟁까지 미국은 숱한 목숨을 죽이고 숱한 건축물을 파괴했다. 그런데도 그들은 한 번도 울지 않았다. 눈물은 약소국에만 있었던 것이다.

세계무역센터의 폭파는 그런 미국을 깨우치는 작은 사건에 불과하다. 이젠 미국은 뉘우쳐야 한다.

그 어느 곳에서도 무자비한 파괴는 사라져야 한다. 만약 아프가

니스탄에서 전쟁이 일어나면 제2, 제3의 세계무역센터 폭파가 이어질 것이다.

개구리와 벌레 들을 없애 버린 인간들에게 까치들이 보복을 하고 있듯이 폭력은 폭력으로 되돌아온다. 쥐도 궁지에 몰리면 고양이에게 달려든다.

성경책에서는 인류의 적이라고 가르치는 독사를 친구처럼 데리고 노는 사북의 열두 살 윤지를 우리 모두가 배워야 하지 않을까.

미국한테서 진정한 눈물을 기대해 본다.

_『우리 말과 삶을 가꾸는 글쓰기』 2001

아낌없이 주는 나무

한 소년이 사과나무 밑에서 놀고 있다. 그러다 사과나무에 사과가 열리면 따 먹고, 소년이 자라 청년이 되어 결혼을 한다. 청년은 사과나무 가지를 잘라서 신부와 함께 살 집을 짓는다. 그리고 또 세월이 흘러 청년은 장년이 되어 이번에는 아예 사과나무 둥치를 베어 배를 만들어 먼 나라로 여행을 떠난다. 세월이 또 흘러 소년은 늙은이가 된다. 이제 기력이 다해 버린 소년은 여태까지 아낌없이 모든 것을 준 사과나무의 그루터기에 와서 조용히 앉아 쉰다.

이상은 셸 실버스타인의 그림책 『아낌없이 주는 나무』의 줄거리다. 많은 사람이 읽고 감동을 받았다는 이 이야기 속의 어떤 내용이 사람들을 그토록 감동시켰는지 나는 아무래도 이해가 안 간다. 아낌없이 자신의 모든 것을 준 사과나무의 희생에 감동했다는 것은 알지만, 과연 그것이 소년을 위한 희생일까? 다른 이야기 하나를 보자.

바닷가 오두막에 노부부가 살았다. 할아버지는 고기를 잡아다 할머니와 둘이서 가난하게 살아가는데, 어느 날 할아버지의 그물에 용왕의 딸이라고 하는 금고기가 잡힌다. 할아버지는 살려 달라고 우는 금고기를 불쌍해서 놓아준다. 집에 돌아와 그 이야기를 할머니에게 들려주자 할머니는 "왜 그냥 살려 줬나요. 깨진 물동이라도 새 걸로 바꿔 달래잖고." 이에 할아버지는 다시 바다에 나가 금고기에게 부탁해서 새 물동이를 얻고, 다시 할머니의 성화에 못 이겨 새 집을 얻고, 하인들과 온갖 살림살이, 금은보화를 얻는다.

욕심 많은 할머니는 그것도 모자라 나중엔 자신이 여왕이 되어 금고기까지 신하가 되라 한다. 할아버지가 그 말을 금고기에게 전하자 금고기는 아무 말 없이 물속으로 사라진다. 집에 돌아오니 으리으리하던 기와집도 하인들도 다 없어지고 원래의 오두막에 깨진 물동이와 함께 할머니가 초라하게 앉아 있었다.

책은 읽고 나서 그냥 잊어버리는 것이 아니다. 책 속에서 무언가 찾아내어 내 것으로 간직하고 싶은 게 있을 것이다. 그게 당연한 것이며 그래야만 책이 존재할 이유가 있는 것이다. 그런데 책 속의 내용과 우리가 살아가는 현실이 너무 다르거나 거리가 멀면 읽고 난 다음 그리 개운치가 않다. 100퍼센트 일치하지 않더라도 어느 한 부분은 실생활에서 느끼고 삶에 보탬이 되어야 하지 않는가.

몇 해 전에 이곳 교회 헌 집을 뜯고 새로 지었다. 훨씬 크고 넓어진 예배당엔 서른 개가 넘는 큼직큼직한 의자가 놓였다. 의자는 모두 두꺼운 원목으로 튼튼하게 짜 대여섯이 함께 앉을 수 있는 긴 의자다. 이만한 의자를 만들려면 원래 나무의 크기는 대단했으리라는 걸 누구나 짐작할 것이다. 동남아시아 어느 나라에서 수입해 온 나무라는데 그곳 숲에서 수백 년간 자라 온 나무는 이렇게 한국의 조그만 시골 교회에까지 와서 의자가 된 것이다. 나는 이 의자가 생기고부터 예배 시간이면 불편하다 못해 불안하기까지 하다. 우리 인간은 살아가기 위해 모든 것을 자연에서 얻어 온다.

옛날 초가집 추녀에는 제비가 집을 짓고 두꺼운 이엉 속에는 참새 둥지가 있었다. 제비와 참새는 사람 사는 집에 함께 얹혀서 산다. 사람들은 구태여 제비나 참새를 쫓아내지 않고 그냥 내버려 둔다. 그러면서 그들에게 대단한 적선을 한다고도 않는다. 제비와 참새는 각자가 만든 둥지에서 알을 낳고 새끼를 친다. 바로 그것이 소중한 것이다.

농촌 아이들은 제비가 새끼를 쳐서 키우는 것을 보면서 자란다. 제비는 흙을 한 입 한 입 물어다 집을 짓고 알을 낳고 여러 날 정성을 다해 그 알을 품어 새끼를 깐다. 그러고는 어미와 아비 제비는 번갈아 먹이를 물어다 새끼들을 키운다. 여기서 농촌 아이들은 부모 노릇이 어떤 것인지 일부러 가르치지 않아도 자연스레 배운다. 참새나 제비는 절대 공짜로 사람 사는 집에 얹혀 사는 게 아닌 것이다. 목숨이 살아가는 도리를 가르쳐 주고 아침저녁 재잘대며 노래까지 불러 준다. 자연과 인간이 함께 사는 것, 함께 살아야 하는 것을 극명하게 보여 주는 초가집의 생태 환경은 그대로 한 권의 생명 교과서다.

이 세상엔 어떤 경우에도 한쪽에서는 주기만 하고 한쪽에서는 받기만 하는 일은 없다. 그런 일이 있어선 절대 안 된다. 자연은 공생의 질서가 유지되어야만 모두가 살아남는다. 한쪽은 주기만 하고 한쪽은 받기만 하면 둘 다 끝장이 나 버린다.

남미 안데스 산지에 사는 원주민 우와 족은 벌써 15년간 하루하루 피를 말리며 싸우고 있다. 우와 족 6000명이 살고 있는 마을 근처에 석유가 매장된 것을 알고 미국과 영국에서 개발에 나섰기 때문이다. 그러나 인디언 우와 족 사람들은 땅속에 묻힌 그 무엇도 파헤쳐서는 안 된다고 싸우고 있다. 땅속에 묻힌 모든 것은 그들에게 대지 어머니의 핏줄인데 그걸 파내게 되면 그것으로 세상이 끝나게 되는 것이다.

만약 석유 개발이 시작되면 6000명의 우와 족 인디언은 집단 자살을 하겠다는 것이다. 인디언들의 자연에 대한 경외심은 우리 모두 잘 알고 있지 않는가. 인디언들은 수만 년간 아메리카 대륙에서 자연과 더불어 모든 생명을 함부로 해치지 않고 함께 살아왔다. 그런데 아메리카 대륙에 상륙한 백인들은 불과 몇백 년 만에 그 넓은 대륙을 황폐화해 버렸다. 끝도 없이 파헤치고 긁어내고 학살해 오지 않았던가. 울창한 숲과 그 속에서 살아가는 동식물의 씨를 말리고 있다.

나는 나대로 이야기를 한 가지 만들어 보았다. '아낌없는 주는 나무'가 아닌 '아낌없이 주는 소년'으로 바꿔 본 것이다.

한 그루 나무를 위해 한평생 보살피는 소년이 있다. 그 나무는 초라하기 그지없다. 거름을 주고 가지를 치고 열심히 가꾸었지만 꽃도 안 피고 열매 하나 맺지 않았다. 나무는 소년에게 아무 보답을 하지 못했다. 그런데도 소년은 오히려 병든 나무를 불쌍히 여겨 더욱 알뜰히 보살폈다. 소년은 늙어 더 이상 나무를 보살펴 주지 못해 병든 나무를 쓰다듬으며 "미안하구나, 끝까지 돌봐 주지 못해서……." 그러고 나서 숨을 거둔다. 나무는 눈물을 흘리며 "아니야, 오히려 미안한 건 나였어. 정말 고마워." 하고 말하면서 조용히 소년을 따라 죽음을 맞는다.

우리는 여태까지 자연에서 너무 많이 빼앗아 왔다. 이제는 그 자연을 위해 우리가 희생할 차례가 아닌가. 바닷가 오두막 할머니는 그 뒤 어떻게 되었을까? 금고기는 할머니한테 줬던 새 물동이도, 기와집도, 금은보화도, 살림살이도, 하인도 다 거둬 가 버렸다. 할머니는 본래대로 어쩔 수 없이, 정말 어쩔 수 없이 원래의 깨진 물동이와 할아버지가 잡아 오는 물고기 몇 마리로 가난하게 살 수밖에 없다.

우리 모두 지나치게 많이 가지려 하다가 몽땅 망하기 전에 지혜로운 금고기가 나타나서 원래의 오두막과 깨진 물동이만이라도 남겨 주면 다행이라고 본다. 정말 몽땅 망하기 전에…….

_『작은 이야기』 2001

더 이상 낮아질 수 없는 사람들

옥이네 할머니가 살아 계실 때 가끔 하시던 말이 생각난다.

"사람이 뭐긴 뭐야. 걸어 댕기는 똥공장이지."

기막힌 인생관이다. 만약 이 말을 부처나 예수가 들었다면 어떤 표정을 지을까? 부처는 하늘과 땅 사이에 오직 나만이 존재한다고 했고, 예수도 사람은 아름다운 꽃송이보다, 공중에 날아다니는 새보다 더욱 귀한 하느님의 자녀라고 했다. 공자 역시 이 세상 만물 중에 가장 귀한 것이 사람이라 했고, 서양의 어느 철학자는 사람은 생각하는 갈대라는 고상한 말도 했다. 이렇게 대단한 사람을 두고 옥이네 할머니는 왜 하필이면 '걸어 다니는 똥공장'이란 자조 섞인 말을 했을까?

"자고 나면 하루 종일 똥감 장만하느라고 등이 굽도록 일하는 벌거지지." 옥이네 할머니는 덧붙여 이렇게도 말했다. 우리 동네 시내미골이라는 골짜기 양지에 넓은 공동묘지가 있다. 옥이네 할머니 말대로라면 똥공장 무덤이 즐비하게 널린 곳이다. 나는 이 마을에서 거의 40년간 살았으니 마을 사람들이 살아가는 모습을 어느 정도는 안다. 모두가 한결같이 자고 나면 일하는 사람들이다. 자신이 대단한 목숨이거나 고귀한 인간이라는 자부심을 가지고 살아가는 사람은 하나도 없다. 어쩔 수 없이 그렇게 살다가 때가 되면 죽어 산천에 묻힌다.

　1970년대 초, 마을 청년들 몇이서 새마을 농민복을 쫙쫙 다림질해서 입고 머리에 포마드 기름 바르고 십릿길 되는 버스 정류장까지 가던 모습이 아직도 눈에 선하다. 그날 그렇게 차려입고 간 이유는 읍내에 유명 가수들의 공연이 있기 때문이었다. 장터 국밥집 아주머니 말에 따르면 "김새나라(세레나)랑 남진이랑 모두 온다 카드라." 안동이 생기고 나서 그만큼 사람이 모여든 건 처음이라고 했다. 상주, 봉화, 예천, 의성 등 조금 먼 곳에서는 하루 먼저 도착해 여인숙 신세를 진 사람이 많았다고 한다. 공설 운동장에서 안동역까지 넓은 길에는 사람으로 뒤덮여 자동차도 손수레도 몇 시간 동안 꼼짝 못 했다고 한다.

　그때까지도 농촌엔 전기가 들어오지 않아 텔레비전은 볼 수도 없었고, 집집마다 메주 틀처럼 생긴 앰프 하나씩 달아 놓고 하루 종일 장터 유선방송사에서 보내는 똑같은 라디오 방송만 들었다. 거기서 흘러나오는 유명 가수들의 노래는 소리로만 들었고 그 얼굴은 몰랐다. 그러니 생전 처음 보게 된 연예인들의 공연은 그야말로 최고의 관심거리였다. 그때 그 들뜬 가슴으로 공연장에 갔던 청년들은 모두 50대 장년이 되었다.

아랫마을 성민이네 할아버지 말씀에 따르면 한 사람이 일생 동안 다섯 번 경사스러운 일이 있는데 그때마다 돼지 한 마리씩 잡는다고 했다. 태어나서 첫돌 잔치 때, 혼약식 때, 결혼식 때, 그리고 나이 들어 회갑 잔치 때, 죽어서 장례를 치를 때, 이렇게 모두 다섯 마리 돼지가 한 사람을 위해 죽어야 한다는 것이다.

70년대 겨울은 참 추웠다. 그 추운 겨울날 면사무소 앞마당에서 한 달에 한 번씩 생활보호대상자에게 쌀 배급을 주었다. 그걸 받기 위해 겨드랑이에 빈 포대 자루 하나씩 끼고 줄 서서 기다렸다. 운이 좋아 앞줄에 섰던 사람들이 쌀 8킬로그램과 보리쌀 2킬로그램을 받아 나오면서 금메달 받은 선수처럼 활짝 웃던 모습, 그것이 길게 줄 서서 기다리는 뒷사람들에겐 큰 부러움이었다. 날씨가 따뜻한 봄날은 조금 달랐다. 비록 줄을 서 있기는 마찬가지였지만 그냥 땅바닥에 앉아서 느긋하게 기다릴 수 있었기 때문이다. 앉아서 그동안 있었던 집안 얘기도 나누고 오히려 한가한 시간을 즐기기도 했다.

나는 물 건너 마을에서 매번 오시는 할아버지와 자주 얘기를 나누었다. 할아버지한테는 벙어리에다 정박아인 열여덟 살짜리 딸 하나가 있었다. 할아버지는 한결같이 "그 애 때문에 내가 죽으면 안 된다."고 걱정을 하셨다. 「심청전」에 나오는 심청이 아버지와는 반대 입장이었다. 그 할아버지가 돌아가시고 벙어리 딸은 먼 데 어느 시설에 맡겨졌다.

그러고 나서 나도 생활보호대상자에서 빠져나왔다. 해방된 기분이 들었지만 한편으로는 그 사람들과 함께 거기 남아 있지 못해 미안하기도 했다. 그들은 비록 힘들게 남에게 기대어 살지만 죄짓지 않고 살아가고 있다. 가난한 사람들은 승용차도 없으니 공해도 안 일으키고, 물건을 별로 사지 않아 쓰레기도 안 만든다. 똑똑하지 못해서 비리를 저지르지 않고, 전쟁을 위해 대포나 미사일, 핵무기도 못 만든다.

세상에 그런 모자라는 사람들만 산다면 절대 무서운 전쟁 같은 건 없을 것 아닌가. 가끔 가다가 장터 정류장에서 마을 사람들과 버스를 기다린다. 옷차림도 생김새도 모두 비슷해서 괜찮다. 그런데 그 앞으로 지나다니는 승용차가 문제인 것이다. 지루할 만큼 버스를 기다리는 사람들 앞으로 뺀질뺀질한 승용차가 씽씽 지나가면 저절로 모두의 눈길이 사팔뜨기가 된다. 약간은 기분이 상한다는 표정이다.

가끔 가다가 아주 드물게 그런 뺀질뺀질한 승용차가 버스를 기다리는 사람들 앞에 멈추어 설 때가 있다. 눈이 모두 휘둥그레져서 볼라치면 자동차 앞 창문 유리 너머 낯선 젊은이는 "아무개 할매요!" 부른다. 아마 도시에 나가 사는 그 마을 젊은이가 한동네 할머니를 알아보고 차를 세운 것이다. "할매요!" 하고 불린 할머니는 갑자기 대통령이나 된 것처럼 으스대면서 승용차를 타고 가 버린다. 그러면 나머지 사람들은 꼭 버림받은 고아 신세처럼 처량해진다.

세상이 점점 살벌해지면서 이제는 시골 버스에도 몰래카메라가 설치되었다. 차비를 넣는 돈통 건너편에 동그란 단추 같은 것이 그

으스스한 카메라다. 시골 조그만 우체국에도 그 몰래카메라가 사람들을 감시하고 있다. 나는 은행이 무서워 아예 우체국 온라인 통장 하나를 사용하는데 오히려 우체국이 더 무서운 곳이 되었다. 우리 모두 별 잘못 없이 죄인처럼 감시를 받으며 살고 있다.

그저께 뒷들 할매는 덧저고리 단추의 윗구멍을 놔두고 다른 구멍부터 잠가 모가지가 삐딱해 보였는데 그것도 몰래카메라에 찍혔을까. 딸이 사다 줬다는 노랑 스웨터를 입고 멋 부리던 지산댁 아주머니 역시 그 모양새대로 찍혔을지 궁금하다.

시골 사람들은 그래도 열심히 살고 있다. 특히 아주머니들은 아주 당당하다. 머리 모양은 하나같이 바가지 파마, 치마도 몸뻬도 똑같다. 화장하지 않은 얼굴은 알맞게 그을었고, 걷는 모습이 얼마나 자유로운가. 뚱뚱해질 걱정 없이 바삐 일하고, 쉴 때면 맘껏 수다 떨고, 사르트르보다 더 자유롭게 산다.

일주일 전에 할머니 한 분이 또 돌아가셨다. 노인들이 하나둘씩 세상을 마감하고 먼 곳으로 자리를 옮기고 있다. 식민지에 시달리고 전쟁에 시달리고 군사독재에, 자본주의에 시달리며 한평생 손발이 갈쿠리처럼 억세지도록 일만 하다 돌아가신 노인들.

옥이네 할머니는 이런 말씀도 하셨다.

"인간 세상 천 층 만 층 구만 층이제."

같은 똥공장인데도 역시 구만 층이나 될 만큼 불평등한 것이 세상인 것이다. 한숨이 절로 난다.

_『작은 이야기』 2001

민들레 꽃씨

민들레 꽃씨를 '홀씨'라고 부르는 어느 여가수의 노래를 듣고 깜짝 놀란 적이 있다. 그런데 요즘 이 홀씨라는 말을 대학 교육을 받은 사람들까지 그대로 쓰고 있어서 오히려 이상하다는 생각이 든다.

자연과 떨어져 책상 앞에서만 공부한 결과가 이리된 것일 게다. 남의 나라말, 특히 영어 단어 하나 배우기 위해 그토록 악착같이 애쓰면서 우리말 한마디는 이렇게 소홀히 하고 있다. 한자 하나 영어 한마디를 어쩌다가 틀리게 되면 얼굴을 붉히며 부끄러워하면서도 우리말은 틀리게 써도 당당한 것이 더욱 이상하다.

해방 직후 국민학교에서 공부한 세대는 이런 우리말을 잘 배워서 안다. 홀씨라는 것은 고사리나 버섯의 가루씨앗을 일컫는 말이다. 여름날 산에 갔다가 가끔 마른 버섯을 밟으면 폴싹 하고 터져 나오는 먼지 씨앗들, 뽀얗게 안개처럼 날아가는 그 가루씨앗이 바로 홀씨인 것이다. 시골 사람들도 '포자'라는 한자말은 몰라도 홀씨는 안다.

정온동물·변온동물이 아니라 더운피동물·찬피동물이라 배웠고, 포유류·파충류·양서류가 아니라 젖먹이동물·길동물·물뭍동물이라 배웠다. 우리말에 대해 그만큼 애정을 기울였던 것이다.

얼마 전에 안동의 장병직 선생이 일본에서 1년간 파견 근무를 하고 돌아왔다. 초·중·고교에서 간단한 우리말과 문화를 소개하는 정도의 시간이었는데, 그곳 학생들이 우리 한글을 한없이 부러워하더라는 말을 들었다. 일본 학생들이 가장 싫어하는 과목이 국어라고 했다. 일본 학생들이 한자 배우기를 고통스러워하기 때문이라고 했다. 일본말에서 한자를 빼면 글쓰기가 거의 안 된다. 히라가나·가타카나만으로는 무슨 말인지 이해하기 어려워진다.

아랫마을 규창이네 아버지가 얼마 전에 찾아왔다가 '우리 집 뒷산 밤나무'를 일본말로 쓰면 어떻게 되는지 물었다. 『우리 글 바로 쓰기』(이오덕)에 따르면 '私の家の裏の山の栗の木' 이렇게 된다. 이 말을 다시 우리말로 직역을 하면 '나의 집의 뒤의 산의 밤의 나무', 정말 이상해진다.

'우리 집 뒷산 밤나무' 이렇게 토씨 '의'가 하나도 들어가지 않는 우리말은 경쾌할 만큼 살아 있다. 일제 말기 우리나라 젊은이들이 징용으로 끌려갔을 때, 고향집에 편지 한 장 제대로 못한 안타까운 역사가 있었다. 일제가 우리말 우리글을 아예 말살하려고 학교에서 가르치지 않았기 때문이다. 한글을 업신여긴 건 우리 옛 선비들도 마찬가지였다.

징용 가서 편지 한 장 쓰지 못한 그 시절, 이런 우스꽝스러운 이야기가 전해진다. 부모님과 갓 시집온 새댁이 징용을 간 자식과 남편의 소식이 궁금하던 차에 편지 한 장이 도착했다. 반갑게 뜯어보니 종이 한 장에 굴뚝 한 개와 새 한 마리가 그려져 있었다. 아들은 글자를 모르니 당연할 수밖에 없었다. 부모님은 대체 이 그림의 뜻이 무엇인지 알 수 없어 며느리에게 보여 줬다.

"애야, 너는 이게 무슨 말인지 알겠니?"

며느리는 한참을 들여다보더니 울먹거리며 대답했다.

"아버님, 어머님, 그이가 집에 가고 싶은 마음은 '굴뚝' 같은데 갈 '새(사이)'가 없다는군요."

부모님은 무릎을 치며 감탄을 했고, 셋은 그 편지를 붙잡고 통곡을 했다.

"그래, 답장을 써야 하는데 어쩌지?" 하는 시아버지의 말에 "아버님, 걱정 마세요." 며느리는 말하고 나서 종이 한 장에 답장으로 이런 그림을 그렸다. 말 두 마리와 소 다섯 마리를 큼직하게 그려 시부모님께 보여 드렸다.

"그게 무슨 말이냐?"

"이건 두 '말' 말고 오 '소'입니다."

웃으라고 만든 이야기겠지만 이 이야기를 뒤집어 놓고 생각하면 콧등이 시큰해지도록 눈물겹다.

해방이 되고 1960년대를 지나면서 우리나라에도 중학교 졸업생이 많아졌다. 그때 젊은이들에게는 학교에서 배운 영어 단어 몇 개씩을 연애편지에 끼워 쓰는 것이 유행이었다. 병수라는 총각이 어느 아가씨와 맞선을 보고 몇 번 더 만난 뒤에 아가씨한테서 이런 편지를 받았다. 짤막한 인사말을 쓰고 나서,

"You께서는 I를 Like하십니까, Love하십니까?"

이렇게 유식하고 교양 있는 편지에 병수 총각은 홀딱 반해 버렸다. 그래서 정중하게 답장을 보냈다.

"I는 You님을 진실로 Love합니다."

그런데 다음에 날아온 아가씨의 편지에 낭패하고 말았다. 아가씨가 대체 무슨 뜻인지 모르는 영어 단어를 써 보낸 것이다.

"I와 You가 결혼을 하면 우리는 Eden한 사이가 될 수 있겠습니까?"

도대체 'Eden한 사이'란 무슨 뜻인지 병수 총각은 고민고민하다가 결국 답장을 못 썼고, 두 사람은 헤어지고 말았다. 아무리 아는 체, 교양 있는 체한다지만 이런 무식한 교양이 어디 있는가.

요즘도 이런 우스꽝스러운 영어 단어 끼워 쓰기가 여전하다. 특히 우리 대중가수들의 노랫말이 가장 심하다. 부끄럽기 짝이 없다.

일본말에는 한 가지 좋은 점이 있다. 그이들은 '東西南北'을 써 놓고도 자기네 말 '히가시, 니시, 미나미, 기타'로 읽는다. 그런데 우리는 글자 그대로 '동서남북'으로 읽다 보니 우리말 '새, 하늬, 마, 높'을 잃어버렸다. 일본인들은 '栗'이라 써 놓고도 '구리'라 읽기 때문에 우리처럼 "생율밤이로구나." 하는 곶감겹말 같은 게 없다.

박진영의 노래 중에 「그녀는 예뻤다」가 있는데, 시골 사람이나 보통 사람들은 '그년은 예뻤다'로 듣는다. 왜 그녀인지 모르겠다.

우리말이 어쩌다 이렇게 상스러워졌을까? 그런데도 요즘 자존심 강한 여자들이 이런 말을 그냥 다소곳이 받아들이고 있는 것도 이상하다. 그녀가 있으면 이녀, 저녀도 있어야 할 텐데, 그러면 이년, 저년, 그년이 되어 버린다.

할머니한테도 그녀라고 하고, 초등학교 1학년 여자아이한테도 그녀라고 한다. 그 할머니, 그 아주머니, 그 아가씨, 그 소녀, 그 여자애, 그 계집애, 이렇게 부드러운 우리말을 왜 버리는 걸까?

영어뿐 아니라 여러 나라 말을 공부하는 건 얼마든지 해야 한다. 하지만 우리 것 제대로 못하면 남의 것도 바로 배우지 못한다. 일본이 역사 교과서를 수정 왜곡했다고 분노하기 전에 우리 스스로 우리 역사, 우리말을 바로 공부하는 게 먼저 되어야 하지 않을까.

_『작은 이야기』 2001

자유로운 꼴찌

 송 서방네 부부는 서로가 많이 다르다. 둘이 어디든 외출을 하게 되면, 집을 나설 때는 같이 가는데 돌아올 때는 꼭 따로따로다. 함께 걸으면 어느새 송 서방은 저만치 앞서 가고, 부인은 이만치 뒤처져 버린다. 송 서방은 몇 번 뒤돌아보고 왜 빨리 안 걷느냐며 투덜대고, 부인은 부인대로 좀 천천히 걸으면 될 텐데 뭐가 그리도 급하길래 빨리 가느냐며 섭섭해한다.
 부부는 한몸이고 한마음이라 하는데, 그것은 따져 보면 맞는 말이 아니다. 따로따로 떨어진 몸이 어떻게 한몸이 되고 한마음이 된단 말인가. 걸음이 빠른 송 서방이 걸음이 느린 부인과 함께 발을 맞춰 걷는다는 게 어렵고, 느린 부인이 빨리 걷는 남편을 따라가는 것도 여간 힘든 일이 아니다. 그러니 아무리 부부지만 함께 걷는 것은 어렵다.

"발 맞추어 나가자. 앞으로 가자……." 만약 지구 위의 60억 인구가 함께 발 맞춰 간다면 어찌 될까? 그건 로봇 같은 기계인간이 아닌 이상 절대 불가능하다. 똑같은 사람은 하나도 없다. 생김새도 성격도 능력도 다 다르다. 더욱이 건강하지 못한 장애인들의 경우, 함께 손잡고 발 맞추어 가자고 하면 어찌 될까?

언젠가부터 '왕따'라는 말이 새로 생겨 유행하고 있다.

안골 김 씨 아주머니는 정신지체 장애를 가졌다. 정신 지능이 모자라다 보니 집안 살림도 말이 아니다. 남편은 속아서 장가갔다고 구박을 하고, 이웃 아주머니들은 재미있게 구경하면서 동정은 하지만 함께 어울려 주지는 않는다. 김 씨 아주머니는 이렇게 왕따가 되어 살고 있었다. 얼마나 외로울까? 얼마나 고통스러울까? 정신지체 장애인은 외로움도 고통도 모르는 걸까?

그런데 한번은 개울에서 누군가 흥얼흥얼 콧노래 부르는 소리가 났다. 자세히 보니 뜻밖에도 김 씨 아주머니였다. 한쪽에 쭈그리고 앉아 몇 가지 옷을 빨면서 아주 흥겹게 콧노래를 부르고 있었던 것이다. 아아! 참 그렇구나! 사람은 혼자 있으면 외로울 수도 있지만 혼자 있는 쪽이 더 편한 사람도 있는 것이다. 왕따가 꼭 나쁜 것만은 아니구나. 괜히 사랑한다고, 함께 있어 준다고 애쓸 필요가 없겠구나…….

"거기 으슥한데 혼자 어떻게 사냐?"

아랫마을 규창이네 할아버지가 살아 계실 때 가끔 나를 보시고 걱정하던 말이었다. 내가 여기 산 밑으로 처음 이사와서 살 땐 전깃불도 없었다. 우리 집 옆에는 상여를 보관해 두는 곳집이 있다. 그러니 사람들은 이런 곳에 사는 내가 걱정도 되고 불안하기도 했던 모양이다.

"곳집엔 귀신이 있을 텐데……."

"있어요."

나는 능청스럽게 대답했다.

"참말? 봤니?"

"보진 못했지만 소리가 나요."

"무슨 소리?"

"며칠 전, 날 부르기에 가 봤더니 성냥하고 담배를 달라고 해요."

"그래서?"

"그래서 성냥이랑 담배 갖다 줬지요."

"누가 받더냐?"

"돌아가신 용동 어르신네도 계시고, 삼거리 어르신네, 탑골 어르신네, 많이 계셨어요."

"담배 피우는 것 봤나?"

"예, 곳집 공기창으로 연기가 났어요."

동네 할머니들은 진짜 같기도 하고 거짓말 같기도 하다며 혼란스러워했다. 곳집에서 귀신들이 담배 피운다는 소문이 이렇게 해서 오랫동안 떠돌았다. 우리 집 마당에는 고인돌이라고 하는 커다란 바위가 하나 있다. 밤에 이 바위 위에 올라앉아 하늘을 보면 별빛이 한없이 반짝인다. 밝을 땐 보이지 않다가 어두워지면 나타나는 별, 세상엔 불을 밝히지 않아야만 할 때도 있는 것이다.

내가 결핵을 앓아 온 지 이제 45년째다. 결핵은 호흡이 곤란하고 항상 열에 시달려야 한다. 게다가 따르는 통증도 만만치 않다.

이제 나는 건강한 것이 어떤 건지 잊어버렸다. 아침에 눈을 뜨면 좀 가벼운 날과 더 힘든 날의 차이밖에 모른다. 이러니 나도 누구랑 같이 있는 것보다 혼자 있는 쪽이 더 편하다. 몸도 덜 힘들고 마음도 그렇다. 오래오래 별렀다가 한 달에 한두 번 우체국과 책방 다녀오는 외엔 거의 집에만 있다.

요즘은 국가 간에도 선진국이 있고 후진국이 있다. 중진국이라는 말도 있지만 어떤 기준을 두고 선진, 후진으로 나누는지 잘 모르겠다. 개인들도 이런 선진과 후진으로 나눈다면 나는 맨 꼴찌에 처진 셈이다. 그러니까 나는 누구와 함께 발 맞추며 걷는다는 건 엄두도 못 내어 벌써 전에 포기했다.

꼴찌한테도 한 가지 좋은 점이 있다. 자유라는 것이다. 아플 때 누가 보살펴 줘야 하지 않느냐고 하는 사람이 있는데 나 같은 경우엔 아플 때도 혼자 자유롭게 아픈 게 훨씬 편하다. 마음대로 아플 수 있는 자유. 사람들은 내 말을 잘 이해하지 못하는 것 같은데 스스로 견디는 것도 병을 치유하는 한 방법이 될 수 있다.

어느 스무 살 대학생이 몸이 좀 피곤해서 병원에 갔더니 만성 간암이라는 것이다. 청천벽력 같은 소리였다. 그 청년은 며칠간 슬픔에 잠겨 있다가 몸을 추슬렀다. 얼마 남지 않은 목숨, 마무리라도 잘하고 죽자고 다짐을 한 것이다. 청년은 외딴 변두리 고아원으로 가서 할 수 있는 한 궂은일을 했다. 청소, 빨래, 설거지를 하면서 되도록 병을 잊으려고 했다. 한 달이 가고 두 달이 가고 일 년이 지났다. 그런데 이상하게 건강 상태가 좋아지는 것이었다. 병원에 가서 검진을 했더니 뜻밖에도 간암이 말끔히 나았다는 것이다. 간암 진단을 받았을 때만큼 이번에도 놀라지 않을 수 없었다.

『오체 불만족』의 지은이 오토다케는 오체가 멀쩡한 사람보다 더 씩씩하다. 체념할 것을 그만큼 빨리 체념했기 때문이다. 불가능한 것을 되도록 속히 포기하는 것이 자신이 할 수 있는 일을 더 쉽게 하도록 만든다.

언젠가는 우리 모두 죽는다. 그러니 절대 앞서지 말자는 것이다. 그리고 뒤처져 있다고 불행하다는 생각도 하지 말자. 작은 꽃다지가 노랗게 피어 있는 곳에도 나비가 날아든다. 작은 세상은 작은 대로 아름답다.

드넓은 밤하늘을 보면 우리 인생이 얼마나 작고 초라한지 알 것이다. 하늘을 쳐다보는 데 아직 돈 내라 소리 없지 않은가. 가난한 사람에게도 우주는 그만큼 너그럽다. 작은 것으로, 느리게 꼴찌로 뒤처져 살아도 자유로운 삶이 있다. 자유로운 꼴찌는 그만큼 떳떳하다.

_『작은 이야기』 2001

말을 만드는 사람들

　모처럼 시내에 가려고 마을 앞 버스 정류장에 나갔더니 벌써 아주머니, 할머니 들이 먼저 나와 떠들고 있었다. 그때 윗골목에서 정용이네 어머니가 보따리를 이고 나온다.
　"어디 가시니꺼?"
　누군가 그렇게 묻자
　"나, 트랄레스 풀러 가니더."
한다.
　모여 있던 아주머니들이 왁자지껄 웃는다.
　나는 처음에 그 말이 무슨 뜻인지 몰라 어리둥절하고 있다가 가까스로 알아차렸다. 정용이네 어머니가 말한 '트랄레스'는 바로 요새 유행하고 있는 '스트레스'였다.

시골 사람들, 특히 아주머니나 할머니 들은 말을 제멋대로 만든다. 창동이네 할머니는 봉고차를 꼭 '곰보차'라고 하고, 태진네 어머니는 경운기를 '제궁기'라 했다. 슬리퍼를 '딸딸이'라 하고, 크림은 '구라분', 승용차를 '뺀질이'라 했다. 한동안 비누를 가지고 '사분'이라고 해서 대체 '사분'이란 말이 한자말인지 뭔지 궁금했는데 프랑스에서 사봉(savon)이라 한 것이 우리나라에 오면서 사분이 되었단다. '타바코'가 '담방구'였다가 '담배'로 변했듯이 우리말로 되어 가는 과정이 희한하기도 하다.

언젠가 시외버스 정류소에서 어느 할머니가 차장한테 열심히 묻고 있었다.

"이 빵스 어디 가는 빵스이꺼?"

그러자 차장이 한술 더 떠서

"이 빵스 서울 가는 사리마다시더."

했다.

나는 가끔 내가 지금 쓰고 있는 말이 있기까지 그렇게 심각하게 이루어진 게 아니라는 걸 깨닫고 혼자 웃기도 한다.

_『우리 말과 삶을 가꾸는 글쓰기』 2000

만주댁 할머니

아랫마을 만주댁 할머니네 집은 옛 황새나무 밑에 있었다. 황새나무는 황새가 둥지를 짓고 살았기 때문에 그렇게 불리었지 원래는 커다란 홰나무였다. 그 황새나무가 벼락을 맞아 쓰러져 죽은 뒤, 황새는 오지 않았고 만주댁 할머니네 오두막만 남게 되었다.

만주댁 할머니네 집은 말 그대로 아주 조그만 오두막집이다. 할머니는 열여섯 살 때 한 살 아래인 열다섯 살 신랑한테 시집을 왔다. 그런대로 키가 크고 잘생긴 신랑이 만주댁보다 더 나이 들어 보이고 무척 어려웠다고 한다.

"할매는 그래도 잘생긴 신랑한테 시집왔으니 좋았겠네요?" 물으면,

"잘생긴 신랑은 잘생긴 값하느라 안 좋아. 사람은 끼리끼리 만내

(만나) 살아야지 제 짝이 기울면 서로가 괴롭제." 할머니는 입을 비쭉거리며 대답하신다. 시집오던 날부터 신랑한테 무시당했다는 것이다.

할머니는 시집오기 전 열두 살 때 친정 어머니가 돌아가셔서 동생 둘을 데리고 홀아버지를 모시고 살았다. 그러느라 살림살이는 밥 짓는 것부터 옷 만드는 것, 길쌈하는 것까지 모든 걸 다 할 수 있었다.

그런데도 신랑의 옷을 매만져 주면 신랑은 꼼꼼하게 살펴보고는 구겨진 데가 조금만 보여도 다리미로 손수 다리고, 혹시 옷고름이라도 약간 삐딱하면 새로 뜯어 손수 반듯하게 꾸며 입었다는 것이다. 그러니 할머니는 속으로 얼마나 자존심이 상했겠나. 3년을 살아도 서로 마주 앉아 대화 나눈 적이 없다고 한다. 홀시어머니에 외아들에, 할머니는 벙어리처럼 살았다.

그러다가 시어머니가 돌아가시고 나서 부부가 중국으로 가서 살았다. 처음엔 다른 사람들처럼 만주로 가서 살았기 때문에 할머니를 만주댁이라 부르게 되었다. 신랑이 장사를 하기 시작하면서 할머니도 함께 따라다니느라 넓은 중국 방방곡곡을 다 가 보셨다고 한다. 만리장성을 지나 남쪽 끄트머리의 바나나며, 야자며 온갖 과일이 나는 곳과 생전 처음 아름다운 공원도 구경해 보고, 중국 음식은 맛나는 거면 거의 다 맛보았다는 것이다.

할머니는 거기서 아들 둘을 낳았다. 그러나 신랑이 마적들의 칼에 찔려 죽고 아들 하나가 병을 얻어 죽으면서 할머니의 서러운 인생은 더 고달파졌다. 할아버지의 유골을 안고 하나 남은 아들을 데리고 들어와 황새나무 밑 오두막에서 살게 된 이야기를 할머니는 되풀이해서 들려주셨다.

아들이 장성해서 며느리를 보고 손자 셋을 얻었다. 그런데 그 아들이 군대 갔다가 폐병을 얻어 돌아와 얼마 살지 못하고 할머니 곁을 떠났다. 내가 할머니와 친해진 것은 그 아들과 내가 같은 병을 앓고 있었기 때문이다. 할머니네 집에 자주 놀러 가면 할머니는 정말 친아들처럼 반갑게 맞아 주셨다. 먹을 것 하나라도 더 내놓고 싶어 하고, 한없는 이야기를 들려주신다. 할머니 이야기는 아무리 들어도 싫증이 나지 않는다.

할머니는 눈이 참 예쁘다. 까맣고 초롱초롱한 눈동자가 열 살짜리 어린애 같다. 그 눈을 들여다보는 것도 나에겐 큰 즐거움이었다.

"할매는 눈도 이쁘고 오히려 할배보다 할매가 더 예뻤을 것 같은데요?" 물으면,

"안 그래. 인물은 나는 택도 없어." 하신다. 할아버지의 사진이 꼭 한 장 남아 있는데 정말 양복을 차려입은 모습이 영화배우 같다.

"할매요. 나중에 이 세상에 다시 태어나면 뭐니 해도 역시 할배하고 결혼하고 싶제요?" 하면,

"싫애! 날 얼매나 고생시켰는데 뭣 땜에 그런 사람캉 또 살어." 하신다. 그러면서 얼굴엔 할아버지에 대한 사랑이 영 없는 게 아닌 눈치다. 만주댁 할머니의 눈물짓는 모습은 가끔 봤지만 화난 모습은 한 번도 못 봤다.

지금은 손자 셋이 모두 자라 장가가서 증손자 증손녀 들이 태어났고, 할머니는 아주 행복하다. 영감 죽고 자식 죽고 과부 며느리와

함께 숱한 고생을 겪으며 살아오신 할머니의 일생은 힘들었지만, 내가 바라본 할머니의 모습은 너무도 아름답다.

할머니는 이제 아흔 살이 넘었다. 손자들이 모두 객지에 나가 살기 때문에 예순 살이 넘은 며느리와 둘이서 산다. 할머니는 며느리와 친구처럼 산다. 할머니는 귀가 멀었기 때문에 며느리에게 전화를 걸게 하고 심부름도 시킨다. 나는 할머니가 백 살까지 살아 주셨으면 하고 빌고 있다. 꼭 그렇게 사실 것이다. 아버지 없이 자란 손자들도 모두 모범 청년들이다.

할머니네 집을 생각하면 한 편의 동화처럼 따뜻해진다.

_『아름다운 사람』 2000

그저께 시내 장터에서

장터 한구석에 할머니가 비닐봉지에 올망졸망 곡식을 담아 놓고 앉아 팔고 있었다. 그런데 그 앞에서 어떤 중년 아주머니가 소리소리 지르고 있다.

"할머니! 그래, 중국산 참깨를 국산이라고 팔아도 된다는 거예요? 지금 당장이라도 고발을 하면 할머니는 징역을 살아야 해요!"

바닥에 앉아 있는 할머니는 고개를 숙이고 아무 말이 없다.

아주머니는 계속 큰 소리로 호통을 친다.

시골 할머니들이 가짜 한국산 참깨와 좁쌀, 콩 같은 것을 길가에 놓고 파는 건 거의 일상이 되어 있다. 나도 몇 번 속은 적이 있어서 잘 안다.

하지만 지금 그 할머니가 낯모르는 아주머니한테 호통을 당하는 것을 보니 역시 언짢아진다. 할머니가 한 짓이 옳은 일이라고 역성을 들어서가 아니다. 할머니가 지금 잘못한 대가를 치르고 있는 것은 분명한 사실이다.

하지만 호통을 치고 있는 아주머니는 어젯밤 텔레비전 뉴스나 오늘 아침 신문에서 어느 재벌들과 최고 권력자들이 수십, 수백 억씩 저지른 부정 비리를 보고 들었을 것이다.

지난번 국회의원 선거 때도 한 사람이 50억 정도의 돈을 뿌렸을 것이라는 소문이 돌았다. 모르기는 하지만 지금 호통치는 아주머니도 그런 검은돈에 이끌려 한 표를 행사했을 수도 있지 않을까?

그 아주머니는 정말 부정을 규탄하는 용감한 시민일까? 약자 앞에서만 큰소리를 치는 어느 비겁한 법관 같은 경우가 아닐까?

_『우리 말과 삶을 가꾸는 글쓰기』 2000

우리 옛 어린이들

현덕의 동화나 백석의 시를 읽다 보면 마음이 절로 푸근해진다. 이분들의 시나 동화가 50년이나 묶여 후배들이나 우리 어린이들에게 읽히지 못한 것은 큰 손실이었다.

특히 현덕의 동화나 소년소설을 읽으면 나 자신도 부끄러워진다. 현덕의 동화문학이야말로 우리 옛 어린이들의 노래와 이야기를 잘 이어받고 있기 때문이다. 따뜻한 우리들 아버지 어머니의 정서가 고스란히 녹아 있고 이웃과 주변의 모든 풍경이 그지없이 정겹다.

그동안 어떻게 보면 일본 식민지를 거치고 서양 문화가 들어오면서 우리는 우리다운 동화나 동시보다 일본의 것과 서양의 것을 많이 배우고 따라 쓰고 있었던 게 아닐까.

우리 옛 노래 중 자장가 하나 여기 들어 보자.

쥐는 쥐는 굼게 자고 새는 새는 남게 자고 닭은 닭은 홰에 자고
납닥납닥 붕어 새끼 방구 틈에 잠을 자고
미끌미끌 미꾸라지 진흙 속에 잠을 자고
우리 같은 애기들은 엄마 품에 잠을 자지.

흔히 말하기를 옛날 우리 아이들은 어른들에게 학대만 받았고, 어른들은 아이들을 사람다운 사람으로 키우지 못했다는 비난을 받는다. 과연 그랬을까? 우리 옛 이야기나 어린이 노래 들을 들으면 아이들을 학대하거나 멸시했다는 느낌은 조금도 안 든다.

현덕의 동화문학을 따라 배우지 못한 것이 정말 안타깝다. 지금이라도 새로 문학을 공부할 사람들은 백석의 시와 현덕의 동화 속에 담긴 따뜻한 한국인의 정서를 배웠으면 한다.

우리 어린이들이 제대로 사람대접을 받지 못했다는 말은 식민지 시대의 교육이 그랬듯이, 우리 스스로를 못난 백성으로 잘못 퍼뜨린 생각에서일 게다. 지금도 우리는 서양 문화에 물들어 우리 스스로를 못났다고 하지 않는가?

_『우리 말과 삶을 가꾸는 글쓰기』 2000

그때 참새들은 모두 어디로 갔을까?

새마을운동이 있은 지 벌써 30년이 되었다. 그런데 아직도 나는 궁금한 것이 있다. 그때 초가지붕이 헐리면서 거기 살고 있던 수많은 참새들이 모두 어디로 날아갔을까 하는 것이다. 대체 어디로 가서 어디에다 집 짓고 새끼를 낳고 키우며 살까. 생각할수록 걱정스럽지 않을 수 없다.

초가지붕이 헐리면서 없어진 건 참새만이 아니다. 추녀 밑에 집 짓고 살던 제비도, 용마루 속에 살던 능구렁이도, 이엉 속에 살던 굼벵이도 모두 사라졌다.

여름날 눈을 뜨면 제일 먼저 추녀 밑 둥지에서 제비들이 지지배배 울었다. 참새들은 지붕 위에서 짹짹거리고, 그렇게 새소리와 함께 아침 해가 떠오른다. 닭장 문을 열면 닭들이 풀풀 날아 나오고,

외양간에서는 소가 쇠죽을 먹고, 개는 주인집 식구들이 움직이는 대로 쫄랑거리며 따라다닌다. 그렇게 시골집에서는 사람과 짐승들이 함께 살았다.

이맘때 봄이 무르익으면 뒷산 굴참나무 숲에는 연둣빛 잎사귀가 가득 덮이고 온갖 새소리가 요란했다. 뻐꾸기가 울고, 꾀꼬리가 울고, 산비둘기가 울고, 꿩이 울고, 딱따구리가 울고…….

요즘 아이들은 모두 꾀꼬리가 '꾀꼴 꾀꼴' 우는 것으로 아는데 꾀꼬리는 그렇게 울지 않는다. 꾀꼬리 울음소리는 피아노 소리처럼 맑고 흥겹지만, 어쩌다 보니 한국의 꾀꼬리는 처량하고 구슬프게 운다. 한국인의 귀에 그렇게 들린 것이다.

보리방아 쓿어 넣어 주소
보리방아 쓿어 넣어 주소
안 쓿어 넣어 주면
니 할애비 코 꿰 동 달아매용!

옛날 어느 며느리가 보리방아를 찧는데 시어머니가 쓿어 넣어 주지 않아 고생스럽기 짝이 없었다. 본래 보리방아는 마른 보리에 물을 줘서 찧어야 껍질이 벗겨지는데, 확에다 물을 부으면 보리가 한데 엉겨 붙어 계속 쓿어 넣어야만 한다. 그러자니 며느리 혼자서 디딜방아를 찧다가 확으로 내려와 빗자루로 쓿어 넣고 엉겨 붙은 보리를 우겨 넣고, 다시 방아가랑이로 올라가 찧고, 그렇게 오르락내리락 혼자서 찧자니 얼마나 괴로웠을까?

결국 며느리는 여름내 혼자서 보리방아를 찧다가 쓰러져 죽어 버렸다. 죽은 며느리는 한 마리 새가 되었다. 그게 금빛 꾀꼬리인 것이다. 그래서 시어머니에게 한풀이를 하느라 "보리방아 쓸어 넣어 주소" 하면서 운다.

물론 꾀꼬리는 이렇게 길게 사설을 읊조리며 울지는 않는다. 그러나 마지막 '동 달아매용!'이라는 소리는 틀림없이 들린다.

이곳 안동 지방에서는 꾀꼬리를 '달아매용새'라고 하는데 그런 사연이 있고, 울음소리 또한 그렇기 때문이다.

동 달아매용! 동 달아매용!

정말 꾀꼬리 울음소리답다.

괴인테마을 아주머니는 뻐꾸기가 '볼걸! 볼걸!' 하며 운다고 했다.

옛날, 어느 곳에 산을 하나 사이에 두고 처녀 총각이 혼약을 했다. 다가오는 가을이면 혼례를 치를 텐데 갑자기 나라에 전쟁이 일어나 총각이 싸움터로 가 버렸다. 3년을 기다려도 총각이 돌아오지 않자 처녀는 그만 몸져눕게 되었다. 분명 총각이 싸움터에서 죽은 줄 알았기 때문이다. 먹지도 마시지도 않고 누워 있던 처녀는 점점 야위어 죽고 말았다.

그런데 처녀가 죽은 다음 날 그토록 기다리던 총각이 천신만고 끝에 싸움터에서 돌아온 것이다. 기다리고 있을 줄 알았던 처녀가 바로 전날 그만 죽었다는 것을 알자 총각은 대성통곡을 하고 역시 그도 슬픔을 이기지 못해 죽고 말았다.

죽은 두 사람은 새가 되었다. 그래서 구슬프게 운다.

하루만 더 살았으면 볼걸! 볼걸!

돌아가신 박실 어르신네는 제비 울음소리를 재미있게 흉내 내셨다. 제비는 벌레만 잡아먹지 절대 곡식은 먹지 않는다. 그 이유는 이렇다.

울 넘어 담 넘어
콩 한 쪼가리 집어 먹었더니
비리고 배애리고!

옛날, 어느 멍청한 제비 한 마리가 배고픈 것을 참지 못해 콩 한 조각을 집어 먹고 죽을 애를 먹었다. 어찌나 쓰고 비리던지 새끼들한테는 절대 먹지 말라고 가르쳤다고 한다. 그래서 지금도 할아버지, 할머니 제비와 아버지, 어머니 제비는 빨랫줄에 새끼들을 줄지어 앉혀 놓고 열심히 가르친다고 한다.

비리고 배애리고!
비리고 배애리고!

새끼 제비들은 수천 년이 지나도록 이렇게 부모님들이 가르쳐 주는 대로 절대 곡식을 먹지 않는다. 우리네 사람보다 더 착하다.

그때는 정말 우리 모두가 그렇게 자연을 한식구처럼 생각하면서 살았다. 집에서 키우는 짐승도, 들판이나 산에 사는 새와 짐승도 이웃에 사는 한목숨들이었다. 그래서 그들의 삶이 사람과 다르지 않고 웃음과 눈물도 함께할 수 있었던 것이다.

그랬지만 좀 더 풍요롭고 편리하게 살겠다는 사람들의 욕심이 가족처럼 지내던 자연 속의 목숨들을 모두 몰아내 버렸다. 소도 한 곳으로 몰아넣고 키우고 돼지도, 닭도, 개도 모두 고깃덩어리로만 키운다.

지금 우리 마을 뒷산 숲은 우거졌는데 도무지 새들이 오지 않는다. 지난겨울 딱 하룻밤 부엉이 울음소리를 들었다. 1월 26일 밤, 날짜도 잊지 않고 기억하고 있다. 부엉이는 겨울이면 밤마다 울던 흔한 새였다. 옛날에는 늑대 울음소리도 여우 울음소리도 들렸지만 사라진 지 오래다.

내가 지금 살고 있는 산 밑 오두막에 처음 이사 왔을 때는 봄이면 까투리가 새끼들을 데리고 앞마당까지 놀러 왔다. 새끼 노루가 개울 건너로 뛰어가는 모습도 보이고 살쾡이도 있었다. 17년이 지난 지금 모두가 사라져 버렸다. 마을 앞길에 아스팔트가 깔리고 골목길도 모두 시멘트로 포장을 해 버렸다.

달구지 길 한가운데서도 촘촘히 자라던 뺍자구, 조바리풀, 길섶으로 피던 민들레, 제비꽃, 애기똥풀, 깜또라지, 꿀풀, 보자기나물 모두 파묻혀 버렸다. 얼마나 답답하게 죽어 갔겠는가.

집 옆으로 흐르는 개울에는 고기가 살지 않는다. 미나리아재비가 자라는 그늘 속에 오글오글 살던 새뱅이도, 민물가재도, 미꾸라지도, 퉁가리도 모두 어디로 가 버린 걸까?

맑은 물가에만 피는 물봉숭아도 없어지고 여뀌꽃도 안 핀다. 나물로 무쳐 먹으면 잠이 온다고 해서 자부람대라고도 부르던 도깨비바늘풀도 없어지고 쇠뜨기도 사라졌다. 방천둑에는 시커먼 소루쟁이와 며느리덩굴이 한없이 뒤덮인다.

풀이나 벌레도 억세고 질긴 것만 살아남아 개울가를 뒤덮고 있다. 20년, 30년 전에만 해도 개울둑 잔디밭에 이맘때면 지천으로 피던 할미꽃이 요새는 눈을 씻고 봐도 보이지 않는다. 할미꽃이 환경오염에 이토록 약할 줄은 몰랐다.

할미꽃은 이른 봄부터 진한 자줏빛 족두리 같은 꽃을 피운다. 그러다가 꽃잎이 떨어지면서 머리칼 같은 텁석부리가 다시 피어난다. 아이들은 그 머리칼 같은 털씨를 잔뜩 뜯어 모아 손아귀에 가볍게 놓고 두 손으로 조심조심 비빈다.

할망이 할망이 꼭꼭 숨어라
뒷집 영감
도끼로 네 머리 쪼로 온다
꼭꼭 숨어라, 꼭꼭 숨어라.

그렇게 살살 쓰다듬듯이 비비면 동그란 할미꽃 공이 된다. 어떤 애들은 탁구공만 하게 만들고 재주가 좋은 아이는 테니스공만큼 크게 만들기도 한다. 풀꽃으로 만든 공이니까 풀 향기가 물씬 나는 살아 있는 공이다. 말랑말랑해서 망가지기 쉬우니 살살 던지면서 논다.

이런 풀꽃놀이는 참 많다. 질경이 줄기로 풀싸움도 하고, 왕골 잎으로 시계도 만들고, 보릿짚 대궁으로 여치집도 만든다. 무릇 뿌리는 풀각시를 만들고 댕댕이덩굴로는 바구니를 만든다.

아이들에게 이런 풀꽃놀이는 무용을 보거나 음악을 듣는 것 이상으로 감성에 영향을 끼친다. 시골 사람들이 순박한 것은 이렇게 어린 시절부터 자연 속에서 얻은 따뜻한 정서가 마음속 깊이 쌓여 가기 때문이다.

장난감이 없어도 아이들은 스스로 장난감을 만든다. 시냇가 모래밭에 납작납작한 돌을 깔아 방을 만들고, 부엌과 아궁이도 만든다. 유치원에 가지 않아도 각자 아버지, 어머니, 할아버지, 할머니, 이웃집 아주머니, 아저씨 온갖 역할을 맡아 소꿉 살림을 하면서 인간 세상을 배운다.

풀잎을 짓찧어 반찬을 만들고, 흙을 반죽해서 떡을 만들고, 모래알로 밥을 짓고 밥상을 차린다. 풀잎을 따다 다듬고 짓찧고 썰면서 온갖 풀잎의 냄새를 익힌다. 어느 풀잎은 먹을 수 있고 어느 것은 독풀이니까 못 먹는다는 것을 어릴 때부터 익혀 나간다.

아이들은 자라서 아버지 어머니가 되어 어릴 적 익혀 둔 소꿉놀이 솜씨로 농기구를 만들고 농사를 짓고 길쌈을 하고 살림을 한다.

사람이 세상을 사는 데는 먹을 것과 입을 것 그리고 잠자는 집이 있어야 한다. 이 세상에 옷을 입는 동물은 사람밖에 없다. 부끄러운 곳을 감추기 위해서도 옷을 입지만 그보다는 추위와 더위를 막기 위해서이다. 그런데 사람이 그것만으로 만족하지 못해 멋을 부리게 된 것이다.

겉모양을 꾸미는 것은 사람만이 아니라 다른 모든 동물도 마찬가지다. 하지만 짐승들이 다른 옷이라든가 화장품 없이 스스로 털빛깔을 꾸미고 아름다운 깃이나 비늘로 치장을 하는 데 비해 사람은 그러지 못한다. 맨몸으로 줄 세워 보면 아마 사람이야말로 가장 못생기고 징그러운 짐승일 것이다.

사람들은 그런 결함을 채우기 위해 아름다운 짐승의 털 빛깔이나 무늬를 흉내 내어 옷을 만들어 입고 얼굴에 화장을 했다. 머리 모양도 꾸미고 신발도 모양을 내어 신는다.

새처럼 하늘을 날고 싶어 비행기도 만들고, 물고기처럼 헤엄치고 싶어 배도 만들고, 빨리 달리고 싶어 자동차도 만들었다. 이런 모든 것을 사람들은 문명의 이기라고 한다.

그래서 사람들은 스스로 문명인이라 하고 자연의 다른 모든 생물들은 미개한 동물이라고 한다. 사람들이 자연을 업신여기고 파괴하는 것은 이러한 잘못된 인식 때문이다.

사실 이 지구상에서 맨몸 맨손으로 살아간다면 사람이야말로 가장 불리한 조건에 있다. 그러니 어쩔 수 없이 사람이 살아가자면 어느 정도 자연의 희생은 용납될 수 있어야 한다. 그런데 사람들은 정도를 넘어 지나치게 과소비를 해서 탈인 것이다.

사람들 스스로가 말하듯이 위대한 문명인이라면 왜 그토록 지독한 욕심꾸러기가 되었을까? 사람이 위대해지자면 이렇게 겉모양만 꾸미는 못난이 짓은 그만해야 하지 않을까? 그리고 진정 사람 외의 다른 목숨도 사랑해야 하지 않을까?

지금 우리가 살아가는 모습을 보면 모두 거짓말쟁이밖에 안 된다. 부처님을 믿는다는 것도 거짓말이고, 하느님을 믿는다는 말도 모두 거짓말이다. 문명인이라 자칭하는 것도, 예술입네 하는 것도, 교양인인 척하는 것도, 미인인 체하는 것도, 자선가인 체하는 것도 모두 거짓말이다.

이 세상의 어떤 예술도 자연의 모습만큼 아름답고 진실된 예술은 없다. 자연의 소리만큼 아름다운 음악도 없고, 자연의 빛깔처럼 아름다운 그림도 없다. 평생을 듣고 봐도 싫증이 나지 않는 것이 자연의 소리와 빛깔이다.

아침 햇살과 그 햇살에 드러나는 초록빛 숲과 들판에 피어나는 여러 가지 꽃 빛깔, 하늘 빛깔, 물 빛깔, 밤하늘의 별빛과 비 내리는 날의 안개빛, 겨울날의 하얀 눈과 나무, 나뭇가지마다 피어나는 눈꽃들. 사람이 어떻게 그걸 흉내 내겠는가.

사람이 만든 어떤 악기로도 꾀꼬리 소리를 흉내 내지 못한다. 뻐꾸기 소리도, 비비새 소리도, 산비둘기 소리도, 귀뚜라미 소리도, 베짱이 소리도, 여치 소리도, 뜸부기 소리도, 소쩍새 소리도, 부엉이 소리도, 까치 소리도, 그 아무것도 흉내 내지 못한다.

나는 지금 옛날 초가집으로 돌아가서 참새 둥지를 되찾아 주자는 주장을 하는 것이 아니다. 그런 주장을 할 수가 없다. 우리 모두 너무도 먼 길을 와 버렸다.

그러나 지금이라도 뒷산 숲 속에 새들이 날아오고 앞 냇물이 맑아져서 온갖 물고기들이 와서 살았으면 한다. 시냇가엔 갖가지 풀꽃이 피고, 아이들이 물장난 소꿉장난을 하면서 자랐으면 한다.

그런 일은 지금이라도 우리가 할 수 있다고 믿는다. 그러지 못하면 결국 사람도 자연도 살아남지 못할 것이다. 사람과 자연은 하나로 살아야 한다.

_『마음의 풍경』 2000

경순이의 아름다운 한 그루 나무

경순이가 시집을 갔다.

나는 누구의 혼인 잔치에도 좀처럼 가지 못했는데 이날은 정말 큰마음 먹고 가기로 했다. 경순이 시집가는 모습을 꼭 보고 싶었기 때문이다.

경순이는 참말 특별한 아이다. 여덟 살 때 아버지가 시오릿길 장에 가셨다가 길을 잘못 들어 행방불명이 된 뒤, 경순이는 눈먼 할머니와 아버지와 비슷하게 정신지체 장애를 가진 어머니를 모시고 동생과 함께 너무도 힘들게 살았다. 언니는 일찍 결혼을 했고, 오빠는 군대와 취직 그리고 다시 결혼해서 모두 떨어져 살았다. 그래서 할머니와 어머니와 남동생 명식이는 경순이 몫이 되어 버렸다.

경순이는 중학교만 졸업하고 가까운 파출소에서 심부름을 하는 직장 여성이 되었다. 그게 열여섯 살 때였다. 그 뒤 고등학교는 통신교육으로 졸업을 했고 야간 전문대학까지 마쳤다.

참으로 억척같은 노력이었다. 전문학교 다닐 때는, 여든이 넘은 눈먼 할머니는 몸져눕고, 어머니도 자신의 몸조차 추스르지 못하는 상태였다. 남자 동생은 고등학교에 다니느라 제 할 일 하기 바빴고, 그러니 경순이의 일거리는 직장일, 집안일, 학교일 등 혼자서 모든 것을 다 해내야만 했다. 아침 일찍 일어나 밥 짓고, 식구들 밥 차려 먹이고, 할머니 대소변 뉘어 드리고, 설거지하고, 연탄 갈아 넣고, 그러고는 부랴부랴 직장으로 나간다. 오후 5시 퇴근을 하면 다시 똑같은 일을 서둘러 끝내고 학교로 간다. 학교에는 자전거를 타고 3킬로미터 나가 다시 버스를 30분간 타고 간다. 돌아오면 밤 12시가 된다. 경순이의 생활이 이런데도 한 번도 얼굴 찌푸린 모습을 보지 못했다. 언제나 생글거리며 웃었다.

그동안 할머니가 돌아가시고, 고등학교를 졸업한 동생은 군대에 갔다. 전문대학을 졸업한 경순이는 파출소 일을 그만두고 집에서 가까운 고속도로 톨게이트에서 일을 했다.

경순이는 우리 집에 자주 놀러 왔다. 책도 빌려 가고 그동안 써 둔 시작 노트도 가지고 와서 보여 줬다. 경순이의 시는 대부분 연애시다.

"너, 진짜 애인이 이렇게 많냐?" 물으면 큰 소리로 웃는다.

이런 경순이가 작년 겨울부터 진짜 연애를 하기 시작했다. 상대는 서울 어느 도매시장에서 허드렛일을 하는 서른 살 넘은 총각이라 했다. 고향이 같은 경상도여서 좋고 사람이 착해서 좋다고 했다.

지난 크리스마스 날엔 엄청나게 큰 꽃다발이 배달되어서 경순이는 입을 다물 줄을 몰랐다. 날마다 보내오는 편지는, 오늘은 가로로 쓰고, 내일은 세로로 쓰고, 그다음 날은 대각선으로 쓰고, 내가 곁에서 지켜보기에도 눈이 어지러울 지경이었다.

시집가기 이틀 전까지 경순이는 혼자서 모든 걸 정리했다. 파출소에 10년을 근무했기 때문에 웬만한 법률 행정 사무 같은 건 아주 전문가가 되었다. 살림살이도 빈틈없이 잘한다. 혼수 예물로는 모든 걸 다 마다하고 금반지 하나만 받았다. 살아가면서 주고받으면 더 좋지 않겠느냐는 것이다. 모시고 있던 어머니는 오빠네로 가시고 시집가기 전날은 친구 집에서 지냈다.

결혼식장에서 나는 경순이 신랑을 처음 봤다. 그렇게 미남자는 아니었지만 정말 착하고 성실하게 생겼다. 경순이답게 좋은 신랑을 골랐구나 싶었다.

27년 동안 경순이는 식구들에게 온 정성을 다해 주기만 하면서 살아왔다. 그러니까 앞으로는 남편한테 그런 사랑을 주고받으며 살겠지.

소녀 가장에서 처녀가 되고, 이제는 새댁이 되었으니 앞으로는 아기 엄마도 될 테고……. 경순이는 그렇게 한 그루 튼튼한 나무가 되어 수많은 나이테를 만들어 갈 테지. 아름답고 튼실한 열매를 주렁주렁 달면서 먼 훗날 커다란 할머니 나무가 되어 여태 살았던 힘든 삶을 돌이켜 보겠지. 그래서 그 한 그루 나무로 세상이 더욱 아름다워질 테고.

_『작은 이야기』 1999

엄마, 통일은 왜 해야 하나요?

순영아,

만약 순영이한테 이런 일이 일어났다면 어떻게 되겠니? 친구 몇이서 여름 캠프를 갔다가 갑자기 비가 쏟아져 큰물 때문에 야영장에 갇혀 버렸다면?

소식을 들은 엄마는 야영장이 있는 곳까지 달려가 물에 갇힌 순영이를 바라보며 발을 동동 구르고 애가 타서 "순영아! 순영아!" 부르며 울 것이다. 콸콸 흘러가는 시뻘건 흙탕물을 사이에 두고 딸과 엄마는 그냥 바라보며 울기만 하겠지.

다행히 헬리콥터 구조대가 와서 물에 갇힌 순영이를 무사히 엄마가 있는 강 건너편으로 데려다 주면, 엄마와 순영이는 서로 부둥켜안고 또다시 엉엉 울 것이다. '이제 살았구나!' 애를 태우던 엄마와 딸이 다시 만났으니 기쁨은 무엇으로도 표현할 수 없을 거야.

그런데 엄마와 딸이 시뻘건 강물을 두고 이쪽과 저쪽으로 헤어져 있는데도 모두 본체만체한다면 어찌 될까? 비는 계속 줄기차게 내리고 강물은 더 거세게 불어나고 날이 저물고 어두운 밤이 오고…….

결국 엄마와 딸은 비가 그치고 강물이 줄어들 때까지 공포에 떨며 기다릴 수밖에 없겠지. 먹을 것도 떨어지고 옷은 비에 젖어 잘못하면 추위와 굶주림 때문에 지쳐 쓰러져 죽을 수도 있을 거야.

지금부터 정확히 49년 전에 우리는 나라가 이렇게 반으로 갈라져 엄마와 딸이, 아버지와 아들이, 형과 동생이 헤어진 채 소식조차 모르고 살고 있단다. 삼팔선이라고 했다가 휴전선, 군사분계선, 비무장지대라고도 불리는 이 국경 아닌 경계선은 순전히 사람들이 만든 것이다. 하늘에서 비가 내려 그리된 것도 아니고, 흙무더기가 날아와 쌓여서 그리된 것도 아니다. 남과 북을 갈라놓은 이곳은 철조망과 지뢰와 대포와 100만 명이 넘는 군인들이 있는 무시무시한 곳이 되어 버렸다.

많은 사람들은 이를 두고 소련과 미국이라는 강대국이 우리나라를 반반씩 나누어 자기네들의 이익을 얻기 위한 것이라고도 하고, 자본주의와 공산주의가 서로 제 주장을 내세워 반으로 나누었다고도 하고, 남북의 최고 권력자가 서로 자기 자리를 잡기 위해 그리했다고도 한단다.

어쨌든 우리나라가 49년 동안이나 서로 원수가 되어 갈라져 산

것은, 모든 국민들의 뜻은 아니었다. 6·25전쟁도 백성들의 뜻이 아니었고, 다른 모든 불행도 이 나라 백성들의 뜻이 절대 아니다.

요사이 많은 가정에서 부부들이 이혼을 하는데, 아이들은 물건처럼 어머니 쪽으로 가기도 하고 아버지 쪽으로 가기도 하지. 그것도 아니면 아예 거리에 버려져 고아원으로 가는 아이들도 있다.

부모들이 처음 결혼할 때는 모두가 검은 머리 파뿌리가 되도록 살겠다고 약속해 놓고 한참 살다가 마음이 안 맞는다고 제멋대로 헤어지는데, 버려지는 아이들은 어쩌란 말인지 모르겠구나.

이혼한 부부의 자식들이 건강한 가정의 아이들처럼 행복하게 살 수 없는 건 당연하단다. 가정이 불행하면 그 집 아이들이 먼저 불행하게 되고 만다.

우리나라가 이렇게 남과 북으로 갈라지자 제일 먼저 피해를 입은 건 아무것도 모르는 일반 백성들이었다. 1950년 6·25전쟁이 터지자 백성들은 어찌할 바를 몰라 갈팡질팡하다가 뿔뿔이 흩어져 천만 명이나 되는 사람들이 가족과 헤어졌단다. 그때 열 살이던 어린이는 지금 쉰네 살, 스무 살이던 청년은 예순네 살 노인이 되었다.

남북으로 헤어진 가족들이 서로 만날 수 있도록 아직까지 아무도 그들을 도와주지 못했다. 그들은 고향을 눈앞에 빤히 두고도 가지 못하는 것이다.

지금 우리가 통일을 해야 하는 까닭은 이렇게 헤어진 가족들을 하루속히 만나게 하기 위해서다. 50년 가까이 서로 헤어져 살다 보니 늙어 죽는 사람도 점점 늘어나서 보고 싶은 자식을 끝내 보지 못하게 되었구나.

세상엔 슬픈 일이 참 많단다.

순영아, 여기 산골 마을에도 북쪽에서 온 아저씨 두 분이 계셨는데, 한 분은 재작년에 돌아가셨단다. 그 아저씨는 그동안 고향을 생각하고 한결같이 고향 식구들 곁으로 돌아가야 한다는 마음으로 살다 보니 아직까지도 어느 한곳에 자리를 잡지 못했단다. 이달 아니면 다음 달에는 돌아가겠지, 올해 아니면 내년에는 돌아가겠지, 그렇게 고향에 돌아간다는 생각만 하다가 결혼도 아주 늦게서야 했고, 이곳저곳 떠돌이 생활만 했단다. 그러다가 결국 이곳 산골 마을까지 와서 남의 집 농막에서 살다가 갑자기 병이 들어 세상을 떠났단다.

또 한 아저씨는 아직 아랫마을에 살고 계신다. 그분은 작년에 회갑을 맞았는데도 회갑 잔치를 안 하셨다. 이 아저씨 역시 하루도 고향 생각을 잊은 적이 없단다. 아저씨는 아내조차도 당신이 고향 생각을 얼마만큼 하고 있는지 이해해 주지 못한다고 섭섭해하신다. 함께 사는 부부끼리도 이렇게 헤어져 살아온 사람의 마음의 고통을 다 모르는 모양이다.

이 아저씨는 열일곱 살 때 고향을 떠나왔는데 1년, 2년 살다 보니 이렇게 나이가 많아졌단다. 처음엔 결혼만큼은 고향에 돌아가 부모님 모신 가운데서 한다는 생각이었는데 그것이 안 되어 늦게 결혼을 해서 아이들이 생기자, 이 아이들은 고향에 가서 키우고 공부시켜 결혼시키겠다는 마음이었지. 그러나 그것도 뜻대로 안 되었다.

지금 아주머니가 하소연하는 것은 아저씨가 제발 고향 생각을 잊고 남들처럼 살았으면 하는 것이다. 조그만 오두막에 살면서도 도무지 벽지 한 장 새로 바르려 하지 않고, 벽이 무너져도 그냥 대강대강 살고 있는 것이 불만이시다. 아저씨는 어디까지나 고향에 돌아가서 집도 크게 짓고 방도 꾸미고 세간살이도 장만하고 싶지 여기서는 아무것도 하고 싶지 않은 것이다.

이렇게 우리나라가 둘로 나뉘어 있으니 개인들이 당하는 고통이 가장 큰 문제이고 다음으로는 국가와 민족의 문제이다.

우선 자라나는 아이들이 남북으로 갈라져 북쪽 아이들은 조선민주주의인민공화국이란 나라에 살고, 남쪽 아이들은 대한민국이란 나라에서 자라고 있다. 같은 피를 이어받은 사람들이 두 개의 다른 국가로 나뉘어 남처럼 살고 있으니 얼마나 딱한 일이냐?

하나로 합쳐도 작은데 둘로 나뉘었으니 우리는 더 작은 나라가 되어 버렸다. 이웃 나라 일본은 우리 한반도 면적의 1.5배나 되고 인구도 1억이 훨씬 넘는데, 우리는 본래 작은 나라가 더 작아진 거야. 더욱이 지금 휴전선에는 같은 핏줄인 양쪽의 젊은이들이 총칼로 무장을 하고 원수처럼 겨누고 있으니 슬프기 한이 없단다.

순영이네 오빠나 삼촌도 지금 군대에 가서 북쪽 젊은이들과 서로 총칼을 맞대고 싸우려 하고 있다고 생각해 봐. 얼마나 어리석고 원통한 일이니?

일본 어느 중학생이 이런 말을 했다는 신문 기사를 읽은 적이 있다.

"일본은 남의 나라를 침략했지만, 한국은 같은 민족이 서로 총칼로 싸우고 있으니 일본보다 더 야만국이다."

아직 철이 없는 일본 중학생이 아무렇게나 지껄인 말이라 해도 정말 우리로선 할 말이 없다. 어쨌든 우리가 어리석은 분단을 언제까지 이대로 두고만 봐야 하는지를 생각하면 답답하기만 하구나.

이솝 이야기를 보면 이런 것이 있지.

두 마리의 생쥐가 어느 날 들판에서 고구마 한 개를 발견하고는 서로 자기 것이라고 싸우는 이야기야.

"내가 먼저 봤으니 내 거야."

"아니야, 내가 먼저 봤으니 내 거야."

이렇게 서로 다투고 있는데 마침 토끼 한 마리가 지나가다 공평하게 나누어 줄 테니 싸우지 말라면서, 고구마를 노끈에 묶어 저울질했단다. 고구마 한쪽이 약간 기울자 토끼는 "이쪽이 좀 무겁군." 하면서 냉큼 베어 먹었지. 그러자 반대쪽이 기울어지니까 "이번엔 이쪽이 무겁네." 하면서 또 싹둑 베어 먹었지. 이렇게 계속 기울어지는 대로 요쪽 조쪽 베어 먹다 보니 나중엔 그 큰 고구마 하나를 토끼 혼자서 다 먹어 버렸단다.

두 마리 생쥐는 토끼가 싹둑싹둑 베어 먹을 적마다 안타깝고 억울했지만 힘이 약하니 뭐라고 할 수도 없어 그냥 쳐다보고만 있었지. 토끼는 처음부터 고구마를 빼앗아 먹으려고 그런 꾀를 쓴 거지. 토끼가 냠냠 다 먹고 간 뒤, 생쥐 두 마리는 자기네들이 잘못한 걸 뉘우치고 눈물을 흘리며 후회했지만 그때는 벌써 늦어 버린 거야.

서로 싸우지 말고 사이좋게 나눠 먹었더라면 얼마나 좋았겠니?

우리나라 땅이 토끼처럼 생겼다고 '토끼나라'라고 일본 사람들이 불렀는데 그 말이 틀렸다고 화내는 사람들도 있더구나. 원래 우리나라는 호랑이처럼 생겨 '호랑이나라'라고 불렀다고 하면서 흥분을 하는 이가 있단다. 참으로 답답한 것은 우리나라 땅 모양이 토끼처럼 생겼건 호랑이처럼 생겼건 그게 그렇게 중요한 건 아니지 않겠니? 나라 모양이 호랑이처럼 생겼다고 더 강해지는 것도 아니고, 토끼처럼 생겼다고 더 약해지는 것도 아닌데 말이야.

나는 우리나라 땅이 생쥐처럼 생겼거나 개구리처럼 생겼거나 상관없이, 이 땅에 살고 있는 사람들이 정말 사람답게 살고 있는가가 중요하다고 본다. 비록 나라는 작고 가난해도 평화롭게 한마음이 되어 사이좋게 살면 아무도 우리나라를 얕잡아 보지 않을 것이다. 한마음으로 뭉쳐 살면 아무리 작은 나라도 서로 갈라져서 싸우는 큰 나라보다 훨씬 강할 것이다.

지금 독일에 살고 있는 윤이상 선생님은 세계적인 음악가이지만 조국에서 살지 못하고 남의 나라에서 독일 국적을 가지고 살고 계시단다. 윤이상 선생님은 북한이나 남한이나 가리지 않고 같은 조국으로 생각하고 통일을 위해 애쓰고 계시는데 정작 조국에서는 남북이 서로 자기네 편이 되기를 바라며 상대방을 좋게 말하는 것을 싫어했단다. 그래서 윤이상 선생님은 고향에 돌아오지 않고 먼 남의 나라에서 갈라진 조국을 슬퍼하며 사시는 거란다.

나라가 갈라졌기 때문에 고통을 겪고 있는 사람은 한둘이 아니다. 우리나라의 7천만 동포와 나라 밖의 수많은 겨레가 안고 있는 상처와 아픔은 너무나 크고 깊어 헤아릴 수 없을 정도다.

축구 시합을 해도 우리는 같은 나라끼리 적이 되어 싸워야 하고 농구, 탁구, 배구, 모든 스포츠에서 같은 편이 못 되고 다른 편이 되어 시합을 해야 하니 얼마나 안타까운 일이니?

지난번 일본 지바에서 우리 탁구 선수들이 처음으로 남북이 한 팀이 되어 대회에 참가했을 때, 온 겨레가 얼마나 기뻐했니? 그때 우리 여자 탁구 팀이 제일 강한 중국까지 물리치고 우승을 했을 때 정말 우리는 통일이 더없이 그리웠단다. 비록 우리는 작은 나라이지만 함께 힘을 합치면 우리보다 인구가 15배나 넘는 중국한테도 이길 수 있으니까 말이지.

뭐, 우리나라가 강해져서 세계 제일이 되자는 건 절대 아니다. 서로 제일 강하려고 하다 보면 또다시 전쟁을 해야 하고, 평화는 없어지고 말 테니까.

어쨌든 우리는 우리나라 사람끼리 사이좋게 살고, 세계 다른 나라 사람들과도 사이좋게 살아야 한다.

그러기 위해서는 먼저 통일을 해야 한단다. 그것만이 늘 자랑스럽게 여겨 온 한겨레인 우리 배달민족의 살길이기도 하지. 조상에게 부끄럽지 않고 후손에게도 자랑스럽게 통일된 나라를 물려줄 수 있어야 하지 않겠니.

끝으로 올해 일흔일곱 살이나 되는 김형옥 할머니가 쓴 시 한 편을 읽어 보기로 하자. 북녘 고향을 그리는 마음이 절절하게 그려져 있단다.

가고파

가고파 가고파 내 고향 산천
한 해 두 해 어언 반세기 50년이
훌쩍 넘었구려
해는 수없이 뜨고 지고
꽃은 해마다 피고 지고
아아 긴 세월 인생은
그 고운 얼굴에
주름이 50개나 그어지고
머리카락은 헬 수 없는 백발
꼬부랑 백발
저 북녘땅을 눈물로 바라만 보다
기진맥진
가고픈 내 고향 산천
어이할꼬 어이할꼬 두고 온
부모 형제 자식
생사조차 모르고 답답한 심정
눈감기 전에 갈 수 있을까
눈물로 베개 적시며 밤을 지새워
통일, 통일 부르다 잠든 영혼들
마지막 부탁 고향에 묻어 주오
언제 그 소원 들어줄까

가고파라 내 고향 산천
뒷동산에 뻐꾸기 소리
앞 냇가에 맑은 물소리 들리는구나
산 설고 물 설은 타향살이
50년이 지나니 고향이 되었구려
……

하늘을 두루마리 삼고
바다를 먹물 삼아도
가슴 맺힌 사연 어찌 다 쓰랴
서로 가고 오고 하면 될걸
무엇이 그리 어려운고
통일의 종소리를 우리 모두에게
하느님께서 들려주시리라
아아, 통일 통일 외쳐나 보자

이 시를 쓴 김형옥 할머니는 지금 경기도 시흥에 살고 계시는데 6·25 때 남쪽으로 오셨단다. 정말 우리는 어떤 일이 있어도 통일을 해야 하지 않겠니?

_『생활성서』1994

시를 잃어버린 아이들

옥이네가 살던 절안골 외딴곳에는 고만고만한 초가집이 네 채 있었다. 1960년대까지만 해도 골짜기에 흩어져 있는 논밭에서 부지런히 농사지어 때 묻지 않고 착하게 살았다. 감자밥 보리밥이 그다지 싫지 않고 뭣이나 맛이 있고 따뜻했다. 옥이네 삼촌 내외만 빼놓고는 모두 삼대가 한집에 사는 대가족이었다.

닭들이 울타리를 넘나들며 봄에는 어미 닭이 병아리를 까서 데리고 다니고, 개들이 텃밭을 뛰어다니고, 송아지도 함께 장난치며 다녔다. 감나무 살구나무 대추나무 모과나무 들이 집 뒤꼍에서 무성히 자라고 맛있는 과일을 달아 주었다.

십릿길이 넘는 장터에 장이 서면 아버지들은 올망졸망 장거리를 짊어지고 갔다. 해 질 녘이면 외딴집 아이들은 산모롱이까지 마중을 가서 아버지가 사 온 갖가지 물건들을 받아 들고 깡충깡충 달려왔다. 이날 저녁에는 모든 집에서 고등어 굽는 냄새가 나고 저녁상 앞에서 아버지들이 들려주는 바깥세상 얘기에 정신이 팔린다. 호롱불 밑에서 밥을 먹으며 도란도란 나누는 얘기에 저절로 정신이 흠뻑 빠지게 마련이다. 날라리 약장수 이야기, 동동구리무 분장수 이야기, 야바위꾼 이야기 등 장터에서 일어나는 이야기는 밤이 깊도록 들어도 재미가 있다.

봄이면 온 산에 진달래꽃이 피고 여름엔 산나리꽃이 피었다. 이쪽저쪽 골짜기에 흐르는 물이 깨끗해서 그냥 퍼 마시고 미역도 감았다. 가재도 잡고 버들치도 잡고 징개미도 잡았다. 가을엔 감나무에 빨간 홍시가 열리고, 눈이 내리는 겨울엔 노루랑 토끼 들이 집 마당까지 먹을 것을 찾아 내려왔다.

할아버지 할머니 들은 옛날얘기를 들려주고 움 속에 묻어 둔 배추뿌리와 날무도 깎아 먹었다. 좀 가난하고 고달프기도 했지만 외딴집 마을은 동화처럼 아름다웠다.

그런데 새마을운동이 시작되면서 이 절안골 외딴집들이 수난을 겪기 시작했다. 초가지붕이 슬레이트지붕으로 바뀌고 그곳 아이들 말대로 하면 "대통령 아버지가 전깃불도 넣어 주고 텔레비전도 넣어 준댔어요." 이렇게 마음을 들뜨게 만들었다. 그러나 외딴집 아이들은 전깃불이 들어오기 전에 국민학교만 마친 채 도회지의 공장으로 뿔뿔이 떠났다. 개울 건너편으로 자동차 길이 뚫리고 못골 옆에 목장이 만들어졌다. 옥이네 삼촌도 도회지로 떠나고 탄광 갔던 인수네 아버지는 폐암으로 죽고 할머니만 남았다. 조용하던 골짜기가 그렇게 허물어져 가면서 꿈 같은 행복을 약속했던 대통령들도 모두 가짜로 드러났다. 군사정권은 농촌을 이렇게 망가뜨렸다.

지금은 절안골 외딴집 네 집은 하나도 남지 않았다. 대신 고속도로 공사가 한창이다. 주변 논밭들이 높은 값에 팔려 나가자 근방 마을 사람들도 하나둘 객지로 떠났다. 수정처럼 깨끗하던 골짜기 물은 구정물로 바뀌고 버들치도 징개미도 가재도 모두 사라졌다. 이용 가치가 없는 골짜기 따비밭이나 다랑논 들은 가꾸는 사람이 없어 쑥대밭이 되었다.

베틀가나 물레 노래를 부르며 길쌈을 하던 할머니도 없고, 논매기 노래와 밭매기 노래를 구성지게 부르던 할아버지 아저씨도 없다. 장날이면 술 취한 장꾼을 골탕 먹인다는 톳제비(도깨비)도 어디론가 가 버렸다.

외딴집 아이들은 뿔뿔이 헤어져 어느 기업체 사장님 밑에서 공장 노동으로 살아갈 것이고, 더러는 원하지도 않는 어두운 뒷골목에서 타락해 버린 아이들도 있을 것이다. 대통령 아버지가 약속했던 꿈 같은 행복은 이렇게 절안골 아이들의 운명을 바꿔 버렸다.

농촌에 아이들이 없어 학교가 문을 닫고 있다는 것은 누구나 아는 사실이다. 어쨌든 타의든 자의든 젊은이는 농촌을 마다하고 떠나갔고 따라서 아이들도 끌려갔다. 왜 이래야만 되는 걸까?

오래전부터 여름 뒷산에 뻐꾸기도 울지 않고 꾀꼬리 소리도 듣기 어려워졌다. 산에는 새가 날아오지 않고 강물엔 물고기가 없고 아이들이 없는 농촌은 죽은 농촌이 되었다. 노인들만 남아서 도시인들을 먹여 살리기 위해 살균제, 살충제, 제초제(살초제)를 뿌려 가꾼 쌀과 고추와 양파와 온갖 채소를 만들어 낸다. 살기 위해 사는 게 아니라 모두가 죽을 날짜를 세면서 살고 있는 곳이 지금의 농촌이다.

아이들은 시인이라는데 그 아이들이 있어야 할 곳에 있지 못하는 슬픈 현실은 무엇 때문에 누구 때문에 생겨나는가. 아이들이 시인인 것은 틀림없지만 그 아이들을 시인이 되게 한 것은 아름다운 자연이다. 어머니의 젖을 먹으면서 새소리를 듣고 흰 구름을 보고 별을 바라보며, 그리고 짐승들과 벌레들과 어울려 땀 흘리는 고통을 배우고 따뜻한 생명들과 살을 비비는 삶이 있어야 한다.

봄날의 비릿한 풋내와 작은 꽃들도 알아야 하고, 여름날의 소낙비와 무지개와 지루한 장맛비도 알아야 한다. 비지땀을 흘리며 들판에서 일하는 삶의 현장도 배우고, 고통의 대가로 얻어지는 가을의 풍성함, 겨울의 추위와 그 추위를 이겨 내는 생명들의 힘찬 인내도 체험해야 한다. 시인은 절대 공짜로 얻어지는 게 아니다.

삭막하다 못해 살벌해져 가는 오늘날의 도시환경은 영화 「죽은 시인의 사회」 그대로다. 일회용품을 찍어 내는 기계처럼 아이들도 그 기계가 되기도 하고 일회용 싸구려 상품이 되기도 한다. 똑같은 시간에 일어나 똑같은 책가방을 메고 똑같은 학교에 가서 똑같은 선생님께 똑같은 방법으로 공부를 하고 똑같은 텔레비전으로 똑같은 쇼를 구경하면서 크는 아이들은 개성도 없고 하나같이 똑같다.

시를 익히지 못하는 아이들은 이렇게 죽은 인간으로 키워져 사고력도 행동도 획일적으로 되어 버린다. 행여나 다른 아이와 다르게 될까 봐 오히려 불안한 지경이다. 앞집 아이가 피아노를 배우면 우리 집 아이도 배워야 하고, 옆집 아이가 태권도를 하면 우리 아이도 태권도를 해야 한다. 그래야만 남에게 뒤처지지 않는다고 생각한다. 콘크리트로 된 똑같은 집에 살며 친구보다 기계하고 놀기를 좋아하는 아이들은 덩치만 크고 가슴은 그야말로 옹졸하기 그지없다.

가까운 친구를 사랑하기보다 경쟁의 대상으로 여기며 평생 적으로 살아야 하는 인간에게 무슨 시심(詩心)이 있을 수 있겠는가. 자연으로부터 격리당한 아이들에게서 진정한 시인을 기대할 수 없는 것은 이 때문이다.

구태여 몇 줄의 노래를 읊어 내는 시인만이 시인이 아니다. 농촌의 농부들은 모두가 시인이다. 그들은 생명을 만드는 온갖 것을 몸과 마음을 쏟아부어 키워 내기 때문이다.

씨 한 톨 심어 놓고 싹이 트기를 기다리는 마음, 어미 닭이 품은 알에서 병아리가 깨기를 기다리는 마음, 보리 이삭이 패고 씨알이 누렇게 익어 가는 것을 지켜보는 마음, 이런 마음만이 건강하고 힘찬 시를 낳을 수 있다. 결국 자연 속에서 살아야만 자연스러워질 수 있다. 만드는 것은 어쨌거나 인위라는 가짜가 될 수밖에 없다.

지금이라도 늦지 않으니 우리 아이들을 자연으로 돌려보내야 한다. 기계에서 해방시키고 콘크리트 벽 속에서 풀려나게 해야 한다. 흙냄새 거름냄새 풀냄새를 맡게 하고 새들과 짐승들과 얘기를 하도록 하자. 괭이질을 하고 지게를 지며 땀 흘리는 농군이 되게 하자. 그래서 시인으로 살게 하자.

똑같은 것을 흉내만 내는 인간이 되어 일생을 시체로 살게 버려두는 건 죄악이다. 조금은 가난하고 조금은 불편하고 힘들어도 아이들을 시인으로 키우고 생명 가진 인간으로 키워야 한다.

살충제, 살균제, 살초제 같은 농약을 버리고, 두엄을 만들고 김을 매고 지게를 지는 튼튼한 농사꾼으로 크면 강물도 살아나고 들판도 살아날 것이다. 물고기가 살고 새들이 날아오고 온갖 벌레들이 살아나면 도덕도 함께 살아난다.

도시의 물질문명과 기계문명은 영혼을 망가뜨리고 온 몸뚱이의 기능마저 퇴화시킨다. 도시 아이들은 좌변기가 없으면 똥도 못 눈다. 뜀박질은커녕 제대로 십릿길도 걷지 못한다. 장애인이 따로 있는 게 아니다. 온갖 일을 기계에다 의존하지 않고는 살지 못하는 게 지금 도시 사람들이지 않는가.

손으로 옷에 단추 하나 못 달면서도 어머니 노릇을 한다는 건 말이 아니다. 어머니는 아기 옷을 손수 만들어 입히는 일부터 시작해야 제대로 어머니 노릇을 할 수 있다. 어머니가 기워 준 옷을 입고 자란 아이는 사물을 보는 눈에 사랑이 담기기 마련이다. 기계적인 감각에서 손의 감각과 대자연의 감각으로 뻗어 나가면 결국 하늘을 발견하고 그러면서 아이도 하늘이 된다. 겨울의 눈보라와 여름의 비바람을 헤치며 꿋꿋하게 살아가는 건강한 인간이 마음 따뜻한 시인이 될 수 있다.

_『시와 사회』 1993

가난한 예수처럼 사는 길

오래전에 객지에 나가 살고 있는 권사님이 모처럼 고향에 다니러 와서 주일날 함께 예배를 드렸다. 예배가 끝나고 나서 잠시 지난날 얘기를 나누었다.

"권사님, 옛날 그냥 마룻바닥에 앉아 예배드리던 작은 교회만 못하지요?"

물었더니 권사님 대답은 엉뚱했다.

"그건 집사님이 구태에서 벗어나지 못한 때문이에요."

말소리도 그렇고 내용도 너무 쌀쌀하고 냉담했던지 잠시 한 대 얻어맞은 기분이었다.

28평짜리 목조 건물의 교회당을 헐고 60평 크기의 시멘트 교회당을 새로 지은 지 6년째가 된다.

교회 앞으로 나 있던 달구지 길은 아스팔트 자동차 길로 바뀌었다. 교인들이 부담했던 어려운 경제 사정은 모두 덮어 두더라도 언덕 위 조그만 교회당의 소담했던 정취가 깡그리 사라져 버렸다. 방천둑에 우거졌던 아카시아와 마당 가장자리에 서 있던 플라타너스와 단풍나무, 측백나무, 백일홍, 대추나무, 그리고 국화꽃과 상사초와 봉숭아꽃으로 가꿔진 꽃밭도 없어졌다. 시원한 우물물도 종각도 걷어치웠다.

　지금은 은행나무 두 그루가 블록 담장 사이에 끼여 간신히 자라고 있지만 마음대로 가지를 뻗지 못한다. 갑절도 넓게 커진 교회당에 모이는 아이들 수는 십분의 일이 될락 말락 한다. 지난 주일 주보를 보니 주일학교 아동부가 14명, 중고등부가 9명으로 되어 있다. 주로 50대 이상 노인들이 모이는 장년부만 50명이다.

　농촌에 늙은이만 남아 있는 현상은 교회라고 다르지 않다. 아이들이 없어 가까운 두 국민학교를 하나로 합쳤는데도 학생 수가 학급당 30명을 넘지 못한단다. 주일학교 150명에서 200명이던 우리 교회도 이렇게 아이들이 없다. 예수는 이 세상에 인간의 목숨과 자연의 목숨, 모든 목숨을 위해 오셨다. 생물학자들이 조사한 바로는 1990년대에 들어와 하루에 100종 이상의 생물이 멸종되고 있다는 것이다. 1년 동안 5만 종의 생물이 아예 지상에서 사라진다는 말이다.

　내가 알기에도 이곳 냇물엔 다섯 종류의 미꾸라지가 살고 있었다. 우리가 보통 말하는 참미꾸라지와 그보다 훨씬 몸뚱이가 큰 하늘미꾸라지, 수수 빛깔처럼 불그레한 수수미꾸라지, 등에 무늬가 그려진 쌀미꾸라지, 자갈이 깔린 깨끗한 물에서만 살고 노란 바탕에 검은 점이 찍힌 조그만 중들미꾸라지가 있었다.

그러나 지금은 이 모든 미꾸라지를 거의 찾아볼 수 없다. 냇물에도 세 종류의 새우가 있었다. 갓난아이 새끼손가락만 한 작은 새우와 어른 새끼손가락만 한 징개미, 그것보다 훨씬 큰 왕대새우였다. 지금 그 어느 것도 사라진 지 오래다. 납주라기, 퉁가리, 꾸구리, 등미리, 버들치, 금납주라기, 모래무지, 꺽지, 가물치, 이런 물고기도 없다. 그늘지고 깨끗한 방천둑 밑에 피던 물봉숭아도 자취를 감춘 지 오래다.

농촌에 일꾼이 달리다 보니 제초제는 필수용품이 되었다. 골목길은 물론 논둑, 밭둑, 심지어 집 마당에도 뿌린다. 한여름인데도 길가 풀이 누렇게 말라 죽는다.

며칠 전 주일날 교회에 가는데 골목길에 참새 새끼 두 마리가 파닥파닥 죽어 가고 있었다. 용이네 어머니께 물어봤더니 농약을 쳤더니 그리되었다고 한다. 집 안에 있는 거미 한 마리라도 죽이는 걸 죄악시하던 농촌 사람들도 이젠 참새 새끼를 농약으로 죽이는 살벌한 사람이 되어 버렸다. 이 한 가지만 봐도 농촌의 정서가 얼마나 메말라 있는지 알 수 있을 것이다.

어제 저녁 규찬이네 아버지가 와서 낮에 고추밭에서 커다란 엉머구리(개구리)가 농약에 중독되어 사람한테 뛰어오르며 죽어 버리는 걸 보고 흡사 인간에 대한 마지막 저항처럼 느껴져서 섬뜩했다고 한다. 그러면서 규찬이네 아버지는 말하는 것이었다.

"개구리는 덩치가 크니까 그런 발악이라도 치면서 죽지만 보이지 않게 죽어 가는 작은 벌레들은 어떻겠니껴?"

밤에 농촌 아스팔트 길을 자동차가 불을 비추며 지나가면 길을 건너던 노루 같은 산짐승들은 갑작스런 불빛에 당황하여 머뭇거리다가 그대로 치어 죽는다고 한다. 강아지도 치어 죽고 뱀도 치어 죽고 족제비도 치어 죽는데, 가장 많이 수난을 당하는 건 개구리들이다. 여름날 비가 내리는 밤이면 개구리들은 떼를 지어 아스팔트 길을 건너다닌다. 비 내린 다음 날 아침에 보면 무수한 개구리들이 떡이 되어 죽어 있고, 지독한 비린내가 물씬물씬 풍긴다. 개구리들은 자동차의 위험에 대해서는 아무것도 모르고 있다. 앞으로도 계속 개구리들은 수없이 자동차 바퀴에 깔려 죽을 것이다.

누군가가 말하길 살아 있는 것 자체가 죄라고 했다. 살기 위해서는 먹어야 하고, 먹기 위해서는 죽여야 하기 때문이다. 내가 지금 살고 있는 것도 결국은 수많은 목숨들의 희생에 의해서만 가능한 것이다.

그런데 문제는 마구잡이로 잡아먹는 일이다. 이 세상에 절대 강자는 있을 수 없듯이 어느 하나만 살기 위해 다른 것을 모두 죽여도 된다는 논리는 성립되지 않는다. 나만 살기 위해 다른 것을 모두 제거해 버리면 결국 나도 살지 못하기 때문이다.

우리 속담에 "도둑놈도 씻나락은 안다."고 하는 말이 있다. 아무리 남의 것을 훔쳐 먹는 도둑이지만 씨앗까지 훔쳐 가지는 않는다는 말이다. 그러나 지금 우리는 이런 도둑만도 못한 인간이 다 되었다. 1년에 5만 종 이상의 씨를 말리고 있는 삶을 예사로 살고 있지 않는가.

성서의 가르침과 기독교 정신이 어떤 것인지 나는 아직까지도 혼란스럽다. 성서에는 "땅을 정복하라."라든가 "천국은 침노하는 자의 것이다."라는 파격적인 말도 분명히 있다. 기적으로 사람을 살리기도 하지만 기적으로 사람을 몰살해 버리는 대목도 있다. 선악의 객관성은 완전 무시되고 오직 유대인과 유대교 외에는 어떤 것이든 적이 되고 악이 되고 멸망의 대상이 되었다. 예수는 이런 유대교의 율법과 성전(聖殿) 중심의 권위와 독선을 깨뜨리러 세상에 왔다. 사람이 안식일을 위해 있는 것이 아니라 안식일이 사람을 위해 있다는 생명 존중의 종교로 바꿔 놓은 것이다. 그는 들에 핀 꽃 한 송이가 솔로몬의 영광보다 아름답고, 떠돌아다니는 새들도 하느님이 기르신다는 자연과의 공생 관계를 가르쳤다. 복음은 인간에게만 국한된 것이 아니라 모든 생명들에까지 두루 내려진 것이다.

예수가 마지막 만찬을 차린 곳은 호화로운 어느 성전 예배실이 아니다. 거기서 먹은 것도 일류 요리사가 만든 호화 음식이 아니다. 가난한 마가의 비좁은 다락방에서 역시 가난한 사람들이 먹던 보리떡과 포도주 한 잔이었다.

예수는 태어날 때부터 죽을 때까지 이렇게 눈물겹도록 힘겹게 살았다. 눈먼 거지의 빛이 되고 절름발이와 앉은뱅이와 난쟁이의 친구가 되었다. 세리(稅吏)와 창녀와 간질병 환자와 귀신 들린 자와 남편에게 버림받고 이웃에게 따돌림받은 이들의 따뜻한 친구가 된 예수, 그가 우리의 구세주인 것이다.

내가 교회에 나가고 예수를 믿는 것은 예수가 사랑했던 들꽃 한 송이를 나도 사랑하고 싶고 그가 아끼던 새 한 마리를 나도 아끼며 살고 싶기 때문이다. 구태여 큰 소리로 외치며 전하는 복음이 아니라 바로 지금 내 곁에 함께 있는 가련한 목숨끼리 다독이며 살아가고 싶을 뿐이다. 슬플 때 함께 슬픈 노래 부르고 기쁠 때 함께 기쁜 노래 부르면, 그것이 찬송이 되고 기도가 되고 예배가 되는 것이다. 구하기 전에 하느님은 우리에게 모든 걸 주셨다.

푸른 하늘과 해와 달과 별과, 철마다 피고 지는 꽃과 나무와 열매들, 아름답게 우는 새소리, 시원한 바람과 깨끗한 물과 그리고 이웃을 주셨다. 검은색과 흰색과 노란색의 사람들이 서로 바라보며 웃으며 살라고 이 땅 위에 각자의 자리를 마련해 주셨다. 거기서 땀 흘려 일하며 살아가는 것만이 우리들의 몫이다. 더 이상 무엇을 달라고 큰 소리로 외치며 기도할 이유가 없다. 그렇게 살 만큼 살다가 죽으면 되는 것이다. 그게 바로 하늘나라며 인간들이 영원히 살아갈 바른 삶이다.

인간의 눈으로 봤을 때는 흉측한 것이더라도 하느님 보시기엔 아름답기 때문에 만드신 것이다. 이 세상을 인간의 눈으로만 보지 말고 하늘의 뜻을 생각하며 살면 우리들의 세상은 훨씬 아름다워질 것이다.

_『새가정』1993

아름다운 우리 당산나무

한국 어디에나 마을이 있는 곳이면 당산나무도 함께 있다. 정자나무라고도 불리는 아름드리 고목은 수백 년 수천 년 동안 마을 사람들과 함께 살았다. 주로 느티나무나 은행나무인 당산나무는 겉모양도 아름답지만 나무가 지닌 내력과 속뜻이 더욱 아름답다.

당산나무는 단군시대 신당수(神堂樹)로 나무를 모신 데서 유래되었는데, 그 신당수와 마을의 당산나무는 많은 차이가 있는 것 같다. 당산나무는 마을의 수호신이면서 마을 사람들의 쉼터도 되고 놀이터도 되었기 때문이다.

무더운 여름이면 시원한 그늘을 만들어 주는 정자나무가 되고, 단옷날엔 그네도 매고 나무 밑에서 잔치도 벌였다. 멀리서 오는 나그네에게 마을이 가까워졌다는 것을 알리는 손님맞이 구실도 했다.

사람이면 누구나 나무를 좋아하지만 우리 겨레는 유달리도 나무를 사랑했다. 정확한 것은 모르지만 마을 가까이 이런 나무를 심어놓고 신으로 모시는 나라는 없는 것 같다. 오히려 그리스 같은 나라에서는 일찍이 높은 언덕에 나무를 모조리 베어 내고 대리석으로 신전을 지었지만 지금은 거의 무너져 버리고 엉성한 흔적만 남아 있다. 이집트의 피라미드도 그렇고 로마의 문화유산도 그 내용만큼은 조금도 아름답지가 않다. 가까운 중국의 만리장성은 거창하지만 그 속에 숨겨진 건 잔인한 피비린내뿐이다. 일본엔 가미사마(神樣)를 모신 조그만 신당들이 마을마다 있지만 웅장한 고목나무는 없다.

당산나무의 존재는 참으로 놀라울 만큼 감동스럽다. 당산나무를 심고 가꾸고 보살피는 사람이 계속 이어진다. 아무도 당산나무를 해치는 사람은 없다. 수백 년 수천 년 자라서 늙어 쓰러져도 베어 내지 않고 그냥 그대로 둔다. 고목이 되어 쓰러질 즈음이면 그 곁에 또 다른 나무가 무성하게 자란다. 누가 심은지도 모르게 당산나무는 똑같은 모습으로 그 자리를 이어 가고 있다.

고향이 있는 사람들은 고향의 추억과 함께 당산나무의 추억도 가지고 있을 것이다. 매미가 시끄럽게 우는 나무 그늘에서 낮잠도 자고 고누도 뜨고 씨름도 했다. 거기서 마을 어른들께 구수한 옛날이야기도 듣고 세상에 떠도는 온갖 소문도 들었다. 외갓집 가신 어머니가 돌아오는 날이면 이 당산나무 밑에서 기다렸고, 장에 가신 아버지도 여기서 기다렸다. 달 밝은 밤 윗마을 갑돌이와 아랫마을 갑순이가 몰래 만나는 장소도 되고, 멀리 떠나는 동무를 눈물 흘리며 전송하던 곳도 이 당산나무 아래였다.

영화 「서편제」에서 아버지가 누나 송화를 폭력에 가깝게 학대한다고 생각한 동생 동호가 아버지와 싸우고는 마을 밖 당산나무 밑에서 누나와 헤어져 집을 나간다. 들길 저편으로 아득히 사라지는 동호의 뒷모습을 바라보며 송화는 울고 있었다. 그 뒤 송화는 아예 벙어리가 된 채 날마다 이 당산나무 밑에 쪼그리고 앉아 떠나간 동생을 기다린다. 만일 당산나무가 없었더라면 기막히도록 아름다운 이 장면은 불가능했을지도 모른다. 비록 송화와 동호의 슬픈 이별이 우리 가슴을 아프게 했지만, 그 뒤쪽 화면 가득히 버티고 있는 당산나무의 믿음직스러운 모습은 우리들의 마음을 하늘처럼 든든하게 가라앉혀 준다.

"송화야, 너무 슬퍼 말아라. 이담에 틀림없이 내가 만나게 해 줄게."

당산나무는 송화에게 그렇게 얘기해 주는 듯했고 결국 둘은 다시 만나게 된다.

당산나무는 우리에게 몸과 마음으로 한없이 베풀기만 하지, 우리한테서 아무것도 요구하지 않는다. 공양 같은 것은 물론 엄청난 헌금이나 시주도 요구하지 않는다. 한 마디의 설법도 하지 않고 한 줄의 경전도 없고 복잡한 계율도 없다. 어린아이처럼 천진하면서도 그 무엇보다 의젓하고 성스럽다. 엄숙하면서도 결코 위압감을 주지 않는다. 멀리서 보나 가까이서 보나 한결같이 깨끗하다.

그런데 언제부터인지 우리들의 당산나무가 수난을 겪고 있다. 기독교 선교사가 들어오면서 제주도 같은 데서는 행정기관을 동원해서 나무를 베어 버렸다고도 한다. 새마을운동 때도 수많은 당산나무가 사라졌고 고속도로 건설 때도 많이 없어졌다. 댐이 들어서고 마을이 수몰되면서 당산나무도 물속에 잠겼다. 다행히 아직 남아 있는 나무들은 더러 천연기념물로 지정돼 보호받고 있지만 당산나무에 대한 인식은 옛날 같지 않다. 가슴 아픈 것은 기독교나 여타 종교에서 미신이나 우상을 섬기는 것으로 매도하는 일이다.

앞서도 누누이 말했지만 당산나무는 우리에게 아무것도 요구하지 않는다. 어느 특정 종교처럼 경배의 대상도 아니고 생사화복(生死禍福)을 주관하는 절대 권능을 가진 건 더욱 아니다. 어떤 인간을 천국이나 지옥으로 보내는 심판자도 아니다. 그가 우리에게 끼치는 해라고는 아무것도 없다.

당산나무는 심어진 곳에서 묵묵히 수백 년을 살면서 사람들 편에서 고락을 같이하는 이웃일 뿐이다. 물론 당산나무 밑에서 제물을 차려 놓고 제사도 지내고 굿을 하기도 한다. 하지만 그것은 어디까지나 인간들의 소망과 의지와 화합을 다짐하는 행위이지 당산나무하고 어떤 조건부 계약이 이루어져서 그러는 게 아니다. 어떻게 보면 당산나무 신앙은 다른 고등 종교보다 훨씬 순수하다. 서로가 부담을 끼치거나 강요하는 행위도 없다. 서로에게 자유로움을 주는 믿음이야말로 진정한 신앙이 아닌가 싶다.

당산나무는 자연보호 차원에서도 일익을 담당했다. 당산나무와 함께 우리 조상들은 정화수를 소중히 여겼다. 나무가 푸르고 물이 깨끗하면 그 세상은 영원히 멸망하지 않을 것이다. 하얀 소복 차림의 우리네 어머니들은 만물이 잠에서 깨기 전 새벽길을 나가 정화수를 떠다가 정성을 들였다. 깨끗한 정신은 맑고 깨끗한 행위에서 비롯된다. 이 정신이야말로 글자 그대로 티 없이 대껴진 신의 정수리가 된다. 신과 인간은 결코 대치되는 상극이 아니라 서로가 하나로 살아가는 상생의 결합체이다. 신을 찾는 길은 나를 찾는 길이며 신의 응답은 나의 의지를 확인하는 체험인 것이다.

과학자들은 이 세상이 생물과 무생물로 나뉘어 있다고 하지만, 정화수와 당산나무를 소중히 했던 우리 조상들은 그런 이분법 같은 것은 상상하지도 않았다. 살아 있는 만물은 모양만 다르지 모두 같다고 여겼다.

당산나무 밑에서는 계급도 없다. 그냥 백성이 모이는 곳이다. 요새는 군사정부가 물러나고 문민정부가 들어섰다고 하는데 왜 백성의 정부는 없는 것일까. 문민(文民)이란 말이 전에도 있었는지 모르지만 아무래도 어색하다. 문(文)은 어디까지나 관(官)에 가까웠지 백성(民)의 편은 아니었기 때문이다.

종교라는 것은 글자 그대로 으뜸가는 가르침일진대 우리네 종교는 본디의 뜻과는 달라져 버렸다. 인류 역사에 수많은 분쟁이 있었지만 종교 분쟁만큼 심했던 경우도 없을 것이다. 지금도 종교끼리의 갈등과 분쟁은 끊이지 않고 있다. 그러나 당산나무는 백성들이 모이는 곳이어서 거기에는 계급도 없고 분쟁도 없다. 당산나무야말로 평화의 수호신인지도 모른다. 언제 어떤 모습으로 당산나무를 찾아가도 따뜻하게 맞아 준다.

불교에서는 집착을 버리라 했는데 집착이 지나치면 망집(妄執)이 되고 결국 모든 것을 잃어버린다. 기독교 성서에는 "네 보물이 있는 곳에 네 마음도 있다."라는 말이 있는데 오히려 집착을 권장하는 듯한 말이다. 물론 여기서 일컫는 보물은 세속적인 것이 아니지만 사람은 그 어떤 것에서든 해방되어야 한다. 집착은 아집을 낳게 되고 독선으로 변하면 자기 것 외에는 아무것도 용납하지 못한다. 결국 이런 배타적인 종교관이 분쟁을 일으키고 살인까지 하게 된다. 종교 이데올로기야말로 가장 비종교적이며 악마와 같다.

당산나무는 특정인의 소유물이 아니면서 누구나 소유할 수 있다. 해와 달과 별의 임자가 따로 없으면서 누구나 소유할 수 있는 것과 같다. 당산나무는 구태여 성역과 세속으로 구분 짓지 않는다. 성(聖)과 속(俗)이 공존하는 완전한 장소다.

우리 인간은 육체와 정신이 함께해야 온전하다. 아무리 도를 깨치고 해탈을 한 사람도 죽기 전에는 먹어야 하고 먹은 것은 똥으로 내놓아야 하기 때문이다.

당산나무가 은행나무일 경우, 그리고 암나무일 경우엔 가을이면 많은 열매를 베풀어 준다. 사람들은 그 열매를 골고루 나누어 가진다. 기독교는 중세 이래 엄청난 재산을 모으기만 했지 나누어 준 적은 없다. 요즘도 막강한 재력을 지닌 교회가 수없이 많지만 그 숫자만큼의 교인은 가난에서 헤어나지 못하고 있다. 불교 쪽의 절집도 마찬가지다. 사람은 어차피 남에게 덕을 베풀기도 하고 해를 끼치기도 한다. 반대로 남에게서 덕을 얻기도 하고 해를 입기도 하면서 살아간다. 세상엔 절대 선도 없고 절대 악도 없다. 당산나무는 이런 상부상조의 거짓 없는 삶을 말없이 가르친다.

사회가 점점 개인과 집단 이기주의에 빠져 가는 현실이 절망스러워 문득 당산나무의 꾸밈없는 믿음이 그리워졌다. 이 글을 쓴 것은 옛 고향과 순수했던 우리들의 삶의 모습을 잠시나마 되살려 보고 싶었기 때문이다.

한국인이면 누구나 이런 소박한 삶의 추억을 간직하고 있을 것이다. 당산나무와 정화수와 도깨비만 있어도, 그 어떤 외래 종교나 사상이나 이념이 없이도 우리는 착하게 살아갈 수 있을 것이다.

_『해인』1993

쓰레기를 만드는 사람들

　우리 집에서 가까운 곳에 교회 여전도사 한 분이 의지가지없는 사람들을 데려다 함께 살고 있는 시설이 있다. 네 살짜리 꼬마부터 여든 살 노인까지 50명이 넘는다. 세상으로부터 버림받은 사람들이니 제대로 일할 수 있는 이는 아무도 없다. 그래서 바깥 사람들에게 도움을 받아 살아가고 있다.
　바깥에서 들어오는 물자도 갖가지다. 그중에서 가장 넘치도록 받는 것이 헌 옷가지들이다. 한두 번 입다가 내놓은 것부터 낡아서 구멍 난 옷까지, 가져다 준 옷이 창고에 가득 찼다고 한다.
　나도 가끔씩 이 헌 옷들을 얻어다 입는데 티셔츠와 잠바가 댓 벌씩이나 된다. 이제는 시골 사람들도 남이 입던 헌 옷은 꺼린다. 구멍 난 양말도 기워 신지 않고 그냥 내다 버린다.

얼마 전에 마을 쓰레기장에 멀쩡한 벽시계가 버려진 것을 보고 깜짝 놀랐다. 쓸 만한 석유곤로도 버려져 있고 고장 난 라디오도 있었다. 큰 도시에서는 쓸 만한 물건이라도 싫증이 나면 버린다는 말을 들었는데, 시골에서도 이젠 물건을 아껴 쓰는 사람이 없어지고 있다. 쓰다가 싫으면 버리고 다시 새것을 사 쓰는 물질적 풍요가 바로 잘사는 것이고, 그것이 행복이라는 생각이 사람들에게 널리 번져 버린 것이다.

환경오염이 심각하다고 입이 있는 사람은 다투어 말하면서 모두가 남의 탓으로만 생각한다. 아무리 합법으로 버린 쓰레기도 결국 이 땅 어딘가에 쌓이고 묻히게 마련이다. 내가 타고 가는 승용차의 기름 연기도, 우리 집에서 쓰는 보일러의 가스도 모두 뒤섞여서 공기를 더럽힌다. 자동차를 많이 타는 사람은 그만큼 더 많이 더럽힐 테고, 많이 쓰고 많이 버리는 사람은 이 땅 위에 쓰레기를 더 많이 쌓는 주범이 된다.

물이 더러워져 있는데 하루에 수없이 목욕을 하고 손을 씻은들 무슨 소용이 있을까? 아무리 위생 관리가 철저한 주부가 만든 음식이라 해도 진정 깨끗한 음식은 없다. 쓰레기와 공장폐수와 농약으로 더러워진 곡식과 채소와 고기이니 물로 씻고 끓인다고 깨끗해질 까닭이 없기 때문이다.

깨끗하고 편리하게 산다는 도시인들은 먼지와 오물을 묻히며 살아가는 청소부나 농촌 사람 들을 업신여긴다. 하지만 정작 깨끗하게 차리고 다니는 사람일수록 그만큼 더러운 오물을 만들어 내고 있다는 것을 알아야 한다. 양말 한 짝도 알뜰히 기워 신는 사람은 쓰레기를 그만큼 줄인다. 오물을 만지며 사는 청소부의 몸은 더럽지만 세상은 그 손으로 인해 깨끗해진다.

풍요와 편리 때문에 결국 우리는 더욱 가난해질 수밖에 없다. 오염된 강과 바다에서 물고기가 죽고, 하늘에서 내린 산성비로 초목이 말라 죽는다. 새들이 죽고 벌레가 죽은 다음에는 사람도 죽을 수밖에 없지 않은가?

이 지구상에 생물이 살아온 햇수가 대략 35억 년이라는데, 우리 인간은 겨우 100년 사이에 수많은 생물을 멸종시켜 버렸다. 수십억 년 동안 살아온 생물들은 그만큼 분수에 맞게 살았기 때문에 지구 역사가 이어져 올 수 있었다.

환경오염은 누구의 탓이기 전에 모든 사람 각자의 책임이다. 해진 양말을 기워 신고, 낡은 물건일수록 자랑스러워하며, 좀 더 춥게 좀 더 불편하게 살아가면 쓰레기도 줄고 공기도 맑아지고 산과 바다도 깨끗해질 것이다.

내가 그렇게 살고 난 다음에 핵무기와 전쟁을 반대하는 운동에 앞장서야 한다. 아름다운 환경 속에서 아름다운 마음이 생기고, 아름다운 마음으로 살아가는 것이야말로 가장 행복한 삶이다.

_『계몽문화』 1993

구릿빛 총탄이 날아오던 날

중앙선 기차가 영천 가까이에 이르면 화산이라는 조그만 시골 정거장이 있다. 그 화산 정거장 건너편 강변쯤이 될 것이다. 내가 6·25전쟁 때 겪은 가장 무서웠던 오후 해 질 녘이었다.

그 전날, 밤중에 전쟁이 들이닥친다는 소란이 일면서 강변에 천막을 쳐 놓고 잠들었던 피난민들이 서둘러 떠나고 있었다. 우리도 급한 바람에 홑이불 천막을 홀랑 걷어 싸서 그다지 높지 않은 밋밋한 바위산을 넘어 으슥한 산길로 밤새도록 걸었다.

밤새워 걸었지만 많은 피난민들이 줄지어 가는 것이어서 겨우 10리쯤밖에 못 갔을 것이다. 그때도 전쟁은 낮보다 밤에 더 심했기 때문에 날이 밝으면서 조용해졌다.

해가 솟아오르자 여름 뙤약볕이 뜨거워 모두들 홑이불 천막을 치고 고달픈 몸을 쉬는데 우리는 지난밤 강변에다 천막을 쳤던 버팀목을 모두 두고 와서 풀밭에서 그냥 앉아 쉬어야 했다.

버팀목(공급대)이라야, 몽골인들이 파오(게르)를 짓는 데 쓰는 굉장한 얼개 나무처럼 복잡하지 않고, 2미터 길이쯤 되는 간단한 나무 막대기 몇 개가 전부였다. 하지만 피난길에서는 그런 것도 아주 요긴한 재산이었다.

그때 나이 열세 살이었던 나는 겁도 없이 강변에 두고 온 버팀목을 가지러 간 것이다. 잠깐이면 닿을 것 같던 것이 십릿길이나 되어 무척 멀었다. 조금만 더, 조금만 더 하면서 가다 보니 되돌아 올 수도 없어서 강변까지 간 것이다. 사방을 둘러보니 아무도 없는 텅 빈 강변에 지난밤 피난민들이 버리고 간 잡동사니들이 흩어져 있었다. 나는 우리가 있던 강바닥에서 기다란 막대기들을 주워 새끼로 꽁꽁 묶었다.

그때였다. 바로 내 양쪽 옆으로 노란 구릿빛 불똥 같은 것이 자갈밭 돌멩이에 탁탁 튕겨 스쳐 가는 것이었다. 소리도 별로 나지 않아 처음엔 무심코 바라보다가 갑자기 그것이 내 등 뒤편에서 날아오는 총탄인 것을 알게 되었다.

나는 서둘러 묶어 놓은 막대기를 단단히 새끼 짐바로 등에 꽉 붙도록 졸라매고는 달리기 시작했다. 달리면서 멀리 북쪽을 바라보니 처음엔 아무도 보이지 않던 강변 여기저기 조금만 의지할 수 있는 둔덕 밑에라면 수많은 군인들이 엎드려 있었다. 정말 총소리가 나지 않아서였는지, 내가 총소리를 못 들었는지, 그 당시 내 귀엔 너무도 조용한 전쟁터였다. 그렇게 조용한 곳에서 구릿빛 빛줄기가 쭉쭉 날아와 강바닥 자갈밭에 부딪혀 튀어 오르는 것만 눈으로 보았을 뿐이다.

야트막한 바위산을 넘어 골짜기에 들어서자 나는 다리가 떨려 몇 번이고 주저앉을 뻔했다. 그런데도 그냥 필사적으로 헐떡헐떡 뛰어가기만 했다. 온몸에 땀이 비 오듯이 흐르고 아무 생각도 느낌도 없어졌다.

식구들이 기다리는 곳에 왔을 때는 사방이 어두워질 무렵이었다. 그렇게 죽자고 뛰었는데도 걸음이 영 빠르지 못했던 모양이다.

사람이 평생 살아가다 보면 몇 번은 죽을 고비가 닥친다지만, 내가 겪은 6·25전쟁의 그날은 말 그대로 죽을 고비였다.

지금도 그때를 생각하면 온몸이 오싹해지고 두 다리가 후들후들 떨려 올 만큼 잊을 수 없는 날이었다.

_『한국논단』1992

강물을 지키는 어머니

염낭거미의 어미는 갈대 줄기에 바구니 같은 집을 지어 그 속에 알을 낳고 새끼를 깐 뒤 자신의 몸뚱이를 새끼들에게 몽땅 주어 먹게 한단다. 어머니의 사랑은 인간에게만 국한된 것이 아니라 모든 생명들의 의무이며 권리이다. 새끼들에게 젖을 다 빨리고 뼈만 앙상하게 남은 어미 개도 그렇고, 둥우리에서 한 달 가까이 알을 품는 새들은 새끼를 위해 하루 종일 먹이를 물어 나른다. 팔려 간 송아지 때문에 눈물 흘리는 어미 소가 그렇고, 새끼를 보호하기 위해 날개 밑에 숨겨 놓고 자신은 불에 타 죽는 까투리도 있단다.

5월에는 어린이날이 있고 어버이날이 있고 부처님 오신 날이 있다. 게다가 봄이 무르익고 꽃 피고 새 울고 참으로 축복받은 달이다. 어머니의 사랑만큼 따뜻하고 자비로운 석가모니 부처님은 우리 한국의 봄을 더욱 사랑하신 모양이다. 사월 초파일엔 절간마다 연꽃 초롱불이 켜지고, 많은 물고기들이 방생될 것이다.

올해에는 물고기뿐만 아니라 우리들의 가슴이 열리고, 억울하게 갇혀 있는 죄수 아닌 죄수들도 풀려나고, 막혀 있는 휴전선도 틔어졌으면 하는 마음이다. 우리 인간들의 힘이 모자라면 부처님의 자비로 모든 것이 부서지고 열려지기를 빌어야겠다.

하지만 올해도 그전처럼 답답한 5월이 그냥 훌쩍 지나가 버리고 말겠지. 어린이날이 있어 봤자 가난한 아이들은 텔레비전에 나오는 행복한 아이들의 모습을 구경만 할 테고, 어버이날에도 역시 농촌 어머니들과 공장의 어머니들은 겨우 자식들이 달아 주는 플라스틱 꽃을 달고 일터로 갈 테고.

지난달 우리는 세쌍둥이를 방 안에 가둔 채 천막집 터를 보러 간 어느 어머니의 슬픈 소식을 들었다. 고생고생 키워 온 쌍둥이 아이 셋이 한꺼번에 불에 타서 죽었다니 왜 이리도 세상은 불공평한 것일까? 어느 대학 여자 교수는 아파트가 열 몇 채나 된다는데, 산부인과의 어느 여의사도 투기사업으로 집이 몇 채라는데, 아름다운 서울, 살기 좋은 우리나라, 국민소득 5천 달러가 넘는다는데, 어째서 집 없는 불쌍한 사람들이 그리도 많은가? 지난해 있었던 오누이 질식사 때도 그랬지만 이번 세쌍둥이를 잃어버린 어머니 가슴에 누가 꽃을 달아 줄까? 그분들은 이 아름다운 5월에도 한겨울 얼음처럼 시린 가슴으로 모진 목숨을 부지해 가고 있을 것이다.

어린이날은 왜 있어야 하고 어버이날은 무엇 때문에 있는 것일까?

원래 카네이션꽃은 미국의 어느 주일학교 여학생이 돌아가신 어머니를 기리기 위해 어머니가 안 계시는 이들에게 하얀 카네이션꽃을 달아 준 데서 시작되었다고 한다. 그러니까 카네이션꽃은 어머니 없는 고아들을 위해 나눠 준 것인데, 우리에게는 반대로 살아 계신 어머니만 위하는 꽃이 되어 버렸다.

이 세상엔 기쁜 일이 있으면 슬픈 일이 있기 마련이다. 흔히 하는 말로 기쁜 일을 함께 나누면 기쁨이 갑절로 불어나고 슬픈 일을 함께 나누면 슬픔이 반으로 줄어든다고 했다. 그러나 기쁜 일에만 관심을 둔다면 슬픔을 당한 이웃의 고통은 갑절이나 더 늘어난다는 것도 알아야 한다.

어린이날 부모님과 함께 놀이터로 극장으로 구경 다닐 때, 그늘에서 구경만 하는 아이들의 고통을 헤아리는 어머니가 되고, 자식이 달아 주는 카네이션꽃이 자랑스럽게 여겨지거든 슬픔을 당한 이웃의 어머니도 함께 생각해야 할 것이다.

산업사회로 들어서면서 우리 어머니들은 지나치게 자기 자식만 사랑하는 이기적인 어머니로 바뀌었다. 자식을 위하는 것도 정도가 있어야 한다. 내 자식만을 위해 남의 자식은 짓밟아도 된다는 욕심을 가져서는 안 된다.

맹모삼천지교도 꼭 옳은 것만은 아니다. 농촌에서 교육이 신통치 않다고 도회지로 보내는 것도, 8학군의 어느 부자 동네로 불법 이주하는 것도 모두 정당화될 수는 없다. 학교 공부만이 꼭 절대적인 것도 아니다.

참으로 이 시대의 어머니들은 어머니의 자리를 지키기가 힘들

것이다. 옛날 가난했던 시절에는 열 자식을 낳고도 그 자식 키우고 온갖 일을 하면서 떳떳했는데 지금은 하나 아니면 둘만 키우다 보니 이렇게 옹졸하고 왜소해진 것일까? 비좁은 도시에서 서로가 벽을 쌓고 이웃을 모르다 보니 보는 눈도 좁고 가까운 것밖에 못 봐서 그런 것일까? 텔레비전에서 외국의 화려한 풍광을 바라보면서 허영심만 키우고 우리들의 소중한 유산들이 하찮게 보여서 그리된 것일까?

한국의 어머니들은 한국 여성다운 모습을 지켜야 한다. 외모로 봐서도 우리 어머니들은 참으로 아름답다. 쌍꺼풀이 없고 둥근 얼굴에 낮은 코는 어느 서구 여인들에 비길 데 없이 따뜻한 어머니의 얼굴이다. 강한 의지가 담긴 짧은 목과 판판한 어깨는 우리들 어머니만이 지니고 있는 자랑스러운 모습이다.

한국의 어머니들은 할 일이 너무도 많다. 잘못되어 가는 사회 현실과 분단된 나라의 역사적 과제도 어머니들이 감당해야 한다. 우리는 땅을 어머니에 비유한다. 땅에는 온갖 것이 다 모여 살아가고 있다. 땅이 제 마음에 드는 어느 한 가지 생물만 키운다면 대지는 어머니의 품이 될 수 없을 것이다. 건강한 어머니의 품 속에서 자란 아이들은 그 어머니처럼 건강하다. 그런데 요즘 우리의 땅이 병들어 가고 있다. 강물이 죽어 가고 흙이 죽어 가고 공기가 죽어 가고 있다. 땅을 살리는 일도 어머니들이 감당해야 한다.

지난번 대구 지방의 수돗물 오염도 어머니들이 방심했기 때문에 발생했다. 수도꼭지에서 흘러나오는 물만 보아 왔지 썩어서 더러워진 강물은 왜 보지 못했던가? 수도꼭지에서 나오는 물은 하늘나라에서 요술처럼 나오는 것으로 착각하면서 살았기 때문이다. 오염된 수돗물은 지독하게 냄새나는 강물이 흘러서 부엌까지 온 물임을 우리가 잊어서는 안 된다.

  거리마다 퇴폐 업소와 향락 산업이 널려 있는데 내 자식만 깨끗하고 온전해지길 바라는 것은 어리석은 생각이다. 비틀린 역사와 부도덕한 사회에서 일류 대학교라고 하여도 참다운 인간 교육이 가능하다고 볼 수는 없을 것이다. 강물이 다 썩었는데 어느 산속의 생수를 비싼 돈으로 사 먹는다고 건강할 수는 없다.

  어머니의 사랑은 대지와 같은 건강한 바탕에서 이루어져야 한다. 서로 나눌 수 있는 어머니의 사랑은 내 자식만을 위하는 옹졸한 이기적 사랑에서 벗어나 더 큰 사랑이 되게 할 수 있을 것이다. 내 자식 남의 자식 가리지 않고 온몸으로 불의와 맞서서 버티는 어머니만이 바로 한국의 어머니며 인류의 어머니로 인정받게 될 것이다.

  수도꼭지만 지키지 말고 더 큰 강물을 지키는 어머니가 되자.

_『어머니』 1991

고아 소녀 명자의 열 시간

명자는 충청도가 고향이었다. 열세 살 때 폭격으로 온 가족을 모두 잃고 혼자 살아남았다. 고아원을 거쳐 남의 집 식모로 여기저기 옮겨 다녔다. 내가 명자를 만난 것은 열여덟 살 때였다. 1950년대 6·25전쟁으로 사람들은 하나같이 육신은 지치고 감정은 거칠어 있었다. 모두가 도둑이 아니면 거지가 되어 신경을 곤두세우며 사느냐 죽느냐 하는 절박한 삶을 살았다.

그때 명자는 2년 동안 식모로 살던 어느 여자 선생님 댁을 나와 메리야스 보따리 장사를 하는 아주머니 집에 갔다. 얼마 안 되지만 월급을 받을 수 있었기 때문이다. 요즘의 식모는 가정부로 일하고 봉급도 받지만 그때의 식모는 겨우 먹고 잠자는 것으로 그만이었다. 명자는 돈이 생기면 야학에 나가서 공부도 하고 치마도 새것으로 사 입고 싶었다. 그래서 보따리를 이고 다니는 힘든 일도 마다 않고 메리야스 장수한테 간 것이다. 부산에서 대구로 가서 도매로 물건을 사 밤 기차로 돌아오는데, 주인 아주머니가 기차에서 내리고 보니 명자가 없었다. 종점 역이니까 아무도 남아 있지 않고 다 내렸는데도 명자는 끝내 보이지 않았다. 집으로 돌아간 아주머니는 통곡을 했다. 전쟁고아인 명자를 믿고 물건 보따리를 맡긴 것을 후회했다. "그년, 도둑년!" 하면서 욕을 하고 파출소에 신고도 하고 명자를 아는 사람들을 찾아다니며 붙잡아 줄 것을 부탁해 놓았다.

아주머니네 집은 온통 초상집같이 모두가 끼니조차 굶고 탈진한 상태였다. 그것도 그럴 것이 명자가 가지고 있던 보따리 물건은 장사 밑천의 반이 넘기 때문이다.

식구들의 생명 줄 반 이상을 잃어버렸으니 그 당시의 상황으로는 충분히 그럴 수 있었다. 이웃 사람들까지 덩달아 아주머니네를 동정하는 척하며 고아 계집아이 명자를 도둑으로 낙인찍고 욕을 해 대었다. 그런데 그 명자가 열 시간 뒤 저녁 기차로 돌아온 것이다. 물론 어제 맡겼던 메리야스 물건을 고스란히 이고 피곤한 모습으로 집 안으로 들어오자, 아주머니는 죽었던 어머니가 살아 돌아온 것만큼 반가웠다.

"애야, 어쩐 일이냐? 왜 어제 밤차를 안 탔니?"

"아주머니와 같이 타려고 아무리 기다려도 보이지 않아 서 있는데, 기차가 그냥 떠나 버려 타지 못했어요."

명자가 기차를 타지 않았던 이유는 간단했다. 그러나 명자는 열 시간 동안 도둑으로 누명을 썼던 것을 뒤늦게 알고는, "아주머니,

설마하니 제가 이 보따리를 가지고 어딜 도망치겠어요. 저는 아주머니를 도우러 온 거예요." 하면서 자기를 믿어 주지 않은 아주머니를 나무라는 것이었다. 아주머니는 열 번 백 번 사죄를 했고, 입방아를 찧던 이웃 사람들도 얼굴을 들지 못했다.

"마음이 가난한 사람은 행복하다." 우리는 언제 이렇게 가난한 마음으로 서로를 믿고 살 수 있을까? 전쟁고아든 식모든 술집 아가씨든 교도소 안의 죄수든 모두가 조금씩 다른 모습의 사람들끼리 왜 믿어 주지 않는 것일까?

남쪽은 북쪽을 믿지 못하고 북쪽은 남쪽을 믿지 못하고, 서로가 도둑이라고 욕을 하다가 시간이 흐른 뒤 어느 날, 그것이 일방적인 오해였음을 알았을 때, 우리는 씻지 못할 상처만 남길 뿐이다. 이웃집 개도 사람을 두세 번 보면 그다음엔 꼬리를 치며 반긴다.

건강한 의사가 언젠가 중병 환자가 될 수도 있고, 어느 결핵 환자가 이다음에 훌륭한 의사가 될 수도 있는 것이 인생이다. 간음한 여인에게 돌을 던질 수 있는 사람은 아무도 없다. 그 어떤 직분이 곧 그 사람의 인격까지 대신할 수 있는 것도 아니다.

진리만이 우리를 자유롭게 하며 그 자유는 사람을 믿는 데서부터 시작된다. 보잘것없는 작은 소자도 어디까지나 인간이다.

_『밀알』1990

3부

자연 생태계에서는 공생(共生)이라는 규범이 있다. 공생의 균형이 깨어지면 너도나도 모두 파멸에 이른다. 나만 앞서고 나만 많이 가지고 나만 편히 살려는 국가, 집단 혹은 그런 개인이 원래의 공생 규범으로 돌아가지 않으면 세상은 망할 수밖에 없다.

안동 톳제비

 안동 톳제비는 익살맞은 장난꾸러기여서 두려운 대상이 아니라 놀이 친구처럼 정이 간다. 일본의 도깨비는 그 모양부터 사납고 흉하며 인간들에게 약탈과 살인까지 범하는 악귀인 데 비해 우리의 톳제비는 너무도 착하다.
 술 취한 남자가 밤새도록 톳제비와 씨름을 하다 날이 샌 뒤에 보니 버려진 디딜방아나 헌 빗자루였다는 것이다. 사람들은 오랜 세월 서로 몸을 비비며 사용해 온 빗자루나 디딜방아 같은 연장을 불에 태워 없애지 않는다. 그것들은 비록 나무토막이나 수수 대궁이긴 하지만 사람들을 위해 오랜 세월 수고해 준 것이니 함부로 다루지 못하는 영물이 되어 버린 것이다.
 사람이 죽으면 신(神)이 되듯이, 사람을 위해 수고해 준 연장도 그 수명이 다하면 약간의 차이는 두지만 역시 신으로 인정해 준 우리네 조상들의 마음씨가 너무도 고맙다. 그래서 톳제비는 죽은 뒤엔 더욱 자유로운 몸으로 우리의 이웃에서 함께 살아가고 있다.

다른 지방의 도깨비는 어떤지 자세히 모르지만 안동 톳제비는 모두 무일푼의 가난뱅이다. 부자방망이도 없고 알라딘의 등잔 같은 초능력도 없다. 기껏해야 술 취한 남정네를 끌고 다니며 가시밭에서는 "여긴 물이니까 바지 벗으라." 하고 물에서는 "여긴 가시밭이니 바지 입으라." 하면서 골탕을 먹인다. 그러나 절대 죽이거나 먼 곳에까지 데리고 가지는 않는다.

간혹 짓궂은 톳제비는 심술쟁이 놀부 같은 인간을 잡아다 자지를 열댓 발이나 늘여 가지고 강물에 다리를 놓는다지만 그런 다리가 어디 있는지 아무도 본 사람이 없다. 어쩌다가 어느 산막 뒤에 쌓아 둔 나뭇가리나 보리밭 한 녘이 톳제비들 때문에 어질러졌다는 말은 있지만, 절대 사람들에게 피해를 주는 일은 하지 않는다.

비가 내리는 어두운 밤이면 시퍼런 불덩어리가 벌벌 날아다닌다지만 그 정도 가지고는 사람들이 겁을 내지 않는다. 그래서 톳제비는 가난하고 어진 사람들의 이웃이 될 수 있었던 것이다.

기독교의 하느님이나 불교의 부처님은 너무도 높고 까다로워서 수많은 계율이 붙어 다니지만 톳제비는 제멋대로다. 너무 볼품없으니 힘으로나 권위로도 다스릴 수 없어서 그런지 인간들보다 좀 더 낮은 위치에서 서로를 구속하지 않는다.

위대한 과학이나 위대한 종교는 인간을 오히려 비인간으로 만들고 있지만 톳제비는 인간의 순수를 파괴하지 않고 보호해 주고 있다. 그것들은 복을 내리지도 못하지만 악으로 다스릴 줄은 더구나 모른다.

과학문명이 밀려들면서 톳제비는 사람들에게 점점 잊혀져 가고 있다. 애당초 인간의 양심 회복을 위해 등장했던 종교조차 인간의 자유의지를 막아 버리고 세력 집단으로 둔갑해 버렸다. 세력 확산을 성취하려면 온갖 방법이 뒤따라야 한다. 병을 고쳐 주고 돈을 벌게 하고 자손을 번성시키고 오래 살며, 마지막엔 죽어서도 영원한 복락(福樂)을 누린다는 조건을 제시하게 된다. 그것을 위한 대가는 일일이 다 말할 수 없다.

어쨌든 종교의 진정한 목적은 인간과 인간끼리 서로 섬기며 평화를 이루어 나가는 것인데, 현재의 종교는 그것을 못 하고 있다.

톳제비를 잃어버리게 된 슬픔은 그래서 더욱 안타까운 것이다.

_『안동』1989

우리 아이들은 어떤 책을 읽을까

데아미치스의 『쿠오레』는 어린이들의 정신적 보배로 가득 차 있다. 가난과 전쟁 속에서도 절대 절망하지 않는 어린이, 동무들과의 우정, 웃어른들에 대한 믿음과 조국에 대한 뜨거운 사랑으로 넘쳐 있다.

야스모토 스에코의 일기집 『작은오빠』*와 이윤복의 『저 하늘에도 슬픔이』, 안네 프랑크의 『안네의 일기』, 모두가 구슬처럼 아름답고 눈물겨운 이야기들이다.

밥은 세끼 먹고 나면 다시 배가 고파지지만 책은 한 번 읽으면 영원히 가슴에 남는다. 만약 이 세상에 책이 없다면 사람들은 가장

---

* 2005년 도서출판 산하에서 『니안짱』이라는 제목으로 출간되었다. '니안짱'은 '작은오빠'라는 뜻의 일본어이다.—편집자

고약한 짐승이 되었을 것이다. 총칼이나 대포로 무자비하게 전쟁을 하면서 약탈만 일삼아 온 악마가 바로 인간들의 역사이기 때문이다.

생존경쟁이라는 말대로 살아 있는 목숨은 그 나름대로 크고 작은 싸움을 끊이지 않게 하고 있다. 평화롭다는 것은 냉정하게 말해서 인간들이 무의식 속에 그런 것처럼 착각하는 상태를 말하는 것이지 엄격히 말해서 평화란 없다.

사람은 이런 순간적인 착각 때문에 어리석게 웃는다. 그 웃음은 당연히 더 큰 슬픔을 낳고, 그래서 울고 웃는 인생이라고 하지 않는가.

인간의 운명이란 모를 일입니다. 부자는 부자대로 평생을 살고, 불행한 사람은 불행한 대로 평생을 보냅니다. 그 불행한 사람 중에도 따돌림받으며 미움받으며 구걸해서 살아가는 거지요.

일곱 시 반쯤 목욕탕에 갔더니 세 사람의 모녀 거지가 와 있었습니다. 셋 모두 살갗이 검고 머리칼이 어깨까지 길고 엉클어지고 파삭파삭했습니다.

내가 갔을 땐 탕에서 올라와 옷을 입는 중이었습니다. 세 사람 옷 모두 남자들이 입는 옷인 데다가 갈기갈기 찢긴 것을 깁지도 빨지도 않아 냄새나는 옷이었습니다. 어머니는 다만 붉은 속치마에 기름때가 묻은 국방색 외투를 입었을 뿐이었습니다.

목욕탕에 들어오는 사람들은 이 거지들을 보자 금방 눈살을 찌푸렸습니다. 모두모두 차가운 눈초리로 흘겨보았습니다. 그중

에는

"어머나, 이건 이건 훌륭한 손님이구려." 하면서 커다란 소리로 비웃는 이도 있었습니다.

하지만 세 사람은 사람들이 무슨 말을 해도 입을 다문 채 옷을 입고 있었습니다.

그때, 한 아주머니가 탕에서 올라와 "야, 이런 데서 부끄럽지 않냐? 밖에 나가 있어." 하면서 내쫓듯이 세 사람을 재촉했습니다. 그러자 중학교 3학년쯤 되어 보이는 언니가

"우린 이가 없어요." 하고 말했습니다. 그건 이를 옮길까 봐 나가라고 한 줄 알았기 때문이지요.

"누가 이가 있다고 했나. 잔소리 말고 다시는 오지 말어. 이 바보야." 하고 아주머니는 화를 내며 눈을 흘기며 밉살스럽게 말했습니다.

그러자 언니는 말이 막혀 입을 다물었습니다만, 이번엔 어머니를 향해

"엄마, 빨리 입어요." 하고 무뚝뚝하게 말했습니다. 어머니는

"그래." 하고는 어쩔 수 없이 조금 서둘렀습니다. 옷을 입자 세 사람은 말없이 나갔습니다. 어머니는 조금 비틀거렸습니다.

나는 내가 가난뱅이여서인지 이런 사람들을 보면 가슴이 찢기듯이 아픕니다. 모양이나 차림새가 더러울 뿐인데, 모르는 사람으로부터 따돌림받고 미움받는 것입니다. 같은 인생이면서 사람들에게 미움받고 업신여김받으며 살면 얼마나 괴롭겠습니까.

거지가 되었을 정도니까 지금까지 얼마나 많은 고통과 슬픔이

있었을까요. 죽는 편이 낫겠다 하고 생각하지는 않았을까요. 분명히 몇 번이고 몇 번이고 있었겠지요. 그러면서도 살아온 것입니다.

나는 세 사람이 사라진 뒤를 쓸쓸한 마음으로 조용히 바라보았습니다.

오늘 밤은 어디서 잠을 잘까요. 먹을 것은 있을까요.

내일은 내일대로 또다시 어디선가 사람들에게 미움받으며 쌀쌀하게 따돌림당할 거라고 생각하니 가엾기 그지없습니다.

-1954년 4월 23일 금요일

이상의 글은 일본에 사는 열 살짜리 재일교포 소녀 야스모토 스에코가 쓴 어느 날의 일기이다. 성경책의 어떤 구절보다 더 감동을 주는 글이다.

이 일기 한 토막이 우리가 왜 책을 읽어야 하는가에 대해 어떤 구구한 설명보다 훨씬 쉽게 설명해 준다 싶어서 옮겨 적었다. 과학은 인간을 더 차갑게 만들지만 문학은 인간을 따뜻하게 만든다.

어린이들이 즐겁게 뛰어노는 모습을 보면 굳이 책을 읽으라고 권할 마음이 없어진다. 그 이상 즐거운 행복이 어디 또 있다고 그런 행복의 순간을 뺏고 싶지 않아서다.

하지만 어린이는 영원히 어린이가 될 수 없으니 어쩔 수 없이 세상을 바로 알도록 가르쳐야 한다. 그래서 책을 읽히는 것이다.

어찌 보면 책을 읽는 것은 잃어버리기 쉬운 동심을 더 오래 간직할 수 있는 방법이 되기 때문이다. 정의롭고 씩씩하면서도 따뜻한 눈물을 흘릴 줄 아는 인간이면 영원히 어린이로 살 수 있을지 모른다.

무지한 임금님은 자신의 배가 부르면 백성들의 배도 부른 것으로 안다. 독서는 남을 이해하는 데 최적의 방법이다.

알렉스 헤일리의 『뿌리』를 읽고 나면 흑인들의 고통을 아주 가까이서 느낄 수 있다. 투르게네프의 단편 「산해골」*을 읽은 환자들이면 육체의 고통이 훨씬 가벼워질 것이다.

보통 부모들은 아이들에게 위인전기를 많이 읽히려 하는데 나는 어린이가 읽을 정직한 위인전기는 거의 없다고 본다. 그보다도 국민학교 상급생 이상이면 톨스토이나 루소 같은 이들의 『고백록』을 읽히는 편이 좋을 것이다. 인생에서 무엇이 되는 것보다 어떻게 사는가가 더 중요하기 때문이다.

영국의 극작가인 버나드 쇼에게 덴마크의 한 소녀가 편지를 보냈다. 어떻게 하면 훌륭한 동화 작가가 될 수 있겠는지 가르쳐 달라고 했다. 쇼는 답장에 이렇게 썼다.

"첫째로 아름다운 마음씨를 가질 것, 둘째도 아름다운 마음씨를 가질 것, 셋째 역시 아름다운 마음씨를 가질 것."

소녀는 그 말을 깊이 새겨 두고 아름답게 자라 훗날 훌륭한 동화 작가가 되었다.

진달래는 진달래로서 아름답게 꽃 피기를 바라지 그 어떤 꽃이 되는 것을 바라지 않는다. 개나리도, 민들레도, 제비꽃도 각자의 꽃

---

* 이 작품은 「산송장」 「살아 있는 유해(遺骸)」 등으로 번역되기도 한다.—편집자

으로 아름답다.

　새들도 마찬가지다. 꾀꼬리는 꾀꼬리대로 뻐꾸기는 뻐꾸기대로 아름답게 운다.

　다시 말하지만 책을 읽는 것은 좀 더 사람다워지기 위해서다. 대통령이 되기 전에 먼저 사람다워져야 하고, 과학자도 예술가도 인간이 먼저다. 훌륭한 대통령은 훌륭한 인간일 때만이 가능하다.

　이와 같이 훌륭한 인간들로 구성된 백성들이라면 어떤 독재자도 발붙일 수 없다. 우리나라가 독재 치하에서 벗어나지 못한 것도 국민들 스스로가 정의로운 인간이 되지 못했기 때문이다. 각자가 자신의 출세욕에 눈이 멀었는데 어떻게 나라를 걱정하겠는가.

　아이들이 시험공부에 시달리다 못해 자살까지 하게 된 것도 교육 시책에 앞서 학부모들의 책임이 클 것이다. 진정 자신들이 인간 교육을 바란다면 아무리 강력한 문교 정책에도 반대하고 나섰을 것이다.

　시험 점수 1등을 하고도 배부른 돼지밖에 되지 못하는 공부를 목숨 걸고 하는 것은 모두가 미쳤기 때문이다.

　어린이들의 책 읽기도 인간을 이탈하는 쪽으로 하게 한다면 오히려 하지 않는 것이 낫다. 남의 꼬리가 되지 말고 머리가 되게 해달라고 비는 어느 기독교인들의 이기적인 기도가 바른 기도가 아니듯이, 인간 위에 군림하기 위한 독서도 진정한 독서가 아니다.

　어린이책은 반드시 학부모나 선생님 들이 골라 읽혀야 한다.『쿠오레』에 나오는 페르보니 선생님과 쓰보이 사카에의『스물네 개의 눈동자』에 나오는 오이시 선생님은 학과 공부보다 인간 교육에 훨씬 힘을 쏟는다. 선생님은 학생들과 마주 서서 가르치고 부모님은 보살핀다.

어린이들은 옛날이야기를 좋아한다. 국내 동화보다 외국의 명작들을 더 재미있게 읽는다고 걱정할 것도 없다. 다만 외국 작품에 나오는 화려한 주인공들의 꿈 같은 행복에 비해 자기가 처한 현실은 그렇지 못해 스스로를 비하시켜 열등감을 갖게 될 우려가 있다는 것이다. 요새 한국 여자들이 쌍까풀을 만들고 코를 높이는 성형수술을 받는 것도 서구적인 외모에 대한 그릇된 판단 때문이다. 인간다워지는 것은 절대 외모에 있지 않다는 것을 일찍부터 가르쳐야 한다.

안데르센의 「미운 오리 새끼」에서 비판해야 할 것은, 사람은 태어날 때부터 아래위가 정해진 것이 아니라는 점이다. 오리 중에 조금 보기 흉하고 보기 좋은 차이는 있을지라도 처음부터 백조가 될 수 있는 오리는 없다. 다시 말해 미운 오리 새끼는 처음부터 백조 새끼였기에 백조로 자란 것뿐이다.

안데르센의 「인어 아가씨」에서도 상류사회에 대한 동경심이 강하게 나타나지만 결국 인어가 인간의 다리를 가지려는 대가로 더 귀한 것을 잃게 된다는 좌절을 맛본다. 안데르센 동화에서 가장 으뜸가는 작품은 역시 「벌거벗은 임금님」이 아닌가 싶다. 인간의 끝없는 허영심과 권력에 아부하는 역겨운 어른들에 대해 단순하고 소박한 이야기로 잘 묘사해 놓았다.

톨스토이의 「바보 이반의 이야기」 「양초」 「사람은 무엇으로 사는가」 「사람에게는 얼마만큼의 땅이 필요한가」 「하느님만이 진실을 아신다」 등 주옥 같은 작품들이 아주 많다.

프랑스의 페로 동화나 영국의 오스카 와일드의 동화도 괜찮다. 그림 형제의 「헨젤과 그레텔」을 한국의 「달순이 별순이」 혹은 「장화 홍련」과 비교해서 읽혀도 좋다고 본다.

한국의 작가들이 쓴 작품으로는 먼저 아이들의 글을 모아 놓은 『일하는 아이들』과 『우리도 크면 농부가 되겠지』(이오덕 엮음)가 있다. 여태까지 어른들은 그 누구도 감히 상상조차 못 했던 현실 생활을 정직하게 써 놓은 글들이다.

아버지가 밭갈이를 하신다.
아버지 목소리는 쇠간이 떨린다.
소는 무서워 어쩔 줄을 모른다.
아버지는 고삐로 이라 탁 때린다.
소는 놀라서 뛰어간다.
소가 뛰는 바람에 아버지 머리에 신경이 왁 올랐다.
아버지는 소를 몰고 나와 막 때린다.
소는 들로 뛰어다닌다.
아버지는 소 뒤를 따라가다가 소 고삐를 밟는다.
소는 확 돌아서 눈물을 흘린다.

문경 김룡국민학교 5학년 송원호가 쓴 '소'라는 제목의 시이다. 『일하는 아이들』에는 농촌 아이들의 이런 글이 277편이나 실려 있다.

다음 우리 아동문학 작품으로 마해송, 이주홍, 이원수 선생님들이 쓴 동화와 소년소설은 꼭 읽도록 해야 한다. 일제 치하에서부터 해방과 6·25전쟁을 거치면서 쓰인 동화나 소년소설에서 어렵게 살아가는 어린이들의 모습을 간접적으로나마 체험할 수 있기 때문이다.

김녹촌과 이오덕의 동시와 소년시들도 좋다. 이오덕의 건강하고 따뜻한 시편들은 데아미치스의 『쿠오레』만큼 어린이들을 감동시킬 것이다.

그리고 어린이들한테도 윤동주와 김소월의 시, 김유정과 최서해의 단편들을 읽게 할 수 있다고 본다. 우리 어린이들이 다른 면에서는 무척 조숙한데 깊이 있는 사고력은 옛날보다 너무 떨어져 있다.

시중 서점에는 어린이책이 옛날에 비해 다양하게 전시 판매되고 있다. 아이들이 서점에서 얼마든지 읽고 싶은 책을 골라 살 수 있어 다행이다. 다만 그 많은 책 중에 과연 어린이들의 정신 건강을 해치지 않고 바르고 따뜻하게 키워 줄 책이 얼마나 되는지가 문제이다.

수십 권씩이나 되는 전집보다 한 권 한 권 단행본으로 사서 읽히는 편이 훨씬 바람직하다. 많이 팔리는 책이라고 다 좋은 책이 아니라는 것을 알고 고전으로 꼽히는 좋은 책을 정성껏 차곡차곡 읽도록 하기 바란다.

어린 시절 좋은 책 한 권은 평생을 살아가는 데 큰 힘이 된다는 것을 거듭 말하고 싶다.

_『종로서적』1989

꿈만 같은 일

　오늘 낮에 누워서 라디오 뉴스를 듣다가 정말 가슴을 울렁거리게 하는 소식을 들었습니다. 서울의 어느 대학생들이 대자보를 통해 남북 학생 체육대회를 제안했다는 말과 올림픽 남북 공동개최를 주장한 한 학생의 소식이었습니다. 그러나 이런 말을 하거나 대자보를 붙인 학생은 모두 국가보안법 위반으로 체포령이 내려졌다는 것입니다.
　비록 짤막한 뉴스를 듣고 모든 사태를 자세히 파악하기는 어렵지만 그래도 한참 동안 생각을 했고, 생각 끝에 이런 글을 쓰기로 했습니다.
　'남북 학생 체육대회' '남북 올림픽 공동개최.' 이건 정말 꿈만 같은 일로 생각했습니다. 그런데 이 꿈만 같은 일을 젊은 대학생들이 앞장서 제안을 했다니 너무도 반갑고 고마운 일이었습니다.

여태까지 나는 우리 어린이나 학생 들이 북한에 대해 모두 빨간 사람들만 사는 '공산괴뢰 집단'으로 배워 왔기에, 무조건 북한을 미워만 하는 줄 알았더니 그게 아니었기 때문입니다.

어느 나라나 그 나라의 통치배들 몇 사람이 나쁘다고 해서 백성 전체가 다 나쁜 것은 아니지 않습니까? 무솔리니의 이탈리아나 히틀러의 독일이 나빴다고 그 나라의 땅까지 나빴던 것은 아니며, 더욱이 백성 전체가 다 나빴던 것은 아니었습니다. 나라(국가)라는 것은 어느 한 땅덩어리만으로는 이루어질 수 없으며, 몇 사람의 집권 정치인으로 된 정부 자체가 나라가 되는 것도 아닙니다. 국가란 백성들이 함께 모여 살아가는 땅덩어리와 함께 모든 것이 갖추어져야만 당당한 국가로 인정을 받는 것입니다.

일제 36년 동안 국가권력 기구인 정부가 나라 안에 있지 못하고 남의 나라의 자리를 빌려 임시정부를 세웠지만, 그것은 어디까지나 임시정부였지 임시국가라고는 하지 않았습니다. 국토와 백성이 있는 곳이 국가입니다.

지금 우리는 나라가 쪼개어져 반쪽은 '대한민국'이라 하고 반쪽은 '조선'이라 부르고 있습니다. 대한민국 쪽에서는 갈라진 두 나라를 '남한' '북한'으로 일컫고, 조선 쪽에서는 '북조선' '남조선'으로 일컫습니다. 그러나 이런 호칭 같은 것은 아무것도 아닙니다. 나라의 이름은 어디까지나 형식이니까요. 중요한 것은 거듭 말해도 역시 나라의 백성입니다.

백성들은 이 삼천리 강토를 갈라놓고 사는 것을 절대 원치 않습니다. 그 나라의 이름이 대한민국이든 조선이든 고려든 또 다른 이름을 갖다 붙여도 역시 우리는 같은 나라 같은 백성인 것입니다. 김씨 성을 이씨로 바꾸거나 권씨 성을 박씨로 바꾼다고 해서 사람까지 달라지는 것은 아닙니다.

　형제를 따로따로 떼어 하나는 북극에 데려다 놓고 하나는 남극에다 갖다 놓는다고 해서 형제가 남이 되는 것은 아니지 않습니까? 아무리 남북이 갈라져서 한쪽은 사회주의, 한쪽은 자본주의를 해도 본시 백성만은 한 백성인 것입니다. 형이 떠돌이 우산 장사를 하고 동생은 짚신 장사를 한다고 해서 남이 되는 것도 아니며, 형이 기독교인이고 동생은 불교인이라 해서 남남이 되는 것도 아닙니다. 생각이 다르고 이름이 다르다고 한핏줄끼리 원수가 되라고 강요한다면 그것이야말로 반국가적이며 반인간적입니다.

　대학생들이 남북 학생 체육대회를 하자고 한 것은 그들이야말로 자신의 핏줄을 잊지 않았기 때문입니다. 이것이 어찌해서 국가보안법에 위반되는지 모르겠습니다. 남북의 같은 백성끼리 올림픽 개최를 같이하자는 것은 백 번 천 번 말해도 마땅한 말입니다. 그것이야말로 완전한 국가 행사이며 국가가 흥하는 일일 것입니다.

　올림픽이 전 인류의 축제라면 먼저 우리나라 남북 전 민족의 축제부터 되어야 합니다. 자기 나라 반쪽만 즐기고 웃으며 반쪽은 밀어 놓는데 어떻게 인류의 축제가 된다고 말할 수 있겠습니까? 이런 축제야말로 바로 망한 나라의 축제입니다. 모르기는 하지만 세상 사람들이 비웃을 것입니다. 우리를 어리석고 야비한 민족이라 욕할 것입니다. 우리는 지난날까지 너무도 바보처럼 살아왔습니다.

그러나 앞으로는 그렇게 어리석어서는 안 될 줄 압니다.

우리는 무엇을 해도, 기쁜 일이든 슬픈 일이든 남북한 온 겨레가 함께하기를 소원합니다. 더 이상 남의 나라의 간섭이나 정치 집권자 몇 사람의 욕심에 6천만 백성이 희생되어서는 안 됩니다.

7·4남북공동성명을 발표했을 때 온 겨레는 눈물로 기뻐했습니다. 올림픽 공동개최나 남북 학생 체육대회 역시 온 나라 사람이 찬성하며 환영할 것입니다.

이 일은 꼭 이루어져야 합니다.

여태까지 언론인도, 시인도, 작가도, 종교 지도자도, 그 누구도 제안하지 못한 것을 우리 젊은 대학생들이 용기 있게 나서서 말한 것을 거듭거듭 고맙게 생각합니다. 하느님은 언제나 어리고 깨끗한 젊은이를 통해 입을 열게 하는가 봅니다.

우리는 이 일을 위해 하느님께 기도하고 모든 사람들의 마음을 모아야 할 것입니다.

1988년 4월 1일

_『민들레교회 이야기』 1988

그릇되게 가르치는 학부모들

언젠가 병원 소아 입원실에서 시어머니와 며느리가 이런 대화를 주고받는 것을 들었다.

"글쎄 말이다. 어제 또 ○○이네 교실에 찾아가 봤더니 그냥 뒷자리에 앉아 있지 않겠니. 그래서 담임 선생님께 왜 우리 아이는 맨날 뒷자리에만 앉혀 두냐고 따끔하게 일러 주고는 슬쩍 봉투 하나 주고 왔더니 오늘 당장 앞자리로 보냈더구나." 조금 상기된 목소리로 시어머니는 곁에서 남이 듣건 말건 떠들었다.

"그러게 말이에요. 제가 바빠서 통 학교에 찾아가 볼 시간이 있어야죠. 어머님께서 앞으로는 자주 가셔서 ○○이한테 신경을 써 주세요."

"걱정 말아라 내가 적어도 일주일에 한 번씩은 가서 닦달을 할 테니까."

　침대에서는 유치원에 다닐 듯싶은 나이의 여자아이가 감기로 누워서 눈을 말똥거리며 어머니와 할머니를 쳐다보고 있었다. 치맛바람이 드세다고는 하지만, 그 아이 ○○이네 담임 선생님은 어떤 분인지 한심하고 비참하다는 생각이 들었다.

　할머니가 건넨 돈봉투와 사람답지 못한 선생님으로 인해 ○○이는 과연 어떤 인간으로 자라게 될지 두려운 생각마저 들게 했다. 그 주위의 다른 ○○이의 동무들은 또 어떤 생각을 하고 어떻게 그 상황을 받아들였을지 걱정은 꼬리에 꼬리를 물고 일어났다.

　백년대계의 전인교육을 바로 눈앞의 이득으로 망치고 있는 것이다. 그것도 내 자식만이 아니라 주위의 어린이들에게까지 마음의 상처를 심어 주고 있으니 과연 교육은 어디에 있는 것일까?

　나에게 편지를 보내오는 학생들 거의가 공부에 시달리다 못해 아주 절망적이다.

　다음은 지난 2월 25일자로 나온 서울 개화국민학교 3학년 아이들 문집 속「우리 어머니 아버지께서 자주 하시는 얘기」의 짧은 글들이다.

　　밥 좀 많이 먹어라
　　일기 숙제 같은 것 많이 해라
　　몸 좀 깨끗이 닦아라 (한민우)

　　친구들과 싸우지 말아라

선생님 말씀 잘 들어라 (최영진)

밥 좀 많이 먹어라
잠을 일찍 자거라
공부 좀 해라 (신대성)

공부해라
밥 많이 먹어라
몸 씻어라 (서지훈)

공부 좀 해라
좀 깨끗이 씻어라
빨리 좀 자라 (차덕영)

공부 조금만 더 해라
양치질해라
누구는 시험 다 맞았더라 (김성한)

밥 조금 먹어
공부해라
덤벙거리지 마라 (유규민)

공부해라

일기 써라

밥 좀 먹어라 (안준기)

하루 종일 공부해라

일찍 자라

하루에 세 번 밥 먹어라 (함석태)

TV 많이 보지 마라

밥 많이 먹어라

공부해라

오래 놀지 마라 (여유리)

공부해라

공부는 못하지만 노력이라도 해야지 (김은경)

공부하는 꼴을 못 보겠다

조금만 놀아라

매일매일 머리 감아라 (심경선)

  모든 부모님들이 한결같이 공부하란 말을 하신다.
  이렇게 한국의 자식들은 국민학교에 입학하면서부터 고등학교 3학년이 끝날 때까지, 아이들 말대로 '귀에 딱지가 붙도록' 오직 공부하라는 말에 시달려야 한다.

가까이 있는 어느 고등학교 2학년 남학생은 다음과 같이 말하고 있다.

"저희 아버지께서는 제가 웃거나 얼굴빛이 좋거나 하면 아주 야단을 치십니다. 반대로 일부러라도 얼굴을 찌푸리고 혈색이 나빠지면 '저놈이 이제 열심히 공부하는구나.' 하고 인정해 주십니다."

공부 잘하는 학생은 몸집이 여위고 혈색이 나빠야 한다는 것을 당연하게 여기며, 겉으로라도 그렇게 되기를 바라는 부모의 심정을 어떻게 말해야 할까? 죽는 한이 있어도 1등을 하고 일류 대학에 가고 출세하길 바라는 부모는 진정 자식을 사랑해서일까? 누가 무엇이 이런 끔찍한 사랑의 도착(倒錯)을 조장하는 것일까?

부처는 자비를 가르치고 예수는 이웃 사랑을 가르쳤다. 이웃에 대한 자비와 사랑은 철저한 자기희생에서부터 시작된다.

크리스마스나 연말연시가 되면 대대적으로 벌이는 이웃돕기운동이 곧 이웃 사랑이라면 부처도 예수도 소용이 없다.

어느 목사가 부흥회를 인도하면서 애타게 기도를 했다. 그날이 바로 목사 아들의 대입 합격자 발표가 있는 날이었다. 그 목사는 부흥회 설교 때마다 이웃 사랑을 누누이 말하였지만 아들이 대학 입시에서 탈락되는 것만은 쉽게 받아들일 수 없었던 것이다.

아무리 선의의 경쟁이라지만 경쟁은 곧 싸움이다. 내가 붙으면 다른 하나는 떨어진다. 그래서 입시지옥이라 하지 않는가. 붙으면 천국이고 떨어지면 지옥이다. 내 자식을 천국에 보내기 위해 남의 자식을 지옥으로 떨어뜨리는 이 비정한 현실에서는 성직자도 지식인도 모두 악마가 되어야 한다.

이런 방법의 교육은 벌써 인간이 얼마나 악랄한 착취 동물인가를 보여 주는 가장 정확한 실상인 것이다. 전인교육을 위해서는 제도적 모순부터 고쳐야 한다.

배움이라는 것은 좀 더 사람답게 살기 위한 수단이지 배움으로써 짐승이 되자는 것은 아니지 않는가?

노동청년 전태일은 스물두 살의 나이로 고통 속에 살고 있는 근로자들을 대신해서 분신자살을 했다. 그는 야간 고등공민학교를 1년도 못 다닌, 배우지 못한 청년이었다. 근로기준법을 공부하기 위해 책을 샀지만 읽을 수가 없어 대학생 친구 하나 얻는 게 소원이었다. 태일이가 배우고 싶은 목적은 오직 사람다운 삶을 위한 것이었다. 그는 가까스로 배운 근로기준법으로 나이 어린 직공들을 가르치고 짐승 같은 인간들에 맞서 싸우다가 죽었다.

사람이 사람으로서 아름다워 보일 때는 사람답게 사는 것을 깨달았을 때이다. 예수님께서는 "사람이 거듭나지 아니하면 아무도 하느님의 나라를 볼 수 없다."고 했다.

사람은 각기 다른 모습을 가졌듯이 지능이나 재주도 모두가 다르다. 반에서 공부를 1등 하는 아이와 꼴찌 하는 아이의 차이는 시험 점수만으로 따졌을 때 생기는 차이다. 그러나 꼴찌를 한 아이와 1등을 한 아이의 사람다움의 차이는 시험 점수만으로는 비교할 수 없다. 왜냐면 꼴찌를 한 아이 쪽의 마음씨가 훨씬 더 착할 수 있기 때문이다.

마음씨의 차이는 그만 두고라도 시험 점수가 낮은 아이라고 해서 생각이나 지혜가 모자라는 것은 아니다. 우리 주변에는 배우지 못했어도 함께 나누고 도우며 착하게 살아가는 사람들이 얼마든지 있기 때문이다.

시험 점수로 사람 값어치를 정하는 교육이 과연 참다운 교육인지 자식 가진 부모라면 곰곰이 생각해 볼 일이다.

지금은 도로 확장을 하고 아스팔트 포장을 해 버려 흔적조차 없어졌지만, 10년 전만 해도 이곳 장거리 모퉁이에 개 무덤이 있었다. 장에서 돌아오던 주인이 술에 취해 잠이 들었는데 피우다 둔 담뱃대에서 불이 옮겨 붙어 주인이 타 죽게 될 위험에까지 이르렀을 때, 그걸 본 개가 자신의 몸에 물을 묻혀 와서 주인을 살렸지만 개는 타서 죽었다는 것이다. 그래서 그 주인은 자기 목숨을 구해 준 개 무덤을 사람 무덤과 꼭 같이 만들어 주었다는 것이다.

흔히 사람답지 못한 사람을 '개 같은 자식'이라 일컫지만 이런 말도 사람에게 과분할 지경이다.

부모가 자식 사랑하는 것은 모든 생물들의 의무이며 책임이다. 그렇다고 내 자식만 잘 먹고 편히 살기를 바란다면 사람으로서 바른 길은 아닐 것이다. 그런데도 요새 사람들은 너무도 이기적이다.

부모의 이기심을 노골적으로 드러내는 경우는 입대하는 아들에 대해 지나친 욕심을 보일 때이다. 한결같이 내 자식만은 편안한 부대에 배속되어 편히 임무를 마치고 무사히 제대하기를 바라고 있다. 그래서 하느님께 기도하고 부처님께 빈다. 더러는 막대한 돈을 써서라도 되도록 안전한 곳에 배속시키려 애를 쓴다.

개개인의 처지나 형편을 볼 땐 너무도 눈물겨운 바람이며, 그럴 수밖에 없는 것이 인지상정이다. 그러나 다시 한 번 생각해 보면 내 자식이 편한 곳에 있게 되면 남의 자식은 어렵고 힘한 곳으로 밀려나야 하는 것을 왜 헤아리지 못하는 것일까.

자연 생태계에서는 공생(共生)이라는 규범이 있다. 공생의 균형이 깨어지면 너도나도 모두 파멸에 이른다.

나만 앞서고 나만 많이 가지고 나만 편히 살려는 국가, 집단, 혹은 그런 개인이 원래의 공생 규범으로 돌아가지 않으면 세상은 망할 수밖에 없다.

우리 아이들에게 시험 점수보다 더 소중한 인간다운 지혜와 따뜻한 사랑을 가르치기 위해 부모들의 각성을 바랄 뿐이다. 따라서 인간들만이 자연에서 이탈하여 만들어 낸 사회제도나 국가정책은 잘못되었으면 하루속히 고쳐야 한다.

커다란 덩어리가 잘못 굴러가면 거기 붙어 가는 작은 먼지는 어쩔 수 없이 따라가야 한다. 만약 조그만 먼지 혼자 따로 떨어져 바른 길로 간다면 그는 외롭게 죽을 것이다. 우리는 혼자서는 할 수 없다. 그렇다고 잘못된 덩어리에 붙어서 마냥 같이 가도 역시 죽는 것은 마찬가지다. 모두 함께 힘을 모으면 잘못 굴러가는 큰 덩어리를 바른 길로 돌릴 수 있다. 하지만 한두 개의 먼지가 무슨 힘이 있겠는가.

자식들에게 공부하라고 다그치지 말고 스스로 지혜롭게 배우는 환경을 만들어야 한다. 거리도 깨끗이 하고, 살벌하고 음란하고 퇴폐적인 우리 주변을 정갈하게 다듬고, 아이들 각자의 적성대로 키워 주는 교육제도를 발 벗고 나서서 만들어야 한다.

공부 때문에 오히려 비뚤어지고 스스로 목숨을 끊는 아이들이 절대 없어야 한다.

학교에서는 선생님이 학생들을 다그치고, 집에서는 부모님이 아이들을 다그치고, 그래서 아이들은 축구공처럼 발길에 차이고 있다.

근래에 와서 교육 민주화에 많은 사람들이 관심을 가지고 애를 쓰고 있다. 앞에서 예문을 몇 개 들었지만 국민학교 선생님들의 글쓰기 교육은 학부모들에게 인간 교육의 참뜻을 깨닫게 해 주었다.

봉화 석포국민학교 3학년 문집(『정직한 나라』)에 실린 학부모들의 독후감 중에 이런 글이 있다.

> 학생들의 솔직 담백한 글을 읽고 보니 저도 학부형으로서 마음의 충격을 받았습니다. 선생님의 가정방문에 관한 김순덕 학생의 글을 보고 저의 국민학교 시절의 옛 생각이 떠올랐습니다.
>
> (선애 아버지)

_『빛』1988

평화란 고루고루 사는 세상

　시장에서 채소 장사를 하는 어느 아주머니가 말하기를 "세상이란 서로 뜯어먹고 사는 곳"이라 한다. 아주머니는 리어카로 근처 밭에서 도매로 사 온 배추나 무, 파 같은 것을 한 단씩 팔아서 살아가니까 시장 생태를 그렇게 표현할 수 있었던 것이다. 우리가 몸담고 있는 세상의 모습이 바로 이렇다는 것은 누구나 공감할 것이다.
　'서로 뜯어먹는 세상.'
　그런데 기껏 채소나 한두 단 팔고 있는 작은 잡상인들의 경우라면 서로가 적당히 뜯어먹는 정도에서 균형을 유지할 수 있지만, 그렇지 않은 경우가 있다. 한꺼번에 왕창 무더기로 뜯어먹는 장사꾼이 있을 때, 서로 뜯어먹는 평형이 깨지고 만다.
　평화란 적당히 고루고루 살아가는 모습을 일컫는 말이다.

인간은 불행한 동물이다. 아직 네 발로 기어 다니는 짐승들은 사재기 같은 것을 할 줄 모른다. 태어날 때의 모습 이상으로 꾸미는 것도 없다.

그런데 인간은 먹고사는 것 외에 더 많이 가지려고 욕심을 부린다. 본래의 모습에 만족하지 않고 꾸미고 속이고 허세를 부린다.

전쟁은 필요 이상을 차지하려는 욕심에서 생긴 것이다. 좀 더 즐기기 위해 사람을 노예로 만들고 자연을 파괴하고 있다. 그러기 위해 권력과 재력, 무력은 절대적인 수단이 된 것이다.

어느 강대국이 약소국을 침략한 뒤, 그곳 식민지 백성들이 반란을 일으킬까 봐 군대를 보내어 지키게 했다. 이른바 평화유지군이라 한다.

칼을 든 도둑이 "꼼짝 마라!" 소리치면 위협을 받는 쪽은 대부분 꼼짝할 수가 없다. 만약 이런 상황이 오래 지속되면 어찌 될까? 칼 든 쪽은 칼로 계속 위협을 하고 상대는 도리 없이 순종을 하면서 살아갈 것이다. 칼 든 도둑은 칼로 상대를 죽이는 것이 목적이 아닌 이상, 그 칼이라는 수단으로 거짓 평화를 유지하면서 한없이 빼앗아 만족을 누린다.

칼을 든 강도와 그에 복종하며 살아가는 사람과의 관계가 곧 오늘날 강대국과 약소국의 관계이다. 이런 경우에 양쪽은 다 불안해지게 마련이다. 어느 쪽이든 항시 위험을 안고 살아가야 하기 때문이다. 그래서 강도는 더 강한 무기가 필요한 것이다.

온 세계에 널려 있는 것이 전쟁 무기와 군대다. 그리스도교 역사는 2천 년이나 되는데 평화는 점점 멀어져만 간다. 그동안 교회는 무엇을 했을까? 그보다 하느님은 어디 계신 걸까?

　도대체 하느님이 가는 곳은 항상 전쟁이 뒤따르고 있었으니 평화의 하느님을 어떻게 이해해야 할까? 200년이 넘도록 수많은 인명을 앗아 간 부끄러운 십자군 전쟁, 성녀 잔 다르크까지 참전한 영국과 프랑스 사이의 백년전쟁은 얼마나 치사했던가. 루터의 종교개혁 후 신교와 구교의 길고도 긴 전쟁은 또 어떠했고, 백인들의 아프리카 흑인 사냥 때도 성서와 하느님이 함께했었다.

　결국 인간들은 하느님을 수단이나 방법으로 사용했고 하느님이 끌려다니면서 보낸 세월이 우리들의 역사이다. 이래도 교회는 할 말이 있는 걸까?

　교회에 맞서 일어난 유물 사상은 극과 극으로 치달아 가고, 그에 수반되는 폭력은 이젠 위험 수위에까지 다다랐다. 하느님은 더 이상 교회 편에 있고 싶지 않으실 게다. 어디 먼 곳으로 도망쳐 버리고 싶으실 게다.

　정말이지 우리는 회개해야 한다. 교회의 신부님, 목사님, 성서에 맹세하면서 나라를 다스리는 세계의 정치인들, 모두가 베옷을 입고 재를 뒤집어쓰고 꿇어 엎드려야 한다.

　화려하게 치솟은 교회의 건물은 하느님께 진정한 예배를 드릴 장소가 못 된다. 거기에는 인간의 사치와 낭비와 교만이 도사리고 있을 뿐이다. 말구유의 예수는 맨발의 목자들과 함께 있었고, 머리 둘 곳 없었던 예수는 문둥병자와 세리(稅吏)와 과부, 창녀와 거지들을 항상 들판이나 길거리에서 만났다. 부활한 예수도 가난한 여인과 어부 들과 바닷가에서 모였다.

비 온 뒤 죽순처럼 세워지는 교회 건물을 보면서 예수는 몸 둘 바를 모를 것이다. 화려한 옷을 입은 자는 궁전에서 떵떵 으르는 통치자들이었지 그런 것은 예수에게는 가당치도 않았다. 바리새파인 시몬의 집에서는 발 씻을 물도 주지 않았다. 예수는 그런 부자나 사제 들에게는 항시 괄시를 받았다.

오늘이라고 달라졌을까? 우리가 모시는 예수가 진짜 예수라면 평화가 이토록 힘들지는 않을 것이다.

다시는 하느님을 이용해선 안 된다.

성서는 불의와의 타협에 쓰이는 병법서(兵法書)가 아니다. 우리 모두 어떤 신분이나 지위보다 사람이 되어 하느님의 참모습을 볼 줄 알자. 그래서 가난한 세상을 만들어야만 평화가 이루어질 것이다.

_『경향잡지』1987

올봄의 농촌 통신

 민들레꽃 이름을 이 지방 사투리로 어떻게 부르는지 잘 아는 이가 없었다. 할아버지 할머니 들에게 기회만 있으면 여쭈어 봐도 '담뽀뽀'라는 일본말 이름은 알아도 우리말로는 무슨 꽃인지조차 모르는 것이었다. '남드레미' '문들레미'라고 어렴풋이 알고 있지만 좀 더 정확한 것을 알고 싶었다.
 그런데 며칠 전에 마침 노란 민들레 한 무더기가 피어 있는 언덕 저쪽으로 마을 할머니들이 나들이를 가기에 여쭈어 보았다. 할머니 네 분 중에서 겨우 한 할머니가 "그건 말똥굴레시더. 뜯어 가주 나물도 해 먹니더." 하신다.
 "말똥굴레!" 정말 반가웠다. 그래서 나는 겨우 민들레꽃의 토박이 이름을 알게 된 것이다.

사투리는 아름답다. 표준어는 매끄럽게 다듬어지기는 했지만 어딘가 거짓스럽다. 꽃다지의 이곳 사투리는 '코따데기'이고 달래의 사투리는 '달랭이'다. 이른 봄, 묵밭에서 코딱지처럼 다닥다닥 돋아나는 꽃다지를 '코따데기'라고 부르는 것은 정직하고 자연스럽다. 가는 줄기 끝에 하얀 알맹이가 달랑거리며 매달린 달래를 그대로 살아 있는 말로 '달랭이'라 이름 붙인 것도 아름답다.

'쪼바리' '벌구두데기' '나랑나물' '꼬질깨' '장깨나물' '가지북다리' '미역나물' '바디나물' '참뚝까리' '개뚝까리' 같은 봄나물 이름도 우리 산골 할머니들이 옛날부터 이름 붙여서 불러 온 말들이다. 소박한 산골 어머니들의 생활 감정이 하나하나 깃들어 있어, 그야말로 보석처럼 아름다운 시인 것이다. 이른 봄부터 싹이 나고 꽃이 피고, 가을에는 열매 맺고, 추운 겨울엔 열매를 거두어들여 따뜻한 방 안에서 옛날얘기를 하며 살아가는 농촌은 시를 만들고 시처럼 살고 있는 곳이다.

아무리 도시가 좋다고 예찬하고 떠들어 대도, 내 눈에 도시는 먹고 마시며 흥청대는 곳이지 인간에게 도움을 주는 곳은 아니다. 그런데도 우리는 모두가 도시를 선망하고 도시적인 삶에 흔히 기만당하고 있다. 그래서 농촌에도 편리한 기계문명을 끌어들여 와 도시에 종속되어 아름다운 것들을 많이 잃어 가고 있다.

요새 아이들은 봄이 와도 끝없이 펼쳐진 보리밭을 못 보고 자란다. 보리밭 가장자리에 연보랏빛과 노란색으로 피어나는 무장다리나 배추장다리 꽃도 못 본다. 깊은 산골까지 비닐 쓰레기로 오염되고 냇물이 더러워져 먹 감기도 어렵다.

도시인구가 늘어나자 그들에게 공급할 갖가지 식료품을 생산하려니 옛날 방법대로 농사를 지어서는 감당할 수 없다. 그래서 증산에 박차를 가하고 도시인들의 기호에 맞추어야 했다. 과수원이 새로 생기고 채소밭이 늘어났다. 전에 밀밭, 보리밭이었던 데가 거의 모두 가시울타리를 친 과수원으로 둔갑했다. 노래 「과수원 길」이 시적으로 느껴지는 도시인들은 과수원의 실상을 모르고 있다.

사과밭에는 4월부터 10월까지 농약을 줄잡아 스무 번은 뿌린다. 열흘이 멀다 하고 독한 농약에 시달리는 사과나무는 그것도 모자라 병까지 들어 죽어 가고 있다. 과수원 둘레에서는 봄부터 가을까지 늘 독한 농약 냄새가 풍기고, 그 가까이에서 돋아나는 풀은 염소도 소도 먹지 못한다. 벌들이 떼죽음을 당하고 나비와 잠자리와 여치도 살아남지 못한다. 농약공해는 농촌환경을 오염시키고 자연을 파괴하며 날이 갈수록 늘어나고 있다.

라디오와 텔레비전이 보급되고 나서 농촌 사람들은 한층 더 노예 같은 삶을 강요받고 있다. 앞에서 말한 지방 사투리는 텔레비전에서 흘러나오는 획일화된 기계적인 언어로 서서히 바뀌었다. 억양은 투박한데 억지로 서울말을 흉내 내는 사람들에게 비겁한 성격까지 조장하고 있다.

아이들은 '민들레'는 알고 있어도 '말똥굴레'는 아무도 모른다. 살아 있는 사투리야말로 가장 아름답고 정직한 말이다. 옛날 일본 식민지였을 때 우리는 말과 글과 쌀을 함께 빼앗겼듯이 이제 농촌의 말과 식량을 도시에 빼앗기고 있다.

농촌 사람들이 그토록 고달프게 일한 대가로 기껏 얻는 것은 도시인들의 껍데기 기계문명을 흉내 내는 것뿐이다.

물질적인 가난보다 정신적인 가난은 인간을 더욱 비참하게 만든다. 아이스크림을 먹고 청바지에 운동화를 신은 농촌 아이들을 보고 잘사는 아이들로 추켜세우는 것부터 장사꾼들의 속셈이다. 유리구슬을 가지고 아프리카에 가서 아무것도 모르는 흑인들의 다이아몬드로 바꿔 간 유럽 백인들의 처사와 무엇이 다르단 말일까? 그런 어처구니없는 속임수에 얼마나 많은 농촌 청소년들이 불행한 인생으로 빠져들었는지 모른다. 그리고 그 후유증은 줄곧 이어지고 있다.

가까이에 있는 윗마을 기수와 은주 남매도 그런 보기이다. 그들은 파괴되어 가는 농촌의 한 가정에서 비롯된 고아들이다.

두 남매의 아버지와 어머니는 저마다 10대일 때 가출을 하였다. 고달픈 노동과 가난에서 벗어나고 싶어 도시로 나간 그들에겐 더 큰 시련이 기다리고 있었다. 외로운 객지에서 그들은 서로 의지하며 사귀다 보니 겨우 사춘기를 넘긴 나이에 방을 얻어 살림을 차리게 되었다. 혼례도 치르지 않고 다른 절차도 모두 생략한 채, 그들은 공장노동자로 일하면서 싸구려 셋방에서 아기를 낳고 살았다. 마을에서는 꽤나 얌전하고 부지런했던 그들이지만 외로운 객지에서는 어쩔 수 없이 환경의 지배를 받지 않을 수 없었다.

그들의 생활은 5년 동안 말할 수 없이 고통스러웠다. 고향의 부모들은 못된 자식들로 낙인을 찍고 돌아보지도 않았다. 기수와 은주 남매의 어머니가 스물네 살의 젊은 나이로 병들어 죽어 가도록 친정집 부모는 매정하게 버려두었다.

어느 날 기수와 은주는 친가 쪽 할아버지와 할머니에게 맡겨지고 그들의 아버지는 어디론지 행방을 감추었다. 올해에 기수는 열한 살, 은주는 여덟 살이다. 그들은 아직 호적에도 오르지 못한 채 사생아로 자라고 있다. 가난한 할아버지와 할머니는 그들을 데려가서 키워 줄 수 있는 양부모를 찾았지만 허사였다. 그러다가 지난 겨울에 가까운 도시의 누군가가 심부름을 시키며 키우겠다고 은주만 데려갔다.

떡갈나무 아랫집 영아 또한 어머니가 열아홉 살의 어린 나이에 동갑내기 남자와 동거하다가 임신을 하여 낳은 아이이다. 그들도 은주의 부모와 꼭 같은 공장노동자였다. 영아 어머니는 임신한 몸으로 영아 할머니를 찾아와 아기만 낳아 놓고는 한 이레 뒤에 어디론가 가 버렸다. 영아는 지금 여섯 살이다. 외로운 할머니와 둘이 손잡고 골목길을 걸어가면서 재롱을 부리지만 할머니의 가슴은 찢어질 듯 아플 것이다.

농촌 청소년들은 기수 부모나 영아 어머니처럼 허울 좋은 근대화의 역군으로 도시로 나가서 끝내는 밑바닥 인생에서 헤어나지 못하고 몰락하기 일쑤이다. 잘사는 농촌이란 그처럼 새로운 불행을 만들었고, 앞으로도 잇달아 또 다른 불행을 가져다줄 것이다.

전깃불이 들어오고, 버스가 다니고, 전화가 가설되고, 컬러텔레비전이 안방에 들어앉았다. 그러나 그 모든 문명의 이기는 도깨비 장난같이 정신을 못 차릴 만큼 농촌 사람들의 넋을 빼앗았다. 텔레비전에서 방영되는 화려한 쇼와 스포츠 중계는 문제 청소년을 만드는 온상이 되고 있다.

라디오만 있을 땐 입으로 흉내 내던 유행가를 텔레비전이 생기자 가수들의 흐늘거리는 몸짓까지 따라 배워 야비한 행동을 하며 부르게 되었다. 거의 벌거벗다시피 한 여자 무용수들—과연 그들이 무용수인지—의 유치한 동작은 퇴폐문명의 선봉장이라 할 수밖에 없다. 그렇게 하라고 다 보여 주고 부추기면서 국민윤리, 도덕은 왜 가르치는지 알 수가 없다.

텔레비전의 잦은 스포츠 중계도 문제다. 특히 치고받고 하는 권투 시합이 꽤 심각하다. 사람끼리 치고받는 것이 스포츠라면 웬만한 폭행은 모두 스포츠로 인정해도 되지 않을까? 아직 다른 동물의 세계에서는 치고받고 싸우면서 즐기는 것들이 없다. 그들은 하등 동물이고 문명의 영역 밖에서 미개한 채로 살기 때문에 폭력을 즐길 줄 몰라서 그런지 모르지만, 어쨌거나 지상에 살고 있는 동물치고 싸움을 좋아하는 건 인간밖에 없다.

권투 시합이 있는 날은 시골 할머니들도 주먹을 부르쥐고 흥분을 한다. 외국 선수와 싸우면 주먹으로 텔레비전을 부숴 버릴 듯이 열을 올린다. 우리 할머니들은 평생을 살아오면서 인고의 사랑을 다듬어 왔다. 남에게 피해는 받았어도 남을 해치려고는 하지 않았다. 감히 주먹을 휘두르는 행위는 상상도 못했다. 그런 할머니가 텔레비전 앞에서 주먹을 그러쥐는 것은 진정 애국하는 마음에서 우러난 미덕으로 보아야 할까, 당당한 선진국 할머니의 태도로 봐야 할까?

아이들은 어른들이 만들어 놓은 환경과 여건 속에서 그대로 길들여지기 마련이다. 어른들의 세계가 바르고 정직하면 아이들도 정직할 것이다. 그러나 어른들이 잘못하여 '바담 풍(風)' 했을 땐 아이들도 '바담 풍'으로 따라 할 수밖에 없다. 그래서 아이들의 문제는 곧 어른들의 문제로 먼저 제기되어야 한다.

어느 국민학교 선생님은 자기 반 아이들에게 텔레비전을 보지 말라고 가르치고 있다. 그러나 그것은 어디까지나 임시방편에 불과한 것이지 영구적으로 보지 못하게 할 수는 없다. 맛있는 과자가 해롭다고 해서 잔뜩 차려 놓고 먹지 말라면 아이들은 더욱더 고통스러워할 것이다.

이곳 농촌 시장에서 신발 가게를 하는 한 아주머니는 몇 해 전부터 신이 영 팔리지 않는다고 한다. 모두가 유명한 상표의 신발을 신겠다고 해서 먼 시내까지 가서 산다고 했다. 유명한 상표의 신발은 도시의 큰 대리점에서만 팔고 있는 것이다.

가끔 아이들이 모여 있는 곳에서 자기들끼리 옷 자랑을 하는 것을 본다. 특히 시골에서도 여자아이들의 옷은 눈에 띄게 화려해졌다. 입고 있는 잠바가 몇 만 원짜리니, 원피스가 얼마짜리니 하면서 우쭐대는 것을 보면 미워지기보다 가엾은 생각이 든다. 저 옷 하나 사 주려고 그들의 부모는 얼마나 힘든 노동을 치러야 했는지 보나 마나 뻔하기 때문이다.

농촌의 부모들은 자신들의 고통을 자식들에게만은 어떻게 해서든지 물려주지 않으려 애쓰고 있다. 입히고 먹일뿐더러 힘든 비용을 들여 가며 교육을 시킨다. 빚을 산더미같이 지고 있으면서 대학까지는 꼭 보내려 한다. 지난해부터 이곳 시내에 있는 사설 학원에서 학생을 유치하려고 봉고차를 동원해서 50리나 떨어진 산골까지 찾아가자, 처음엔 아이 한두 명이 주산 공부를 신청해서 다니더니, 이제는 너도나도 다투어 학원에 다니고 있다. 한 달 수업료가 만 원이 훨씬 더 넘는다는데 정말 놀라지 않을 수 없다.

부모들은 모두 자기가 못 배웠기 때문에 평생토록 고생을 하는 것으로 여기고 자식들만은 잘 가르치려고 애쓴다. 무엇이거나 남보다 더 많이 배워서 출세하여 평안히 살면 한이 없다고 한다. 자기들이 당한 고통을 자식들이 대신 갚아 주기를 바라는 이기적인 보상 심리가 가슴 깊이 서려 있는 것이다. 빼앗겼으니 그만큼 빼앗아야겠다는 일종의 복수심이 전혀 없다고 할 수 없다. 다시 말해서 아이를 사랑하는 마음에서 먹이고 입히고 가르치는 것이 아니라, 자식들을 앞세워 승리를 맛보자는 것이다. 아이들은 그래서 부담이 커지고 지친다.

올해에 면 소재지에서 중학교를 졸업한 금희는 시내 고등학교에 입학해서 첫날에 등교했다가 그만둬 버렸다. 이유는 복잡했다. 그는 어머니가 서울에서 식모살이를 하고 언니 둘이 공장에 다닌다. 고향에서는 병든 아버지가 국민학교에 다니는 동생과 셋이서 어려운 생활을 하고 있다. 식모살이하는 어머니가 보내 주는 생활비는 금희가 학비로까지 쪼개 쓰기에는 너무도 적은 액수였다. 금희는 영리했기 때문에 자신이 3년 동안 치러야 할 학비가 무서운 짐이 되었다. 이틀 밤을 뜬눈으로 꼬박 새우듯이 고민을 하던 금희는 마침내 학교를 겨우 하루만 가고 그만두고는 대구에 있는 어느 산업체에 취직을 했다. 거기서 운영하는 야간 고등학교를 스스로의 힘으로 다니는 편이 훨씬 더 마음이 편했기 때문이다. 그러나 그 애는 내게 괴로운 심정을 털어놓은 편지를 벌써 두 차례나 보내왔다. 금희가 겪는 고통은 수많은 농촌 소녀들이 겪는 고통일 것이다.

인간은 누구나 태어날 때부터 주어진 환경과 여건에 적응하면서 살아가기 마련이다. 그러나 주어진 환경이나 여건이 불리할 땐 쉽게 조화로운 적응이 되지 않는다. 인간이 행복해지려면 가장 먼저 환경과 여건이 알맞게 갖추어져야 한다. 물고기가 물속에서 태어나지 못하고 산이나 들판에서 태어났다면 어찌 될까?

우리 한국의 아이들은 자신에게 주어진 환경에 결코 쉽게 적응할 수 없다. 몇십 년 동안 분단 상태에서 전쟁 위기를 피부로 느끼며 살아가야 하는 불안감을 태어나면서부터 지니게 된다. 정신적인 평안이 없다면 결코 육체적인 안정도 얻지 못한다.

태어나면서 우리 아이들은 인간을 사랑하는 것보다 미워하는 것부터 배우게 된다. 동네마다 거리마다 세워 놓은 간판의 구호들은 심리적으로, 정서적으로 감정을 거칠게 만든다. 사고력이 미숙할 때에 주입되는 사상은 그대로 굳어져 버려 일생을 지배하며 자신을 속박한다. 인간에게 가장 소중한 것은 스스로 터득해 가는 자유로운 교육이다. 학습은 곧 자습이어야 하며 주입시켜서는 절대로 안 된다. 태양이 붉은색이 아니라 노란색이라고 주장할 수 있는 것이 인간의 기본 자유이며 예술이며 종교이다. 우리 아이들에게 실로 그런 자유가 있는지 묻고 싶다.

언젠가 이곳 교회에서 아이들에게 '하느님'에 대해 글을 쓰게 한 적이 있다. 모든 아이들이 하늘의 절대 은총과 권위와 사랑을 찬양

했는데, 한 여자아이는 다른 글을 써냈다.

권복순이라는 4학년짜리 여자아이가 쓴 시는 다음과 같다.

> 하느님
> 하느님은 세상을 만드시고
> 햇빛을 비춰 주시고
> 비를 내려 주시고
> 우리들의 논과 밭의 곡식을
> 길러 주신다지요.
> 하지만, 우리 아버지는 밭을 갈지요.
> 우리 어머니는 김을 매지요.
> 나는 동생을 업어 주지요.

이 시에서 이 아이는 하늘의 힘만이 논밭의 곡식을 자라게 하는 것이 아님을 주장하고 있다. 햇빛과 비를 내려 주는 하늘의 소임과 아버지와 어머니의 소임이 함께했음을 제시하고 있다. "나는 동생을 업어 주지요."에서는 작은 힘이지만 자신도 한몫을 하고 있음을 내세웠다.

그러니까 이 세상은 어느 누구라도 혼자 힘으로 움직일 수 없고, 모든 사람이 저마다 자기의 임무를 지니고 일하게 되어 있다. 절대자라는 신마저도 혼자 힘으로는 세상을 다스리지 못한다. 그래서 세상은 한 개인의 것이 아니고 모두의 것이다. 그것이 곧 민주주의 질서인 것이다. 민주주의 질서는 어느 국가의 법칙에 따른 것이 아닌 자연법이며 절대 법칙이다. 각 개인의 주권이 박탈당했을 때에 인간은 존재하지 못한다.

지금 이곳 농촌에는 농민이 아무것도 자신의 주장대로 하지 못하고 머슴처럼 시키는 대로 일한다는 걱정도 있다. 농민이 농촌의 주인이 못 되는 상황이 전개된다면 농민은 끝없이 좌절과 실의 속에서 방황할 수밖에 없을 것이다. 농민이 자기 자식에게 농사꾼이 되지 말라고 스스로를 학대하는데, 그 자식들이 어떻게 농촌을 아끼고 사랑할까? 기회만 있으면 농촌을 버리겠다는 마음으로 탈출구를 찾고 있다. 또 흔히들 농촌에 사는 것은 가장 부끄럽고 못난 짓이라고 생각한다.

어느 여자 중학생이 한번은 내게 이렇게 물었다. "선생님은 당당한 문학가이신데 왜 서울에 가서 좀 더 이름을 날리며 살지 않고 촌에서 사느냐?"고. 나는 그때 정말 부끄러워 얼굴이 달아올랐다. 내가 하고 있는 일, 곧 문학이란 게 아이들이 보기엔 '이름을 날리는 것'에 지나지 않았음을 뼈저리게 느꼈기 때문이다.

잘못하고 있는 것은 바로 나 자신이었구나! 얼마나 못나고 잘못 살았으면 아이들에게서 그런 비난을 받았을까? 좀 더 정직하게 참된 말을 하지 못했고, 세상이 이 지경이 되도록 몸으로 막지 못했으니 무슨 변명을 할까? 왜 아이들에게 고향을 사랑하고 농촌을 아끼며 당당하게 농민의 아들딸로서 소박하게 살아가는 것이 인간다운 삶임을 깨우쳐 주지 못한 것일까?

나는 어린 시절에 동화를 많이 읽었다. 아름답고 슬픈 동화를 읽고 나면 밤잠을 못 이루고 주인공의 처지를 동정하며 이불 속에서 혼자서 울었다. 내가 동화를 가장 많이 읽은 때는 다섯 살에서 여덟 살까지였던 듯하다. 그때 읽은 동화 중에서 아직도 기억에 남는 동화가 많이 있다. 그 가운데서 아주 슬프고 아름다워 지금도 잊혀지지 않는 이야기 하나는 작자가 누구인지 아직 모른다.

어느 깊은 숲 저쪽에 커다란 호수가 하나 있고, 거기에 큰 뱀 한 마리가 살고 있었다. 어느 날 호수에 외로운 한 청년이 와서 쓸쓸하게 서 있다가 돌아갔다. 뱀은 쓸쓸하게 서 있다가 돌아가는 청년을 바라보며 '만약에 내가 사람이 될 수 있다면 저 불쌍한 청년을 위로해 주고 싶다.'고 생각했다. 그 뒤로 청년은 자주 호수를 찾아왔고 뱀은 점점 더 그 청년에게 마음이 끌렸다. 그러던 하루, 호수를 지키는 신이 뱀에게 아름다운 여자가 되도록 해 주어 청년을 따라가도록 도와주었다. 그러나 아기를 낳으면 다시 뱀으로 돌아와야 한다는 시한부 약속을 하게 된다. 여자로 변신한 뱀은 청년과 서로 사랑하며 꿈 같은 세월을 보내다가 마침내 아기를 낳고는 본디처럼 뱀이 되어 버렸다. 뱀은 자초지종을 모두 고백하고 자기의 아름다운 한쪽 눈을 뽑아 아기에게 장난감으로 남기고 호수로 떠났다. 청년은 아기를 보살피며 뱀의 눈을 아기에게 쥐어 주었다. 이상하게도 아기는 그 눈알을 가지고 놀면서 탈 없이 자랐다. 그러다가 아기는 소중한 뱀의 눈을 잃어버렸다. 청년은 아무리 찾아도 눈알이 없자 아기를 안고 호수를 찾아가 뱀을 불렀다. 물속에서 뱀이 나타나 남은 눈알 한쪽을 마저 뽑아 주면서 "저는 이젠 앞을 못 보는 장님입니다. 부디 잃어버리지 말고 소중히 간직해 주셔요." 하면서 물속 깊이 사라졌다.

더 자세한 줄거리는 잊었지만, 자신의 눈알을 모두 주며 호수 속 깊이 숨어 버린 어머니의 희생과 사랑은 두고두고 내 머리에서 사라지지 않았다. 그러나 오늘의 농촌이 그런 숭고한 희생과 사랑이 있는 세상살이의 바탕이 되는 곳인지는 적이 의심되는 것이다.

오히려 신발 한 켤레, 옷 한 가지, 머리카락 한 올까지 텔레비전에 나오는 도시 아이들 시늉을 하여 남에게 보이기 위해 신고 입고 꾸미는 듯하니 우리는 모두 거짓말쟁이가 되고 만 것이 아닐까? 가장 귀한 것은 남을 속이지 않고 자신도 속이지 않는 것이다. 참이라는 것은 겉으로 보이는 게 아니다. 참은 아무도 몰라 줘도 상관없는 것이다. 가난하고 못 배운 것도 억울한데 왜 거짓말쟁이까지 되려고 하는지 안타깝다.

우리는 언제까지 남의 뒤꽁무니만 따라가는 인간으로 살아야 하는지를 깊이 반성할 필요가 있다. 도시화의 물결에 휩싸여 잇속이라는 것을 좇아 다들 '땅'을 떠나 떠돌이가 된 사람들이 진짜로 문화적이고 물질적인 잇속을 되찾아 다시 농촌으로 귀환하고 싶어 하도록 해 달라고 위정자들에게 외쳐야 한다. 뺏으면 빼앗기는 악순환에서 벗어나 좀 더 잘 먹고 잘 입고 편하게 살고, 좀 더 잘 사고 팔 수 있어야 크게 막힌 농촌의 숨통이 확 뚫릴 수 있다. 그것을 모른 체하고 정도에서 벗어나면 결국 수탈, 착취, 억압 행위로 발전하는 것이다.

빼앗는 자가 있으면 빼앗기지 않으려는 자가 있고, 거기엔 필연적으로 저항이 따르기 마련이다. 진정한 평화는 모든 권리와 의무가 공정하게 지켜졌을 때에만 가능한 것이다. 농촌이 피폐되어 가는 것은 정책의 모순과 가치 의식의 모자람 때문이다.

'민들레'란 꽃 이름말고도 '말똥굴레'라는 예쁜 토박이 이름이 함께 공존하도록 노력하자는 것이다.

_『샘이 깊은 물』1986

가난이라는 것

톨스토이의 민화 가운데 「사람에게는 얼마만큼의 땅이 필요한가?」라는 작품이 있다. 1천 루블로 하루 동안 걸어서 돌아다닌 만큼의 땅을 살 수 있다는 이야기이다.

그런데 바흠이라 불리는 가난한 농사꾼이 1천 루블을 내고 하루 종일 들판을 달려 해가 질 때 겨우 출발했던 지점에 돌아왔지만, 너무 욕심을 내어 거리를 길게 잡았기 때문에 지쳐서 쓰러져 죽고 말았다. 죽은 뒤 바흠이 묻힌 땅은 겨우 사방 70센티미터밖에 되지 않았다. 바흠은 죽은 몸이기 때문에 70센티미터의 구덩이에 묻히면서 후회도 원망도 못 했을 것이다.

이렇듯 바흠은 해 질 때까지 힘껏 달려 겨우 70센티미터의 땅을 차지했지만, 한평생을 달려도 역시 사람은 사방 70센티미터의 땅에 묻힐 따름이다. 어머니 배 속에서 태어나면 우리는 누가 시키든 시키지 않든 달려야 한다. 옥토든 박토든 가시덤불이든 자갈밭이든, 어느 것이나 차지하기 위해 힘껏 달린다. 온갖 힘과 지혜를 짜내고 그래도 모자라 남을 속이고 밀어내며 좀 더 나은 땅, 좀 더 넓은 땅을 차지하려고 달리고 달린다. 국민학교를 졸업하면 중학교, 다음은 고등학교, 대학교에 진학하여 힘을 기르는 것은 더 좋은 땅을 차지하기 위해서다.

대학 학력고사를 며칠 앞두고 수험생 어머니들은 부처님께 빌고 하느님께 빌고 신령님께 빈다. 우리 아이가 좋은 대학에 가서 많은 실력을 쌓아 많은 땅을 차지하게 해 달라고 비는 것이다.

일본의 교육학자인 오타 다카시(大田堯)의 『교육이란 무엇인가를 물으면서』라는 책을 읽다 보니, 어느 지방 대학생의 고민이 나와 있었다. 도쿄의 일류 의과대학에 두 번 낙방을 하고 어쩔 수 없이 지방 삼류 대학에 들어갔지만, 내년에 한 번 더 도전해 보고 싶다는 것이다.

교수와의 개인 상담에서 그 학생은 굳이 의사가 되려는 것은 평생을 유복하게 살기 위해서라고 했다. 결국 교육은 땅을 많이 차지하기 위한 하나의 수단에 불과한 것이다.

일본의 그 대학생은 이듬해 자신이 원하는 일류 의과대학에 들어갔는지 모르지만 입시 경쟁이라는 치열한 싸움에 계속 도전하겠다는 용기만은 대단하다.

어쨌든 인간은 싸운다.

언젠가 읍내 정류소에서 버스를 기다리는데, 완행버스 두 대가

잇달아 멈추었다. 앞서 온 버스의 안내양이 재빨리 내려 정류장 매표소로 달려가자 뒤따라온 버스 안내양이 그 뒤를 쫓아갔다. 둘은 매표 창구에서 서로 밀어내며 옥신각신하더니 급기야 머리채를 잡고 늘어졌다. "이년." "저년." 욕설이 나오고 할퀴고 꼬집고 하다 넘어져 나뒹굴었다.

싸움은 쉬 끝나지 않았다. 버스 운전사는 안내양이 돌아오지 않자 차에서 내려 대합실로 갔다. 가 보니 두 안내양은 그 지경이었다. 먼저 온 운전사가 자기 버스의 안내양을 일으켜 세우고 상대방 안내양의 따귀를 때렸다. 뒤따라온 다른 운전사가 그 광경을 보고 다짜고짜 상대방 운전사의 옆구리를 힘껏 걷어찼다. 안내양들의 싸움이 다시 운전사들의 싸움으로 이어진 것이다. 저고리가 찢어지고 코피가 터지고 싸움은 극에 다다랐다.

생존경쟁, 다시 말해 삶은 전쟁이다. 싸우지 않고는 살 수 없다. 그래서 살아 있는 한 평화가 있을 수 없다. 이 지상 어디 한군데 평화가 있는지 찾아보라.

인디언들은 백인들과 싸움에서 패배했기 때문에 목숨과 땅을 한꺼번에 잃었다. 2차 세계대전은 원자탄 두 개로 끝이 났고 대한민국은 일본이라는 주인 대신 미국과 소련이라는 두 주인의 종이 되었다. 그래, 그 두 주인을 위해 동족끼리 싸움을 했다.

살기 위해서는 대리전쟁도 치러야 한다. 늑대를 위해 양들이 서로 싸우는 대리전쟁은 아직 끝나지 않고 있다.

세속의 이것저것 다 마다하고 깊은 산속에 은둔 수도하며 지고의 자비심을 설파하는 스님들이 칼부림을 하고 살생을 했다. 양들을 위해 목숨을 바쳐 사랑을 가르치던 목자가 양들에게서 돈을 모아 숨겼다가 들켜 망신을 당했다. 나만은 착한 체하고 버티어 봤자 먹어야 살 수 있는 목숨이니 별 수 있겠나.

종교라는 허울 좋은 세계는 좀 더 유리한 싸움의 방편에 불과하다. 장수하늘소의 가위처럼 생긴 큰턱은 모양으로 달고 다니는 것이 아니다. 적을 무찌르는 무기인 것이다.

유대교의 야훼 하느님은 정의의 하느님이라기보다 힘의 하느님이었다. 이집트의 파라오 왕을 열 가지 재앙을 내려 굴복시킨 뒤, 60만 명의 이스라엘 민족을 해방시켰다.

여기까지는 야훼 하느님이 정의의 하느님일 수 있다. 그러나 요르단 강을 건너고부터 야훼 하느님은 무서운 악마로 변한다. 원주민 가나안 일곱 족속을 무참히 쓸어버린 것이다.

이스라엘의 고난의 역사는 톨스토이 민화의 주인공 바훔이 땅을 차지하기 위해 해가 지도록 뜀박질을 한 것과 같은 숙명적인 행진이었다. 야훼 하느님은 항상 그 행진을 선두에서 지휘하고 명령했다. 하느님이 이 행진의 선두에서 비껴 나와 전 인류의 아버지로 돌아온 것은 선지자 말라기 이후 침묵의 시대였다.

키르케고르는 『두려움과 떨림』이란 저서에서 다음과 같이 말하고 있다. '아브라함이 외아들 이삭을 데리고 모리야의 산속에서 제물로 바치려 칼을 드는 순간, 하느님은 인간 아브라함에게 회개를 했다.'

독생자 예수가 베들레헴 마구간에 태어난 것은 하느님의 두 번째 참회의 발로인지 모른다. 명령 일변도로만 나오던 하느님은 예수를 통해 진정한 사랑을 일깨워 주고 있었다.

아버지 없이 사생아로 태어난 예수는 가장 밑바닥의 인생을 체험한다. 40일간의 굶주림 끝에 그는 인간의 속성인 물질, 권력, 명예의 욕망에서 벗어나는 데 성공한다. 극한의 주림 속에서 세 가지 유혹과의 싸움은 처절한 것이었다.

예수는 이기적이고 독선적인 유대교의 율법을 "헌 부대 속의 헌 술"이라 하고 나섰다. 무력으로 쿠데타를 일으킨 것이 아닌, 밑바닥에서의 진정한 혁명이었다.

예수의 산상수훈인 여덟 가지 복음은 서구의 과학자, 철학자, 예술가들의 효시가 되었다. 그 산상수훈의 첫 번째 복음이 바로 '가난한 자의 복'이다.

이것은 죽도록 달리며 많은 땅을 차지하려는 인간에게 던진 하나의 경종이다. 이 세상의 자산은 몇 사람의 개인 소유가 될 수 없다. 온 인류의 공동 소유인 것이다. 나의 것이 아닌 우리의 것이다.

인간의 생존경쟁은 세상의 재물을 많이 차지한 부자들 때문에 일어난다. 부자가 없으면 가난한 자도 있을 수 없다. 강대국 때문에 약소국이 생기고 잡아먹기 때문에 잡혀 먹히는 것이다.

온 세계를 지배하려는 백인을 프란츠 파농은 "흰 가면을 쓴 악마"라고 했다.

아프리카는 흑인들의 땅이고, 아시아는 아시아 여러 민족의 땅이다. 아메리카도 역시 본래 주인인 인디언들에게 돌려주어야 한다.

그래서 모두가 원래의 위치로 돌아가 가난을 지켜야 한다. 가난만이 평화와 행복을 기약한다.

가난이란 바로 함께 사는 하늘의 뜻이다.

_『오물덩이처럼 딩굴면서』 1986

처음으로 하느님께 올리는 편지

하느님, 그리고 아버지 하느님, 만날 저는 입으로 수없이 부르면서 막상 붓을 들고 편지를 쓰려니 무척 어렵습니다. 분명히 하느님은 우리 모두의 아버지십니까? 커다란 부자 나라의 아버지도 되고, 조그맣고 가난한 나라의 아버지도 되신단 말씀입니까? 분명히 알고 싶습니다.

생각이 다르고, 풍속이 다르고, 색깔이 다르고, 모양도 다른 그런 모든 나라 모든 사람의 아버지가 되느냐 말씀입니다. 너무 무지무지하게 커다란 집 옆에 납작하고 누추한 조그만 집, 거기 그렇게 살고 있는 사람들의 진짜 아버지라고 하느님 스스로도 자신 있게 대답하시겠습니까?

이 땅 위의 사람 아버지도 아비 노릇 하기가 참 힘이 든다고 합니다. 그러니 하느님 아버지도 보통 힘든 게 아닐 것입니다. 짚신이 잘 팔리면 나막신 장수 아들이 애처롭고, 나막신이 잘 팔리면 짚신 장수 아들이 애처로운 어느 어머니처럼 하느님 아버지도 만날 전 전긍긍 불안하게 지내시겠지요.

정말 지난 1년 동안 너무도 괴로운 일이 많았습니다. 새삼스러운 건 아니지만 사람이 사람을 죽이는 것을 보통으로 여기게 된 것부터가 참으로 무섭습니다.

저는 올해* 새로 집을 짓고 이사를 했습니다. 빌배산이라는 야트막한 산 밑에 공지(空地)가 있어 두 칸짜리 집을 지었습니다. 흙으로 지었기 때문에 무척 따뜻합니다. 언덕배기이고 풀밭 가운데이기 때문에 집 둘레에 여름내 가으내 꽃들이 피었습니다.

개울가로는 달개내꽃 여뀌꽃이 피었고, 산이 있는 바위 기슭엔 부채꽃과 패랭이꽃이 피었지요. 그리고 집 앞 풀밭에는 토끼풀꽃, 쑥부쟁이꽃이 피었고, 가을엔 냇가고 산기슭이고 가리지 않고 온통 들국화가 꽃밭처럼 피어났습니다.

하느님 아버지, 참으로 들꽃은 착하고 아름답습니다.

제가 이곳 빌배산 밑에 혼자 살면서 자신이 너무도 부끄럽고 불쌍한 목숨이구나 절실하게 느꼈습니다. 그리고 이 세상에서 가장 귀하고 가장 아름답고 가장 착한 것은 들에 피어나는 작은 꽃들이라는 것을 분명히 알게 되었습니다.

---

* 1983년, 권정생 선생은 1967~1968년부터 안동군 일직면 조탑리 일직교회 문간방에서 종지기로 살다가 1983년 이 마을 빌뱅이 언덕 밑에 오두막을 짓고 여기서 2007년 작고할 때까지 살았다.—편집자

하느님도 이 보잘것없는 빌배산 언덕배기를 항시 지켜보고 계실 겁니다. 하느님도 거기 조그맣게 피어나는 꽃들을 보시며 그 조그만 꽃처럼 착한 하느님이 되실 겁니다.

옛날에 이스라엘 나라를 세우는 과정에서 참 많은 사람을 죽게 하신 하느님은 아무리 생각해도 무서운 하느님으로밖에 보이지 않습니다. 예리코가 박살 나고, 아이 성 사람들이 전멸되고, 헷과 아모리와 가나안과 브리스가 전멸되고, 막케다가 부서지고 라기스를 해치우고…….

그것은 너무도 엄청나고 무자비한 죽음이었습니다. 이러고 보면 하느님은 참 하느님도 아니고, 사랑의 하느님도 아니고, 폭군 하느님일 수밖에 없는 것입니다.

남북 아메리카 대륙에 일찍부터 살고 있던 원주민 인디언들을 몰아내고 새로운 지배자로 군림했던 스페인과 영국은 참 위대했습니다. 그들은 하느님의 도움으로 승리하게 되었다고 큰소리로 외쳤습니다.

하느님은 언제나 전쟁터마다 찾아다니며 이기는 편에 앞장서 주셨습니다. 이렇게 하느님은 힘센 쪽의 하느님이고 이기는 쪽의 하느님이시니 힘없고 볼품없는 이들은 너무도 가엾지 않습니까?

하느님의 외아들인 예수님이 십자가에 못 박혀 죽으면서 "하느님, 하느님 나를 버리시옵니까?" 하고 애절하게 부르짖던 것을 하느님도 들으셨지요? 마찬가지입니다. 이 세상 모든 약한 이들은 폭력에 의해 죽어 가면서 하느님께 슬프게 부르짖고 있습니다. 하느님은 왜 힘없는 사람, 죄 없는 사람, 착한 사람을 이렇게 죽도록 버려두느냐고 울부짖고 있습니다.

　죽이는 사람들은 그것을 당연하게 생각할 뿐만 아니라 모든 일은 하느님의 뜻이라고 말하지요. 오히려 더 잘난 척하고 막되게 폭력을 쓰고 있는 것입니다.

　정말 이래도 좋은 것입니까? 이것이 진정 하느님이 원하시는 세상입니까?

　전쟁으로 목숨을 잃는 사람들은 말할 것도 없고, 집을 잃는 사람, 가족을 잃는 사람, 불구가 되는 사람, 가지가지 슬픈 일은 한이 없습니다. 하느님은 심장이 얼마나 강하기에 아무렇지 않게 보고만 계시는지요?

　건넛마을에 아주머니 한 분이 있습니다. 쉰 살이 넘었으니 곧 할머니가 되겠지요. 남편은 일찍 죽어 없지만 자식이 여섯 남매가 되는데, 모두 밖으로 나가 버리고 아주머니 혼자 살고 있습니다. 뒷산 비탈을 쪼아 고추도 심고 참깨도 심으며 고되게 일합니다. 자식들에겐 조금도 도움을 받지 못하니까요. 도움은커녕 자식들은 번갈아 아주머니에게 더 많이 피해를 주고 있습니다. 자식들에게서 오는 편지는 매번 걱정거리뿐입니다.

　지금 맏아들은 사우디에 나가 있습니다. 둘째도 아들인데 리비아라는 곳에 노무자로 가 있습니다. 셋째는 딸인데 일찍부터 서울에서 식모살이하다가 흑인 병사와 결혼해서 하와이에 살고 있습니다.

　넷째도 딸인데 어떤 남자와 사귀어 아들까지 낳았지만, 그 남자에게 버림받고 아기는 어느 아동복지사업 하는 곳에 맡겨 버렸습니다. 넷째는 어머니에게 많은 돈을 빚지게 해 놓고 지금은 어디서 무엇을 하는지 소식이 뜸합니다.

다섯째는 아들인데 역시 도시의 공장에 가 있습니다. 막내도 딸인데 아직까지는 착하게 살고 있다고 가끔 편지가 옵니다.

넷째까지 결혼을 해서 자식들을 낳고 살지만 정식 결혼식을 올린 아들딸이 하나도 없습니다. 아주머니는 아무렇게나 버려져 살고 있는 자식들이 가엾고 한없이 원망스럽기도 합니다.

아주머니는 이 모든 불행이 한반도에서 일어난 6·25전쟁 때문이라고 합니다. 남편이 이 전쟁에서 몸을 다쳐 상이병으로 제대했고, 그래서 일찍 죽었다고 항상 말하며 한숨짓습니다.

하느님 아버지, 이 땅엔 아주머니와 같은 사람들이 얼마나 많습니까? 많다고 뭐 더 관심 있게 보아 달라는 것은 아닙니다. 다만 어떻게 했으면 좋을지 여쭤어 보는 것입니다.

그러니 이젠 제발 전쟁하는 사람들의 편을 무조건 들어 주지 말기 바랍니다. 무시무시한 미사일이니 핵폭탄이니 뭐 헤아릴 수 없는 전쟁 무기가 자꾸만 쌓여 가고 있지 않습니까?

요즘은 평화유지군이라는 이상한 군대도 생겼습니다. 평화를 지키기 위해 군대가 필요하고 평화를 지키기 위해 전쟁 무기가 필요하다고 한답니다. 참 뻔뻔스러워졌습니다.

누가 그랬습니다. 하느님을 사람들이 마음대로 이렇게도 만들고 저렇게도 만들고, 이리로 끌고 가고 저리로 끌고 가고, 자기들 멋대로 부려 먹는다고 하더군요. 정말 그게 맞는 것 같기도 합니다. 줄다리기를 하듯이 하느님을 놓고 잡아당기면 아무래도 힘센 쪽으로 끌려가기 마련이지 않습니까.

그래서 요즘은 하느님 아버지가 아주 신용이 없어졌답니다. 돈쟁이 하느님, 권력쟁이 하느님, 폭력 하느님, 어떻게 보면 하느님이 신이 날지도 모르겠습니다.

하지만 정말 쓸쓸하답니다. 하느님마저 이 세상의 힘센 사람들에게 빼앗긴 가난한 사람들이 정처 없이 방황하고 있으니까요.

하느님 아버지, 제발 정신 좀 차려 주십시오. 지금은 깨어날 때인데, 하느님께서 도리어 정신없이 나쁜 곳에 이용만 당하고 계시면 어떻게 되겠습니까.

이곳 빌배산에 피어나는 들꽃처럼 착한 사람이 아직도 많지 않습니까? 하느님, 그러니까 저희를 버리지 말아 주세요.

이 세상 끝까지, 그늘진 겨레의 한숨 소리를 들어 주십시오. 아프리카의 비아프라에서, 베트남전쟁에서 희생당한 사람들, 캄보디아의 난민들, 엘살바도르에서, 팔레스타인에서 불쌍한 사람들은 한없이 한없이 울고 있습니다.

하느님, 우리 한반도의 휴전선도 하느님이 상관해 주십시오. 우리 6천만 겨레들이 이토록 한마음으로 빌고 있습니다.

제발 제발 무시무시한 군대들을 거둬 가 주시고, 무기를 거둬 가 주시고, 그리고 나쁜 사람들의 힘을 거둬 가 주십시오.

진짜 하느님이라고 분명히 보여 주십시오. 그래서 하느님은 우리 힘없는 사람들, 가난한 사람들, 서러운 사람들의 아버지라는 것을 드러내 보여 주십시오.

하느님, 이 해가 저물어 갑니다.

하느님 아버지께서 까마득한 옛날에 보내 주신 외아들 예수님의 간곡한 기도가 꼭 이루어지게 해 주십시오. 결코 하느님은 독생자 예수님을 버리지 않으셨고, 우리 가난한 겨레를 버리지 않는다는 것을 확인시켜 주십시오.

그렇게 해서 이 빌배산 밑 외딴집에 홀로 살고 있는 저도 즐겁게 아름다운 얘기를 쓸 수 있게 해 주십시오. 여태까지 써 온 슬픈 이야기가 아닌 즐거운 얘기를 쓸 수 있게 해 주십시오.

하느님, 힘내 주실 것을 꼭 부탁드립니다.

그러면 오늘 밤부터 별을 쳐다보며 기다리겠습니다. 하느님 나라가 이 땅 위에 이루어지기를 손꼽아 기다리겠습니다.

_『오물덩이처럼 딩굴면서』1986

편지 대필

지금까지 편지를 많이 써 왔지만, 그중엔 남의 편지가 반이 넘을 것 같다. 남의 편지를 쓰는 것은 흡사 그 사람의 대리 역할을 하는 일종의 연극배우가 되는 일이기도 하다. 왜냐면 단순한 사무적인 내용이 아닌 그 사람의 감정까지 잘 전달되어야 하기 때문이다. 특히 남이 알아서는 안 될 사생활의 비밀스러운 것이나 언짢은 일에 대해 써야 할 땐 여간 고통스러운 것이 아니다.

윗마을 긴대골 할머니의 둘째가 베트남전에 참전했을 때, 할머니는 아들에게서 편지가 오면 바쁘게 나를 찾아오곤 했다. 언제나 공식적으로 어머니와 집안 안부를 묻고 자신은 훌륭한 따이한(大韓)의 용사로 싸우고 있다는 내용이었다.

그러나 할머니는 매번 아들을 대하듯이 눈물을 흘리며 듣고 있었다. 읽어 주는 내 입장에서는 편지 내용이 좀 더 자상하고 진실성이 담겼으면 하는 아쉬움이 있었지만, 할머니는 조금도 그런 것에는 개의치 않고 한없이 반가워하기만 했다.

편지는 한 달에 한 번씩 빠뜨리지 않고 1년이 넘도록 오고 갔다. 그런데 어느 날 할머니는 전과는 다른 봉투의 편지를 가지고 왔다. 보통 보는 항공용 봉투가 아니고 누런 피지 봉투였다. 할머니의 둘째가 죽었다는 전사 통지였던 것이다. 주먹으로 방바닥을 치며 할머니는 통곡을 터뜨렸다.

"그놈의 ○○○이 우리 아들 데려다 강냉이 가루하고 바꿔 오더니, 아이고, 아이고, 우리 ○○아……."

며칠 뒤, 할머니네 오두막 방문 기둥에 '충절의 집'이라고 쓰인 조그만 양철로 된 딱지가 붙여지고 베트남에서 오던 편지는 그쳐 버렸다.

6·25전쟁과 베트남전쟁이 그치고 나서는 이런 슬픈 일은 없을 것이라 생각했는데 슬픈 편지는 끊이지 않는다. 정미소 뒷집 아주머니의 딸이 식모살이로 있으면서 보내오던 편지가 한동안 끊어지더니, 얼마 후 미군 부대에서 위안부로 있다가 어느 흑인 병사와 살림을 차렸다고 했다. 그러더니 재작년 여름에 미국으로 가 버렸다. 그 흑인 병사와 정식 결혼을 한 것이다. 며칠 전 하와이에서 사는 딸에게서 편지와 함께 140달러가 송금되어 왔다.

"엄마, 겨울에 추운데 나무하러 가지 마시고 이 돈으로 연탄 사서 때셔요……."

정말 눈물겨운 편지다. 아주머니는 말하기를 "그 돈이 어떤 돈인데 내가 연탄 사서 때나." 그러면서 편지에는 연탄 사서 방 뜨뜻하게 해 놓고 산다고 거짓말을 써 달라고 했다. 나는 아주머니의 말대로 그럴듯하게 답장을 써서 읽어 드렸다. 이 아주머니의 딸에게서 오는 편지는 길고 긴 어떤 소설처럼 이어지고 있다. 답장을 쓸 때마다 나는 나대로 다음번 이야기가 궁금해진다. 제발 더 이상 불행해지지 말고 살아 주기를 마음으로 빌 뿐이다.

편지 대필을 하면서 나는 윗마을 아랫마을 사람들의 집안 형편을 이렇게 훔쳐보고 있다. 거기엔 우리 한국의 슬픈 역사와 현실이 그대로 가장 정직하게 씌어지고 있었다.

_『오물덩이처럼 딩굴면서』 1986

두 개의 이야기

사막에 오아시스가 있고 그 오아시스엔 맑은 샘물과 우거진 야자수와 조그만 오두막이 있었다. 오두막엔 할머니 혼자서 이따금 찾아오는 나그네들에게 시원한 샘물을 길어 주고 쉬어 가는 장소를 제공해 주면서 살고 있었다. 나그네들은 목마름을 축여 주는 시원한 샘물을 그저 얻어 마시는 것이 너무 고마워 한 푼 두 푼 동전을 던져 주고 갔다. 할머니는 쓸데가 별로 없는 동전을 받아 주머니에 간직했다. 한두 푼씩이지만 날이 가면서 돈은 주머니 가득 넘치고 좀 더 큰 자루에도 넘쳤다.

처음에 할머니는 찾아오는 나그네들에게 한 그릇의 물을 대접하고 야자수 그늘에서 쉬게 하는 인정만으로 커다란 낙을 삼았다. 그런데 돈을 모으고부터 달라졌다. 돈 모으는 쪽이 더 재미가 있었던 것이다. 그래서 할머니는 의식적으로 나그네들에게 돈을 요구했고, 한두 푼의 푼돈이 아닌 많은 액수를 받아 내게 되었다. 돈은 자꾸만 쌓였고 할머니는 이 돈을 모으게 해 준 샘물을 관리하는 데 신경을 쓰기 시작했다. 전에는 그냥 두어도 철철 넘치게 솟아오르던 샘물이 이상하게 조금씩 줄어드는 것 같았다. 할머니는 더욱 철저히 샘물을 관리하게 되었고, 그러면서 샘물이 자꾸 줄어드는 듯한 착각에 빠져 불안이 일기 시작했다. 이러다가는 소중한 샘물이 아예 솟아오르지 않을지도 모른다는 걱정 때문에 할머니는 자신의 건강조차 돌보지 않았다. 낮에도 밤에도 샘물 곁에 앉아 누가 아까운 샘물을 한 방울이라도 가져갈까 지켜보고 있었다. 그러던 어느 날 아침 할머니는 문득 야자나무를 쳐다보았다. 그러고는 깜짝 놀랐다. 우거진 야자수 잎사귀마다 구슬 같은 물방울이 흠뻑 맺혀 있는 것을 봤기 때문이다. 할머니는 샘물이 줄어드는 이유를 알게 되었다고 생각하고 몹시 화를 냈다. 야자나무가 밤마다 할머니 몰래 샘물에 미역을 감는다고 단정해 버린 것이다. 할머니는 도끼로 야자나무를 모조리 베어 버렸다. 할머니는 이제야 샘물이 펑펑 솟아올라 더 많은 돈을 벌 수 있을 것이라고 믿었다. 그러나 결과는 그 반대였다. 사막에서 불어오는 메마른 바람과 내리쬐는 햇볕에 며칠 못 가서 샘물은 말라 버리고 그늘이 없는 할머니의 오두막엔 나그네도 찾아오지 않았다. 결국 할머니도 뜨거운 햇볕을 견디지 못해 쓰러져 죽고 말았다.

또 한 가지는 한국의 어느 착한 형제의 얘기다. 산골 가난한 형제가 나무를 해다 장에 가서 팔아 그날그날 살고 있었다. 하루는 형제가 장에서 돌아오는 길에 커다란 금덩이 두 개를 주웠다. 각자 하나씩 가지기로 하고 처음엔 무척 기쁜 마음으로 금덩이를 안고 걸었다. 그런데 나룻배를 타고 강을 건너는데 아우가 갑자기 금덩이를 강물 속에 던져 버렸다. 그것을 보고 있던 형도 역시 가지고 있던 금덩이를 물속에 던져 버렸다. 두 형제는 말없이 서로의 얼굴을 바라보며 잠시나마 겪은 마음의 고통에서 해방되어 다시 평정을 되찾은 것이다.

이 두 이야기의 결말은 다르지만 우리에게 가르쳐 주는 의미는 같다. 앞의 할머니는 돈 욕심에서 끝내 헤어나지 못해 죽음에까지 이르게 되었다. 찾아오는 나그네와 푸른 야자나무, 그리고 시원한 샘물을 다 잃어버렸기 때문이다.

뒤의 가난한 형제는 황금에 끝까지 눈이 어두워지지 않고 이를 극복했다. 아마 형제는 황금을 얻었을 때의 마음의 갈등과 불안을 일생 동안 기억하면서 가난하게 살았을 것이다. 가난만이 형제를 의좋고 행복하게 살아가게 하기 때문이다.

"돈은 일만 악의 뿌리"라고 성서는 가르치고 있지만 실제 그것을 의식하는 사람은 별로 없을 것이다. 살아가면서 오히려 돈이 없어 죄를 짓게 된다고 범죄의 원인을 가난에다 돌리고 있다.

물질의 가난과 마음의 가난은 별개의 것이 아니다. 물질이 풍부해지면 마음의 가난을 얻지 못한다. 배고플 땐 오직 한 그릇의 밥을 얻는 것으로 만족하지만, 배가 부르면 이것저것 미각에 신경을 쓰게 된다. 벌써 가난한 마음을 잃었기 때문이다. 벌거벗고 있을 땐 한 벌의 옷만으로 족하지만, 그다음엔 옷의 모양과 빛깔을 가르게 되고, 길고 짧고, 값비싸고 새롭고 화려한 것을 원하게 된다. 등 따습고 배부른 뒤엔 초가삼간만으로 행복을 누리던 조상들의 슬기로움을 다 버리고 산업사회 물질문명에 시달리는 오늘날의 우리들은 너무도 많은 것을 잃고 있다. 자연은 파괴되고, 인정은 메마르고, 서로가 윗자리 다툼으로 싸움은 끊이지 않는다. 황금은 넘치고 넘쳐도 아직도 모자라고, 온갖 것에서 단절된 '나'는 외롭기만 하다. 인생은 두 번 다시 시작할 수 없어 더욱 절망 상태이다.

지금 시골에는 젊은이가 없다. 문명을 누리기 위해 도시로 나간 그들은 과연 행복하게 살아가는 것일까? 할아버지와 할머니는 텅 빈 농촌에 남아 그들대로 또 외롭기 짝이 없다. 달구지만 다니던 한가롭던 시골길엔 버스가 들어오고 택시가 들어오고, 오토바이가 먼지를 일으키며 달리고 있다. 안방마다 텔레비전이 놓였고 철대문을 잠가 버리면 도시 아닌 도시 속에서 담 너머 앞뒷집이 그토록 멀어진다. 내가 살던 마을에서 작년에 두 노인네가 자살을 했다. 한 노인은 농약을 마시고, 한 노인은 소주에다 수면제를 타서 마시고 죽은 것이다. 모두가 외로워서였다.

황금만능주의를 부정하면서도 우리들의 가치관은 스스로도 모르게 물질문명 속으로 기울어지고 있다. 돈이 있어야 과외수업을 해서 일류 대학에 갈 수 있고, 돈이 있어야 좋은 신랑감을 고를 수 있고, 돈이 있어야 친구도 사귈 수 있고, 돈이 있어야 문화인 생활을 할 수 있다는 사고방식이 머리에 꽉 박힌 채 돈으로 행복을 사려고 한다. 돈, 돈, 돈……. 그래서 우리는 돈에 기만당한 채 점점 행복과는 멀어져 가고 있는 것이다.

　벌거벗고 알몸으로 살던 옛날 비문명인들, 그들에게 '소외'라는 말은 필요치 않았을지 모른다. 인간의 가치가 그 무엇에 비길 수 없는 절대적인 것이었기 때문이다. 오염되지 않은 강물과 우거진 삼림과 가난한 마음, 그것만으로도 인간은 결코 외롭지 않을 테니 말이다.

　행복을 얻기 위한 수단이었던 물질문명이 거대한 도깨비로 둔갑하여 인간을 불행으로 몰고 간다. 이미 황금에 눈이 어두워진 우리는 이전에 가졌던 행복을 한 가지 두 가지 내던지면서 행복에서 멀어지는 것도 모르는 것이다. 오아시스의 할머니처럼 언젠가 우리들의 오아시스는 신기루처럼 사라지고 메마른 사막 한가운데 서 있는 자신을 발견하게 될 때 그때는 벌써 남김없이 잃어버린 뒤일 것이다.

　누구에게 따돌림을 받은 것도 아니고 누구를 따돌리지도 않았는데도 넓은 사막 한가운데서 의지할 곳 없는 소외자가 되는 것이다.

_『오물덩이처럼 딩굴면서』1986

자연과 더불어 크는 아이들

고추 따는 아이들

어머니와 아버지는 꼭두새벽에 일어나 먼 곳의 논밭으로 일을 나간다.

"금순아, 넌 아침밥 짓고 옥이하고 순호는 밭에 가서 고추 따거라."

어머니가 아이들에게 일러 놓는다. 아이들은 으레 그렇게 하는 것으로, 해야 되는 것으로 알고 군말이 없다.

금순이는 6학년, 이 집안의 맏딸이다. 그래서 벌써 어머니가 하는 살림살이를 쉽게 거들며 한몫을 단단히 한다. 옥이는 4학년, 순호는 2학년, 이제 여섯 살짜리 순용이도 곁달려서 형을 따라 고추밭으로 간다.

아직 해 뜨기 전 고추밭은 이슬에 흠뻑 젖어 여름이지만 선뜻 들어가기가 싫다. 그러다가 아이들은 한 골씩 맡아서 헌 비료 부대로 만든 광주리에 빨간 고추를 따 담는다.

고추밭 둘레에 심어 놓은 옥수수 대궁에도 잎에도 이슬이 뽀얗게 맺혀 있다. 메밀잠자리 한 마리가 이슬을 맞은 채 옥수수 꽃대궁에 앉아 있다. 밭고랑 사이사이엔 언제 쳐 놓았는지 거미줄이 안개처럼 엉켜 있다. 거기 빨간 고추들이 물방울을 맺고 조롱조롱 열렸다. 그 빨간 고추를 하나하나 딴다. 오득오득 소리가 나면서 아이들의 고사리 같은 손에 빨간 고추들이 한 줌씩 잡혔다간 비닐 광주리에 우두둑 담긴다.

손이 젖는다. 그리고 손목이 젖고 옷소매가 흠뻑 젖는다. 아랫도리의 발과 다리와 치마가 젖고 고추나무에 비벼 댄 앞가슴이 또 젖는다.

한참 지나면 허리가 아프다. 아이들은 본능적으로 굽혔던 허리를 펴고 눈을 들어 높은 하늘을 올려 본다. 그러다가 주위를 한 바퀴 휘둘러본다. 옥수수 꽃대궁에 앉은 잠자리를 쳐다본다. 눈빛이 반짝 빛나며 순간 온 가슴이 황홀하도록 즐거워진다.

벌써 가슴 가득 시심(詩心)이 움트고 자라서 둥우리를 친다. 그래서 아이들은 시를 아름답게 쓸 수 있다.

맑고 깨끗한
아침이면

어디서 왔는지
옥수수 뿔에 앉아 있는
잠자리

지나가는 바람도
알아듣지 못하는
노래를 부른다.

옥수수는
잠자리 의자 해 주려고
키가 크는가 보다.

―정선 봉정분교 최은옥

해가 뜬다.

이슬방울이 서서히 마르면서 그 대신 아이들의 이마에 땀방울이 맺힌다.

"누나, 이젠 집에 가, 배고프다."

동생 순호는 어느 만큼 싫증이 난다.

"그래, 이 고랑만 마저 따고 가자."

옥이는 서둘러 따느라 파란 고추 몇 개를 실수로 따 넣는다. 고추 잎사귀가 찢기고 줄기까지 몇 마디 떨어져 버린다. 아이들은 각자가 따 담은 고추 광주리를 메고 집으로 돌아간다.

세수를 하고 발을 씻고, 그러고는 금순이가 지어 놓은 아침밥을 먹는다. 마루에다 아무렇게나 차려 놓고 아이들끼리 재잘대며 맛있게 먹는다. 노동을 하고 난 다음에 먹는 음식은 아무것이나 꿀맛 같다.

시골에는
부엌도 안 좋고 엉망이다.
천장은 새캄하고
밑바닥은 완전 그냥 땅이다.

시골에는 교통도 불편하고
점방도 없고 읍내에 가야 있다.

시골에는
니 숟가락 내 숟가락도 없다.
젓가락도 짝제기
그래도 밥맛은 꿀맛이다.

—부산 감전국교 김은정

맛있게 먹는 것은 가장 행복하다. 시골 어린이들은 편식도 밥투정도 모른다. 무엇이나 맛이 있고 배불리 먹는다.
아침밥을 먹고 나면 빈 그릇을 들고 우물가로 나가 다 함께 어울려 설거지를 한다. 금순이는 그 설거지를 동생들에게 맡겨 놓고 아버지와 어머니의 아침밥을 이고 들로 나간다.

  옥이는 깨끗이 씻은 그릇을 부뚜막에 가지런히 엎어 놓고 마루를 훔친다. 청소가 끝나면 잠깐 휴식을 하고 나서 맡겨진 임무를 수행하기 위해 다시 고추밭으로 나간다. 순호와 순용이도 누나가 쪄 놓고 간 옥수수 한 자루씩 까먹으며 따라간다.

  배를 불리고 잠깐 휴식을 한 다음엔 새로운 힘이 생기고 노동에 대한 의욕이 자연스레 우러난다.

  한낮이 되도록 부지런히 고추를 딴다. 기운이 다하면 또 싫증이 나고 고통이 온다.

    빨갛게 익은
    고추 사이로 다니며
    빨간 고추를 딴다.

    한 골을 다 따고
    나와 보면
    아직도 몇 골이 남았는지
    알 수가 없다.

    두 골 따고 세 골을 따도
    아직도 많이 남았다.

    이만큼 땄는데도

허리는 아파 죽겠는데
저 많은 것을
오늘 다 따야 하니
한숨만 나온다.

—정선 봉정분교 윤희순

노동의 아름다움

프랑스의 천재 시인 랭보와 여류 철학자인 시몬 베유는 둘 다 최고의 지성인으로서 노동의 아름다움에 끌려 랭보는 보따리장수 노동자가 되고 시몬은 공장노동자가 된다.

인간의 아름다움은 노동에 있다. 놀고 먹는 사람만큼 추한 것은 없다. 노동은 가난이 무엇이고 고통이 무엇인가를 배우게 한다. 가난하지 않고 고통스럽지 않고 인간은 행복을 얻지 못한다.

일찍이 인도의 카필라 왕국의 태자로 태어난 석가모니는 부귀와 영화의 허무함을 견디지 못하고 끝내 출가하고 말았다. 그는 자연으로 돌아가 거기서 수많은 가르침을 얻는다. 석가모니와 예수의 가르침은 모두가 자연에서 터득한 것이다.

무지개를 보면, 마음은 무지개로 아름다워진다. 푸른 소나무의 장관을 보고 있으면 인간의 의지도 푸르고 굳세어진다. 정말이지 산과 물과 하늘과 구름은 아무리 봐도 싫증이 나지 않는다. 낫으로 풀을 벨 때 싱그럽게 뿜어 나오는 향기는 맡아도 맡아도 정답다.

작년 여름, 나는 벼르고 별러 나의 집을 짓게 되었다. 개울 언덕 두 칸짜리 토담집이다. 바로 뒤엔 몽뚱한 바위로 된 산이 비스듬히 버티고 있다. 마을과는 조금 떨어져 있어 전기도 들어오지 않는다.

지금은 집 둘레에 보랏빛 들국화가 흩어져 피어 있고, 냇기슭으로는 빨간 여뀌꽃이 한창이다. 밤이면 오므라진 호박꽃 덩굴 사이로 파란 반딧불이 날아다닌다. 그토록 농약 공해로 풀벌레들이 죽어 갔는데도 베짱이가 시끄럽도록 운다. 마당가 풀밭에는 방아깨비가 그 무딘 몸으로 기우뚱기우뚱 뛰어다닌다.

앞마당을 조금 일구어 가지 세 포기, 오이 두 포기, 그리고 파와 들깨와 배추를 심었다. 세 포기의 가지는 너무 무성하게 자라나 열매가 감당할 수 없도록 주렁주렁 열렸다.

옛날 어머니께서 하셨듯이 가지를 따서 길쭉길쭉 썰어 말렸더니 겨울 반찬으로 맛나게 먹을 수 있었다. 스스로 심고 가꾸어 거둬들인 열매를 먹는 기쁨은 가장 축복받은 인간만의 행복이다.

오후만 되면 뒷산으로 쇠먹이 아이들이 소를 몰고 줄지어 오른다. 그들은 고삐를 풀어 놓고 풀밭에서 뒹굴며 논다. 웃으며 소리지르며 놀고 있는 아이들의 모습은 그대로 천국이다.

산골 어린이들에게 공부라는 것은 별로 중요하지 않다. 그래서 영리하지 못하지만 그들의 정신은 건강하다. 그들은 자연을 사랑하고 생명을 존중한다. 그들은 인간 차별을 모른다. 산과 들에는 갖가지 나무와 풀 들이 자란다. 키가 큰 나무, 키가 작은 나무, 옆으로 휘어진 나무, 땅으로 기는 나무. 그러나 나무들은 정답게 어울려 큰다. 시샘도, 속임수도, 빼앗음도, 권력도, 억압도, 채찍도, 몽둥이도,

감옥도 없다. 다만 깨끗하고 정겨운 이웃으로 꿋꿋이 서 있다.

　아이들은 자신들도 모르게 그 나무처럼 싱싱하게 자란다. 학교에선 숫자와 테두리를 가르치지만 자연은 한없이 넓고 깊음을 가르쳐 준다.

　　먼 하늘 밑에는
　　삐쭉삐쭉한 할아버지 산들이 있고
　　할아버지 산 밑에는
　　아버지와 어머니 산들이
　　할아버지 산들을 따라가고
　　그 밑에는
　　누나와 오빠 산들이
　　막 뛰놀고 있다.

　　　　　　　　　　　　　—상주 청리국교 박선용

　해가 저물고 저녁놀이 산과 들을 물들이면 아이들은 그새 배가 둥둥 부른 소를 몰고 집으로 돌아간다. 쇠먹이는 어른들의 바쁜 일손을 덜어 주고 어린이들의 삶에 즐거움을 주는 유익한 노동이다.

　도시 어린이들은 승부의 쾌감만을 순간적으로 만끽하려는 감각놀이에만 열중한다. 각종 스포츠와 오락은 모두가 각박한 경쟁심을 북돋우면서 인간성을 잃게 하고 있다.

　텔레비전에 나오는 스포츠 중계는 거의가 전쟁 용어를 사용한다. 피를 흘리며 치고받는 권투 시합이 과연 어린이들에게 얼마나 유익한 구경거리인지 생각해 볼 일이다. 거의 벌거벗다시피 하고 흔들며 부르는 가수들의 노래는 한결같이 진실이 없는 가사로 되어 있다. 중간중간마다 나오는 광고는 먹는 것, 입는 것, 신는 것, 마시는 것, 바르는 것뿐이다.

그것들이 모두 인간에게 행복을 주고 있다면 참으로 비참한 인생이다. 아편보다 더 무서운 것이 소비 지향의 도시문명일 것이다. 꼭두각시처럼 주는 대로 먹고, 주는 대로 마시고, 주는 대로 입고 그리고 시키는 대로 따라 웃고 울고, 바보 멍텅구리가 다 되었으면서도 허세를 부리는 게 도시문명인이다.

언덕배기 흙담 오두막집은 도시의 수천만 원짜리 콘크리트 집에 비하면 너무나 초라하다. 그러나 언덕배기 오두막에는 돈으로 살 수 없는 귀중한 것들이 너무도 많다. 마치 권투 선수의 주먹과 농사꾼 주먹의 차이만큼 그 값어치는 하늘과 땅 차이가 난다.

권투 선수의 주먹은 어디까지나 승부와 돈과 명예가 뭉쳐진, 목적에 따라 계획적으로 만들어진 손이지만, 농사꾼의 손은 일하면서 다듬어진 자연의 손이다. 그 손은 식구들과 다른 이웃들에게 먹을 것을 만들어 주고, 입을 것을 만들어 주는 아름다운 손이다. 슬픈 것은 인간이 그 아름다움을 보지 못하는 맹인이 되었다는 사실이다.

어른들은 모이시면
이런 촌학교에서 공부하면
나중에 높은 사람 될 수 없다고,

어른들 모이시면
이런 촌학교에서
더 배울 것 없다고……

경식이
서울 무슨 학교엔가 전학 갔다.
(이하 생략)

— 오승강 동시 「전학」에서

병들어 가는 자연

도시인구가 팽창되어 가는 반면 농촌에서는 사람이 줄고 있다. 특히 젊은이들은 농촌을 떠나 도시로 나가고 있다. 그래서 농촌에는 농사지을 일꾼이 없다.

한국의 농촌 어디서나 인력 부족으로 소수의 농민들은 과중한 일에 시달린다. 어른들의 일손이 달리다 보니 자연히 아이들의 부담도 늘어났다. 그래서 지금 농촌 어린이들의 노동은 힘겹도록 무거워졌다.

순화가 2학년 때 원인 모르게 다리에 통증이 오고 힘이 없어졌다. 어느 날 순화는 아침에 일어나지 못하고 말았다. 아버지가 업고 가까운 보건소에 갔더니 의사의 말이 순화가 항시 무거운 것을 들거나 등에 업고 있었기 때문에 다리 신경에 마비가 오면서 발육이

제대로 되지 않았다고 했다.

순화는 세 살 터울의 동생 둘을 갓난아이 때부터 업어 키웠다. 아직 학교에도 가기 전, 어머니는 순화에게 동생 둘을 맡겨 놓고 들로 나갔다. 새마을사업으로 그의 집 둘레에 높은 담을 쌓고 도시의 집처럼 철대문을 달아 놓았다.

어머니와 아버지는 아이들을 집 안에 가두어 놓고 철대문을 바깥에서 잠가 버린다. 점심 대신 감자를 함지박에 가득 삶아 놓으면 아이들은 하루 종일 감자를 먹으면서 집 안에서 시간을 보낸다.

순화는 아직 걷지 못하는 작은 동생을 업고 큰 동생을 달래며 집 안 청소와 부엌 설거지를 했다. 원래 말수가 적고 얌전한 순화는 그 힘든 노동을 말없이 견디었다. 때때로 다리가 아파 주저앉고 싶어도 꾹 참고 혼자서만 괴로워했다.

결국 순화는 앓아눕고 만 것이다. 다행히 병원에서 치료를 받아 걸을 수 있게 되었지만, 몸은 여전히 쇠약하여 건강을 찾기가 어려워졌다.

농촌의 여자아이들에게 아기 업기는 가장 힘든 노동이다. "아무개는 동생 업어 키우느라 키가 안 큰다." 이런 말들은 보통 우스개로 하지만 실제로 그럴 수도 있다.

아기를 업고
골목을 다니고 있자니까
아기가 잠이 들었다.
아기가 잠이 들고는

내 등때기에 엎드렸다.
그래서 나는 아기를
방에 재워 놓고 나니까
등때기가 없는 것 같다.

―문경 김룡국교 이후분

　일손이 달리는 농촌에 영농 기계가 들어오기 시작했다. 대표적인 것이 경운기였다. 경운기에 딸린 부속 기계로는 밭을 가는 것, 타작하는 것, 물을 푸는 것 등이 있다.
　영농 기계는 적은 인력으로 많은 양의 일을 할 수 있는 대신 많은 문제점을 안고 있다. 먼저 기계를 사들이기 위해 과중한 투자를 하게 된다. 사들일 때 얼마의 돈을 지불하면 몇 년간 나누어서 갚는다. 그러나 그것은 결국 농민들에게 힘든 빚으로 남게 된다.
　다음엔 기계를 사용할 때 따르는 위험 부담이다. 경운기 사고는 빈번히 일어난다. 신체의 일부를 다칠 뿐만 아니라 목숨을 앗아가기도 한다.
　이 밖에 노동력을 줄이기 위해 사용되는 것이 각종 농약이다. 살충제와 살균제 외에 보편화된 것이 제초제이다. 제초제는 김매기 일손을 덜어 주지만 그 독성이 대단히 무서운 것이다. 제초제의 독성은 잡초를 죽이는 것만으로 끝나지 않는다. 제초제의 주성분인 다이옥신이라는 물질은 영원히 소멸되거나 산화되지도 않고 땅속에 남는다고 한다.
　그것이 모든 곡식이나 과수 같은 농작물에 침투되어 사람이 먹는 과일, 채소, 곡식에 들어가게 된다. 그리고 그것을 먹는 사람들에게 치명적인 피해를 입힌다.

식물의 생명력은 참으로 강하다. 쇠비름 씨앗의 경우, 비름나물을 삶아 먹고 변을 보면 그 변 속에 남은 씨앗이 싹 터 나올 만큼 강하다. 그런데 제초제는 이런 비름씨조차 죽게 만든다. 그것이 아주 미량의 약물로도 가능한 것이니 정말 농약의 폐해는 한없이 무서운 것이다. 현재 농촌에서 생산되는 모든 작물엔 이런 무서운 농약이 들어 있어 건강을 해치고 있다.

문화생활이라는 도시적 삶은 자연을 병들게 하고 결국 인간의 생명마저 파괴한다. 아무리 의술이 발달하고 좋은 치료약이 개발되어도 인간은 온갖 문명의 공해에 시달리게 될 것이다.

한창 농약을 사용하는 8월이면 논에서 흘러나온 물이 냇물로 들어가 물고기들이 떼죽음을 당한다.

농촌 아이들도 이젠 벼메뚜기를 구경하지 못한다. 왕잠자리나 물레잠자리 같은 큰 잠자리는 농약에 견디지 못해 멸종되어 간다. 수십 마리, 수백 마리씩 황홀하게 날아다니던 반딧불이도 한적한 산골 외엔 보기 힘들어졌다. 베짱이는 아직 살아 있지만 여치는 거의 구경조차 할 수 없다. 곤충과 물고기가 병들어 죽으니, 그에 따라 각종 새들도 죽어 간다. 제비도 눈에 띄게 줄어들고, 기러기나 물오리도 해마다 줄고 있다.

도시인구가 불어나면서 과학문명의 찌꺼기들은 농민들을 시달리게 하고 자연을 병들게 하며, 나아가서는 모든 사람에게 해독을 끼친다.

충북 수안보에 있는 ○○식당에서 식사를 하던 8명이 갑자기 "아이구, 머리 어지럽다."고 하면서 쓰러졌다. 원인을 알아보기 위해 반찬 검사를 하던 주인은 고추장을 먹는 순간 머리가 어지럽고 온몸이 나른해지면서 쓰러졌다. 확실한 원인은 알 수 없으나 사람들은 고추에 친 농약 중독 증세거나, 담배 건조실 천장에 말린 고추로 고추장을 담근 데서 온 중독 증세로 보고 있다.

강원도 지역에는 맥주 향료로 쓰이는 '홉'을 맥주 회사와 계약 재배하는 농가들이 많이 있다. 이 '홉'의 꽃향기가 맥주의 독특한 맛을 낸다고 한다. 이 꽃을 벌레나 균에 손상되지 않고 수확하기 위해 엄청나게 농약을 친다고 한다. 한번은 맥주 회사에서 이들 농민들을 초청해서 맥주 제조 과정을 보여 주고 난 뒤, 맥주를 마음껏 들도록 했는데 서로 마시기를 꺼려했다고 한다. "농약에 절인 꽃을 꼭 짜서 술에 타서 마신다."는 생각을 하니 소름이 끼치더라는 것이 한 경작 농민의 말이었다.

_『오물덩이처럼 딩굴면서』 1986

장화 이야기

어린 시절엔 하찮은 일도 아주 큰 상처로 남게 되나 봅니다.

내가 일곱 살 때였습니다. 일본 도쿄의 혼마치(本町)라는, 가난한 사람들이 모여 사는 동네에 우리 집이 있었지요. 눈이 펑펑 쏟아지는 그해 겨울이었습니다.

골목길 바깥 빈터에서 아이들이 눈싸움이랑 눈사람만들기에 지칠 줄 모르고 있었습니다. 일곱 살인 나도 방 안에 그냥 있을 수 없었습니다.

어머니는 춥다고 말리셨지만 말을 듣지 않았지요. 결국 어머니는 옷을 한 겹 더 껴입혀 주시고, 언제 마련해 두었는지 장화까지 신겨 주셨습니다. 나는 너무나 기뻐서 깡충깡충 뛰어가 놀고 있던 아이들과 어울려 눈을 뭉쳐 던지며 놀았습니다.

그때 함께 놀던 아이 가운데 누군가가 내가 신은 장화를 유심히 보더니만,

"쟤 좀 봐! 짝짝이 장화 신었다."

하고는 손가락질하면서 놀리지 않겠어요.

그 소리에 다른 모든 아이들이 장화 신은 내 발을 내려다보았습니다. 그러더니 일제히 "와아!" 웃음을 터뜨리는 것이었어요.

나는 그때서야 내 발을 내려다봤습니다. 그러고는 다른 아이들이 신고 있는 장화를 보고 갑자기 얼굴이 화끈 달아올랐습니다.

어머니께서 신겨 주실 땐 아무것도 모르고 그냥 기쁘기만 했던 그 장화가, 빛깔도 모양도 짝짝이인 것을 그때서야 알게 된 것입니다. 나는 부끄러워 한달음에 집으로 돌아와 소리 죽여 울었습니다. 그 장화는 거리 청소부로 다니는 아버지께서 쓰레기통에 버려진 헌 장화를 주워 짝을 맞춰 놓은 것이었습니다.

그 일이 있고부터 나는 내 옷매무새와 신발에 자꾸 마음이 쓰였습니다.

열두 살 때, 나는 아버지께 단 한 번 호되게 얻어맞았습니다.

해방이 되어 우리는 한국으로 돌아와 아버지, 어머니, 그리고 동생과 나와 네 식구가 살고 있었습니다. 그때도 역시 가난했기 때문에 어머니는 행상을 나가셔서 5일씩 주무시고 오셨습니다. 아버지께서도 고된 노동을 하셨기 때문에 집안 살림을 내가 맡아서 했습니다.

그날도 아침밥을 먹고 그릇을 씻다가 그만 물을 엎질러 옷을 흠뻑 버리고 말았습니다. 어서 옷을 갈아입고 학교에 가야 했기 때문

에, 시렁에 얹힌 가방과 보따리를 끌러 옷을 찾았습니다. 그러나 갈아입을 옷이 없었습니다.

식구들의 옷을 방 안에다 흩어 놓고 아무리 찾아도 입을 옷이 없으니까, 아버지께서 두껍고 긴 겨울 바지를 꺼내어 입으라고 하셨습니다. 그러나 나는 고개를 저었습니다. 그때는 한창 찌는 여름날이었기 때문입니다.

그러나 내가 한사코 겨울 바지를 입지 않으려 했던 것은, 덥기 때문이 아니라 아이들의 놀림감이 될까 무서웠기 때문입니다.

학교 갈 시간은 자꾸 늦어지고, 아버지도 일을 나가야 했기 때문에 그만 화가 나셔서 기다란 밧줄을 몇 겹으로 접어 나를 때리기 시작했습니다.

결국 학교에는 결석을 하고 말았습니다.

내가 이토록 까다로운 옷매무새에 대해 마음을 쓰지 않게 된 것은 6·25전쟁을 겪고 나서입니다. 전쟁은 사람들이 지켜야 할 예의나 착한 마음을 송두리째 부숴 버리고 있었습니다. 옷이 더러운 것은 말할 나위 없고, 훔치고 때리고 죽이는 일을 아무나 하고 있었습니다.

지금은 사람들이 옷을 잘 입고 모양을 내고 다니는 것을 보면 우스워질 때가 있습니다. 오히려 잘 차려입고 모양을 내는 것이 부끄러운 일이라고 생각합니다.

그런데 내가 어릴 때 짝짝이 장화를 신고 아이들에게 놀림을 받고 나서부터 마음속에 남아 있던 상처는 좀처럼 버려지지 않았습니다. 어떻게 하면 두 짝이 꼭 같은 새 장화를 신어 볼까 하는 바람입니다. 그렇게 큰 바람이 아닌데도 그것을 왜 그토록 질기게 가지고 있었는지 참 이상한 일입니다.

나는 그동안 이따금 얼마의 돈을 가지게 되면 장화 생각을 얼른 떠올리는 버릇이 있었답니다. 그 돈으로 장화를 샀으면 싶은 생각이 끊임없이 일어난 것입니다. 그러나 매번 그 바람은 이루어지지 않았습니다.

마흔 살이 넘은 어른이 된 뒤에도 시장이나 길가의 신발 가게를 지나칠 때면 진열해 놓은 장화를 보고 한숨을 쉴 지경이었습니다.

보통 땐 아무런 생각 없이 지내다가도 누군가 장화를 신은 것을 보거나 장화 이야기를 들으면 불현듯 가슴 한 녘이 메어지는 듯했습니다.

설마 그렇게까지 장화가 신고 싶으면 냉큼 사 신으면 될 것이 아니냐고 핀잔을 줄지도 모르겠습니다. 정말이지 만사 제쳐 놓고 한 켤레 사 가질 수도 있었지요. 그러나 그것이 그렇게 쉽지 않았습니다. 그래서 40년 동안 나는 장화를 신어 보지 못했습니다.

그러던 것을 재작년 겨울에 아주 큰마음 먹고 장화를 샀습니다. 검정색 고무 장화를 사면서 가슴이 자꾸 설레었습니다. 어린애처럼 방 안에서 혼자 신어 보고 잠시 동안 즐거웠습니다.

그러나 역시 지난날 그토록 갖고 싶던 장화는 내가 지금 신어 본 장화가 아니라는 것을 깨달을 수 있었습니다. 내가 신고 싶었던 장화는 일곱 살 때 동네 아이들이 보는 앞에서 자랑스럽게 신을 수 있는 그 장화여야 했습니다. 그러니까 내가 갖고 싶었던 장화는 벌써 때를 넘겨 버린 것입니다. 그것을 나는 여태 모르고 있었던 것입니다.

결국 어릴 때 장화 때문에 받은 상처는 씻어지지 않았습니다.

정말 하찮고 쑥스러운 이야기를 어린이들에게 들려주면서도 왜 나에게 그토록 무거운 문제가 되었는지 모를 일입니다.

이 장화에 대한 생각은 앞으로도 계속 내 가슴에서 떠나지 않을 것 같습니다. 참으로 씁쓸한 일입니다.

_『산 넘고 물 건너』 1984

순정이, 영아와 깨끼산 앵두꽃과

앞산과 갓재산, 빌배산과 학교 길의 깨끼산에 이른 봄부터 가을까지 꽃이 끊이지 않고 핀다.

애들은 눈 오는 겨울만 빼놓고는 온통 꽃 속에서 살고 있다. 아이들과 꽃을 견주어 누가 더 아름다우냐고 묻는다면 무어라 대답할까? 어느 쪽도 더 밉거나 곱다고 할 수 없을 것이다.

꽃은 아이들이 있기 때문에 더 아름답고, 아이들은 꽃 때문에 더 예쁘고 슬기로워진다.

여기 4월의 학교 길은 깨끼산의 산앵두꽃으로 꽃 대궐을 이룬다. 연분홍색으로 방울방울 피어나는 산앵두꽃은 깨끼산 산허리를 빙 둘러서 피어난다. 누구나 쳐다보면 탐스럽고 흥겨워 달려가서 꺾고 싶어진다. 더욱이 무엇이나 갖고 싶어 하는 아이들은 말할 나위 없는 것이다.

　순정이와 영아와 재숙이가 그 산앵두꽃을 다발로 꺾어 가슴에 안고 우리 집으로 달려왔다.

　"집사님!"

　"집사니임!"

　방문을 와락 열어젖히며 그들은 숨 돌릴 사이도 없이 꽃 자랑을 하느라 얼굴이 상기된다.

　"이 꽃 집사님 다 디림시더."

　순정이는 깡통에다 물을 담아 꽂고, 영아는 빈 병에다 꽂고, 저희들끼리 부산을 떨었다. 나는 하던 일을 놓고 그제서야 그들에게 관심을 돌렸다.

　"야들아, 꽃 어디서 꺾었노?"

　"깨끼산에서 꺾었어요. 안죽도 디기 많애요."

　"많으면 자꾸 꺾어도 되나? 꽃이 불쌍하지도 않나?"

　"꽃이 뭐 불쌍하니껴?"

　"왜 안 불쌍노? 꺾으면 죽는데……."

　"……."

　아이들 얼굴이 금방 울상이 되어 내 얼굴을 쳐다본다.

　"영아야, 꽃도 숨 쉬고 산단다. 요렇게 참한 새 옷 입고 엄마하고 산단다. 그런 걸 꺾어 봐. 너도 모가지 꺾고, 팔 꺾고 해 봐. 피가 나고 디기 아플 기다."

　"이 꽃병에 꽂아 두마 안 죽고 사니더."

　"병에 꽂아 살아도 꽃은 맨 불쌍하지. 깨끼산에 핀 건 깨끼산에 있어야 좋고, 주들 거랑에 핀 건 주들 거랑이 좋고, 시내미에 핀 건 시내미에서 오래오래 살고 싶단다. 우리 안동 꽃은 안동이 고향이고, 강원도에서 핀 건 강원도가 고향이고, 이북에서 핀 건 이북이 고향이지. 꽃이나 사람이나 모두 고향이 최고로 좋단다. 우리 한국에 핀 꽃을 아무도 꺾지 말고 그냥 두면, 저기 제주도에서 이북 백두산까지 꽃 천지가 되고 얼매나 좋겠노, 그지?"

아이들은 눈만 말똥거리며 듣고 있다.

아직 우리 시골 아이들은 모든 것에 대해 애정을 갖고 있다. 꽃과 새와 짐승 들을 사랑하고 아낀다. 그것은 인위적인 교육으로는 도저히 될 수 없는 본연의 마음씨인 것이다.

현주와 재수 남매가 다른 몇몇 아이들과 함께 냇물에서 퍼덕거리는 물총새를 건져 왔을 때도 그랬다. 이 아이들은 아직 입학 전이며 다섯 살에서 여섯 살짜리밖에 안 된다. 물총새는 농약에 중독된 듯 입에서 거품을 내뿜고 있었다.

"집사님, 빨간 참새(물총새를 이렇게 말했다)가 배고파 아주 힘이 없어요. 파리 잡아 주면 먹지요?"

아이들은 열심히 파리를 잡아다 물총새의 주둥이에 넣어 주려고 했다. 그러나 물총새는 고개를 떨군 채 거품을 내놓고 죽어 버렸다. 아이들은 시키지도 않았는데 저희들끼리 탱자나무 울타리 아래에다 호미로 구덩이를 파고 묻어 주고 있었다.

인간이 인간다운 것은 살아 있는 것에 대한 기쁨과 죽음에 대한 슬픔을 느끼는 순수한 감정 때문이다.

교육은 왜 필요한 것일까? 교육 수준이 높은 이들을 두고 문화인이니 문명인이니 부르고 있다. 그 문명인은 지금 어떤 인간으로 세상을 살고 있는 것일까?

아르헨티나는 영국에 비하면 아직 교육 수준이 훨씬 뒤떨어진다. 그러니 영국인보다 덜 문명인인 것이다. 두 나라는 얼마 전 전쟁을 벌였고, 덜 문명국인 아르헨티나가 힘이 모자라 항복을 했다. 덜 문명했기 때문에 힘이 모자랐던 것이다. 그러고 보니 결국 교육은 힘을 기르기 위한 방법에 불과한 것이다. 더 많이 파괴하고 더 많은 사람을 죽일 수 있는 것이 문명인이고 교육인이기 때문이다. 지금 영국은 많은 재산을 파괴하고 많은 인명을 죽이고 얻은 승리로 인해 온통 기쁨에 들떠 있다.

한 마리 작은 새의 죽음을 슬퍼하고, 한 그루 꽃나무의 죽음을 안타까워하는 일은 감상에 불과한 것일까? 수많은 사람을 전장으로 끌어내어 죽여 놓고 좋아하는 사람들 속에서 나는 바보처럼 한 가장이의 꽃의 목숨을 가지고 너무도 힘들게 마음 써 온 것이 정말 바보스러웠다는 생각이 든다.

뭐 다 죽이고 죽고 사는 것이 세상인데, 그런 것 다 시시하게 염려하기 시작하면 한이 없다고, 성자인 체하지 말라고, 파리 목숨이 뭔데, 어쩌고저쩌고……. 실컷 퇴박당하고 난 뒤엔 얼마나 혼자 서러웠는지. 나는 만년 미개인으로 살다 죽으려나 보다.

"집사님 곁에 있으면 자꾸 어린애가 되는 것 같아서 고민이시더."

어느 고등학교 학생이 솔직하게 얘기해 주었을 때도 나는 덜컥 가슴이 내려앉는 듯한 낭패감을 가졌었다. 그러나 그때만 해도 나는 어느 정도 용기는 가지고 있었다.

"그래, 괜찮다. 어리다는 것은 아직 순수하다는 거다. 가장 약한 자가 가장 강할 수 있는 것이 인간이야."

내 결점을 변명하느라고 그렇게 둘러대었는지 몰라도, 나는 지금도 이 한마디만은 자신을 가지고 되풀이할 수 있다. 가장 약한 인간이 되어 보지 않고서는 가장 강한 인간이 될 수 없다는 주장이다.

고도의 기술과 최신형 무기로 파괴와 살인을 일삼는 문명인이 가장 위대하고 힘 있는 인간이라는 주장은 비문명인에게는 잘 통하지 않을 것이다.

이젠 돌아가시고 없는 삼동댁 노인 부부는 개와 닭을 먹이지 않았다. 그 이유는 개를 먹이다가 팔려 가거나 잡혀 죽게 되면 가슴 아파 도저히 먹일 수 없다고 했다.

앞산 비탈을 일군 밭에 보리와 조를 심은 삼동 어른의 밥상은 언제나 멸치 한 마리 없는 나물 반찬뿐이었다. 그래도 노부부는 오래 살았다. 살아 있는 동안 무병했고 몸가짐이 깨끗했다.

종교교육이든 일반교육이든 그 목적은 전인교육을 통해 인격자로 키우는 데 있다. 참된 인격자는 사랑을 갖춘 인간이며, 사랑은 생명을 소중히 여길 줄 아는 데서 확인된다.

쓸모없는 인간으로 살아온 지 20여 년이 되는 내 인생은 결국 어쩔 수 없는, 실패한 인생이다.

'삶이 괴로울수록 우리 아이들에게나마 나의 실패한 인생을 가르쳐 주어야 한다'는 강한 의무감 같은 것을 느낀다. 주일학교에서 나, 그 밖에 아이들과 함께 있을 때면 이렇게 좀 분수 넘는 의욕을 갖는다. 그러고는 그들의 언행 하나하나에 관심을 가져 보는 것이다.
 다섯 살배기 코흘리개부터 스무 살이 넘는 청년들까지, 그들은 모두 미지의 삶을 향해 걷고 있다. 어떻게 변할까? 행복하게? 혹은 불행하게 되지나 않을까? 그들도 나처럼 떨쳐 버릴 수 없는 삶이라는 숙명적인 책임을 지니고 있다.
 몇 해 전에 시집간 윤자가 아기를 업고 왔다.
 "고생 많지?"
 "없는 사람들 다 그런 거지요, 뭐."
 "서울 쪽으로 같이 시집간 복순이는 잘 사니?"
 "복순 언니 못 본 지 오래되어요. 가끔 소식 들리는데, 하도 고생을 해서 나무 작대기처럼 말랐대요."
 "왜 그렇니? 시집갈 땐 좋은 데 간다고 했는데……."
 "이쪽이 좋아야 저쪽도 좋은 델 고르지요. 생활 때문에 요즘 교회도 못 나간다고 하는 것 같아요."
 나는 복순이가 주일학교 시절에 썼던 작문 한 구절이 얼른 생각났다.

 나는 지난번, 주일날인데도 보리 이삭을 주우러 갔습니다. 그래서 교회에 가지 못했습니다. 하느님이 벌주실지 모르겠습니다. 그러나 우리 아버지는 아파 누워 계시고, 엄마는 오늘도 남의 일을 갔습니다. 나는 보리 이삭을 주워 와서 아버지께 죽을 끓여 드렸습니다.

불쌍한 복순이.

나는 그런데도 10년 전이나 지금이나 한결같은 말만 되풀이하는 교회학교 바보 선생이다.

"순정아, 영아야, 꽃 꺾으면 불쌍하다. 꽃나무도 숨 쉬고 사는데, 왜 불쌍하지 않니?"

너무 고생을 해서 나무 작대기처럼 말랐다는 복순이가 있는 서울 쪽 허공을 바라보며 꼭 같은 말을 이렇게 했다.

"복순아, 가난할수록 더 착하게 살아야 한다. 아무리 가난해도 착하게 살 수 있는 권리는 아무도 못 빼앗아 간단다. 우리 못 먹고 못 입어도 꽃 한 송이 참새 한 마리도 끝까지 사랑하자꾸나."

_『길을 밝히는 사람들』1982

김 목사님께*

　그저께 산에 올라갔습니다. 진달래가 활짝 피어 무척 아름다웠습니다. 그런데 진달래꽃은 남향 쪽 양지보다 북향을 한 응달에 더 많이 더욱 붉게 피어 있었습니다.
　김 목사님, 저는 그 진달래를 보고 '아아, 그랬었구나! 너희들도 양달보다 응달을 좋아했고, 이렇게 숨어서 피어나길 영광으로 아는구나! 과연 너희들은 한국의 꽃이다!' 이런 감탄사가 자꾸만 저의 가슴을 두들겼습니다.
　응달에 피는 꽃, 진달래는 그렇게 뒷산 너머 산자락에 흩어져 피

---

*이 글의 원제는 「새로 안수받으신 김 목사님께」인데, 『오물덩이처럼 딩굴면서』(종로서적 1986)에 수록되면서 「김 목사님께」로 바뀌었다. 민주화운동기념사업회 자료실에 타자기로 작성된 원문이 보관되어 있다.─편집자

어 있었습니다.

　김 목사님, 저는 가끔 시내에 가게 되면 저도 모르게 시장 골목길을 비집고 걸어가게 됩니다. 뚜렷한 이유 없이 발걸음이 절로 그 쪽으로 가지는군요. 시장 골목길엔 떡장수, 수세미 장수, 부침개 장수, 구두 수선공, 떡볶이 장수, 시골에서 올라온 나물 장수, 고구마 장수, 쥐치포 장수, 곶감 장수, 갖가지 광주리 장사치들이 많아서 정말 정다운 곳입니다.

　가랑이를 조금 벌리고 앉은 아주머니, 쪼그리고 앉은 할머니, 두 다리를 쭉 뻗고 태평으로 앉은 아저씨, 싸구려를 외쳐 대며 그 싸구려 상품처럼 조금도 꾸밈없이 살아가는 사람들이 모여 있는 곳이기 때문입니다.

　제가 지금 입고 있는 바지도 그 시장 골목에서 사 입은 것입니다. 1800원 달라는 걸 깎아서 1400원을 주었지요. 참말 인심 좋은 장수였습니다.

　시장 골목길에서는 검정 고무신을 신고 걸어도, 허름한 작업복 차림으로 다녀도 상관없습니다. 그만큼 겉을 꾸미지 않아도 좋은 장소입니다.

　김 목사님, 제가 왜 이렇게 서두부터 시시한 시장 골목 얘기를 꺼내 놓는지, 불쾌하지는 않으신지요? 아니지요? 목사님도 재미있다고 생각하실 것입니다.

　온 세상이 겉모양을 꾸미고 허세를 부리는 걸 제일로 알고 있는데, 이렇게 말없이 응달에 숨어서 살아가는 목숨이 있다는 것 얼마나 기쁜 일입니까? 요사이 저는 자꾸 마음을 안정시키고 쉴 수 있는 곳을 이런 데서 찾고 있기 때문입니다. 꾸미지 않고 정직하게 살 수 있는 곳이 어딘지 찾아보기 힘들기 때문입니다.

제가 기독교에 들어온 지 20년이 되었습니다. 솔직히 말해서 그 동안 교회에서 너무도 비인간적으로 살아왔다는 사실을 깨달았습니다. 자신은 그래도 떳떳하게 착실하게 꾸밈없이 있는 그대로 살아왔다고 착각해 온 것이 부끄럽습니다.

사랑 사랑 하다 보니 결코 용서해서는 안 될 사실까지 덮어 버리고 양가죽을 뒤집어쓴 이리 같은 사기꾼이 되어 버렸습니다. 겸손은 무조건 무릎을 꿇어야 하는 것으로 알고 알량하고 비굴한 인간이 되었습니다. 복종만이 신앙의 도리로 알고 맹종하다 보니, 이젠 마귀의 명령에도 굽신대는 절대적인 착한 인간이 되었습니다.

김 목사님, 정말 무섭습니다. 교회라는 곳이 무서워졌습니다. 목사님의 자애로운 그 웃음이 진짜인지 가짜인지, 장로님의 말씀이 진짜인지 가짜인지, 집사님의 다정한 인사가 진짜인지 가짜인지, 믿습니다를 백 번을 해도 믿어지지 않습니다.

왜 이렇게 되었는지요? 예수 믿는 것이 잘못이었을까요? 제가 믿어도 바르게 믿지 못한 탓인지요?

보통 예수 믿으면 3년 안으로 부자 된다는데, 저는 20년 믿어도 아직 가난하기 때문에 화가 난 건지도 모릅니다. 건강 축복, 물질 축복, 가정 축복, 장수 축복, 만사형통한다는데 저는 한 가지도 얻지 못했으니 정말 저주받은 자식인가 봅니다. 화가 납니다. 목사님, 정말 화가 납니다.

태어나면서부터 나라도 없이 살았고, 나라를 제대로 찾았나 싶더니 반동강이가 되어 형님 아우가 총대를 겨누며 싸우는 나라, 그런 나라의 자식이 예수를 믿었는데도 축복 하나 못 받았습니다.

누가 그러더군요. 요즘은 부자라야 천당 가고 가난뱅이는 지옥 감이라고요. 가난한 건 예수 잘못 믿어서 가난한 것이고 그게 죽은 뒤에까지 연장되지 않느냐는 것입니다. 정말 원통한 일입니다.

그러나 목사님, 죽은 뒤의 세계는 아직은 큰 문제가 아닙니다. 현재 너무 괴롭기 때문에 이 괴로움이라도 좀 덜어 보고 싶을 뿐입니다. 그렇다고 가난이 못 견디게 괴로운 건 아닙니다. 장가 못 간 것도 상관없습니다. 오래 살지 못해도 괜찮습니다. 출세를 못 해도, 권투 선수처럼 건강하지 못해도 좋습니다.

다만 저는 잃어버린 진짜 하느님을 찾고 싶습니다. 진짜 예수를 믿고 싶습니다. 마귀에게까지 복종하는 절대 복종에서 해방되고 싶습니다. 옳은 것은 옳다 하고, 아닌 것은 아니요 할 수 있는 떳떳한 인간이 되고 싶습니다.

그리고 또 사람과 사람끼리 믿게 해 주십시오. 목사님을 믿게 해 주십시오. 장로님을 믿게 해 주십시오. 집사님을, 교인들을 믿게 해 주십시오. 권력보다 진실이 더 귀하다는 것을 알게 해 주십시오. 황금보다 사람이 더 값지다는 것을 알게 해 주십시오. 수천 명, 수만 명이 모이는 커다란 교회보다 두세 사람이라도 진짜 예수 이름으로 모이는 교회가 되게 해 주십시오.

아니, 아니, 교회는 없어져도 좋습니다. 하느님이 계시는 곳은 어디나 교회입니다. 동족끼리, 인간끼리 무기를 맞대고 싸우는 전쟁터에 아무리 거대한 교회당을 지어 놓고 수만 명이 모여도 그건 교회가 아닙니다. 황량한 들판이든, 강가이든, 산 위이든, 싸움이 없는 곳이, 무기가 없는 곳이, 권력이 없는 곳이, 황금이 없는 곳이, 억압이 없고 공갈이 없는 곳이 곧 교회입니다. 하느님 나라입니다.

김 목사님, 목사님은 목사 되기 위해 목사님이 되신 건 아니겠지요. 그러니 목사님은 진정한 목사님이 되십시오. 신학교 나와서 안수받았다고 진짜 목사가 된 건 아닐 것입니다.

아아 목사님, 어떻게 하시겠습니까? 사람 숫자보다 무기가 더 많은 나라, 자기 민족을 원수로 삼고 남의 나라 힘으로만 살아가려는 어리석은 백성, 자유롭기보다 얽매이길 좋아하는 인간이 되어 버린 당신의 조국은 어쩌시렵니까?

목사님도 어마어마한 무기 창고 속에다 사랑의 교회를 세워 인간을 기만하시겠습니까? 하느님을 우롱하시겠습니까? 목사님, 부탁입니다. 교회당 짓지 말고 인간을 죽이는 무기부터 걷어 주십시오. 사람과 사람 사이를 가로막고 있는 벽부터 헐어 주십시오.

분단 36년, 목사님은 그 괴물의 정체가 어디서 시작되었고 누구의 책임인지 알아보기라도 하셨는지요? 먼 곳의 인간은 사랑하기 힘들지만, 바로 가까이 있는 내 혈육을 외면할 수는 없지 않습니까? 목사님은 과연 이웃 사랑, 하느님 사랑을 어떤 것으로 알고 계십니까? 하느님을 시멘트 건물 속에 가두어 놓고 한 주일에 한 시간씩 면회 가는 것이 하느님 사랑입니까? 내 혈육에겐 살인 무기를 들이대 놓고 불우이웃돕기를 하는 것이 이웃 사랑입니까?

목사님, 제발 그런 엉터리 나발은 불지 마십시오. 지옥 가더라도 인간은 속이지 마십시오. 호화 주택에 푹신한 침대 차리고 잘 먹고 사는 게 축복이 아닙니다. 인간이 물건 취급받는 교회이니까 당연한지도 모르겠습니다만, 예수 팔아 썩어 버릴 육체 보존하려고만 하지 마십시오.

김 목사님, 목사 되는 것은 모든 권위에서 벗어나는 것입니다. 당신이 걸치고 있는 가운을 벗으십시오. 하느님의 말씀은 알몸으로 전해야 합니다. 당신의 어린양들에게는 해방을 주고, 불의를 도모하는 권세자들을 향해 외치십시오. 그래서 고통을 느끼십시오. 성공하는 목사가 아닌, 외치다가 죽는 실패하는 목사가 되십시오.

하느님 뜻에 맡기는 것은 거룩한 성전에서 값싼 눈물로 조용히 기도하는 것이 아니라, 당당하게 현장으로 나가서 온 영혼과 몸을 내던지는 것입니다.

김 목사님, 진실로 하느님을 사랑하십시오. 그리고 이웃을 사랑하십시오. 내 피를 나눠 받은 조국의 형제를 걱정해 주십시오. 그래서 세계를, 인류를 위하는 목사님이 되어 주십시오.

주님은 짧은 일생 동안 줄곧 고난의 길을 걸으셨습니다. 아무것도 가진 것 없이 산과 들, 그늘진 뒷골목, 소외당한 사람들이 있는 곳, 문제가 있는 곳이면 어디든지 누비고 다녔습니다. 그렇게 현장에서 고통하는 인간들과 함께 당신도 고통스럽게 살았습니다.

진짜 사랑이 어떤 것인가 입으로만 설교하지 않고 몸으로 행동으로 가르쳤습니다. 약자에겐 한없이 약했고, 강자에겐 불 같은 정신으로 항거했고, 그래서 그는 바보가 되었고 부자나 권력층 무리들에겐 미움을 받았습니다. 하늘나라의 참뜻을 이해시키기 위해 모든 방법을 동원해서 가르쳤지만 그분의 진심을 아무도 이해하지 못했습니다. 그때나 지금이나 인간들의 계산은 눈앞의 이익에만 있기 때문입니다. 그는 사기꾼이 되었고 얼간이가 되었고 미친 놈이 되어 결국 외롭게 죽었습니다. 모든 것에서 버림받은 인간, 그분이 우리의 주님입니다.

김 목사님, 우리가 믿는 하느님은 바로 이런 하느님입니다. 버림받아 실패하는 하느님, 얼마나 멋있는 하느님입니까?

'지금 슬퍼하는 사람은 행복하다. 그들은 위로를 받을 것이다.'

예수님은 그래도 우리들에게 이렇게 위로해 주고 계십니다. 버림받고 실패한 주님의 참뜻을 이해한다면 누구든지 기꺼이 자신을 내던질 수 있을 것입니다.

가장 믿었던 사람에게 배신당한 하느님, 지금도 그분은 외로우십니다.

두서없이 쓰다 보니 제대로 뜻이 전해졌는지 모르겠습니다. 새로이 출발하는 목사님에게 너무 가슴 아픈 말씀을 드린 건 아닌지 걱정도 됩니다. 그러나 이런 따위 아픔은 다 경험해야 하지 않겠습니까? 수난절을 맞이하여 저의 솔직한 신앙고백을 털어놓은 거라 생각하셔서 용서해 주십시오. 부끄러운 저의 고백입니다. 안녕히.

1981년 4월 17일

_『오물덩이처럼 딩굴면서』1986

다시 김 목사님께 1*

뜰 가득히 떨어져 내린 개나리 꽃잎을 빗자루로 쓸려고 하다가 그만두었습니다. 왠지 쓸어 버리는 것이 애처로웠습니다.

지면에 깔린 개나리 꽃잎은 가지에 피었을 때보다 한결 진한 빛깔로 내 눈을 부시게 하고 있었습니다. 죽음이 이렇게 탄생보다 더욱 진하게, 강하게 표현되는 이유가 어디 있는지요?

말없이 피었다가 말없이 지는 꽃이라는 말을 흔히 듣고 있지만, 과연 그럴까요? 아니, 절대 그렇지가 않습니다. 꽃들은 더욱 절실하게 생명을 노래하며 태어났다가 죽어 가는 것입니다.

김 목사님, 요즘처럼 꽃잎이 지는 계절엔 어떤 생각을 하면서 지

---

*「다시 김 목사님께」라는 글이 두 편이어서 일련번호 1, 2를 붙였고, 발표 연도를 정확히 알 수 있는 글에 앞 번호를 붙였다.—편집자

내십니까?

 사람은 생각하는 갈대라는 말처럼 우리는 살아가면서 무언가를 항시 생각해야 하나 봅니다. 슬픈 일, 기쁜 일, 억울한 일, 분한 일, 사랑스러운 일, 미운 일, 그리운 동무 생각, 보고 싶은 사람, 뭐 얘기하자면 한이 없지요.

 이런 숱한 생각들을 하면서 '왜 슬픈 일은 생기는 걸까? 왜 기쁜 일은 잠시였다가 사라져 버리는 걸까?' 이렇게 '왜'라는 의문을 갖게 되면 생각은 그때부터 더욱 깊어지고 복잡해집니다. 인간이 처음 철학이라는 말을 듣게 된 것은 이런 '왜'라는 의문을 캐고 쪼개고 헤쳐 보는 데서 시작되었을 것입니다.

 김 목사님, 어쩌다 보니 이렇게 싱거운 인생을 살고 있습니다. 제가 이 조그만 예배당 문간방에 와서 기거한 지도 벌써 만 14년째가 되었습니다. 그동안 늘 혼자였지요. 함께 살아온 건 샛문을 사이에 둔 옆방을 오락가락하면서 말썽을 부려 온 생쥐 몇 마리뿐입니다.

 어머니들이 바느질할 때 손가락에 끼는 골무만 한 쥐가 밤낮으로 방구석을 벌벌 기어 다니는 것입니다. 잡으려고 해도 잡히지도 않고, 좀 귀찮게 굴지만 어쩐지 10여 년 같이 살다 보니 정이 들어 버렸습니다.

 추운 겨울철엔 아랫목 이불 속에 들어와 옹크리고 자고 가기도 합니다. 밤중에 발바닥이 간지러워 퍼뜩 잠이 깨면 그게 발밑으로 자꾸 파고드는 것입니다. 아침에 일어나면 먼저 쏜살같이 도망쳐 버립니다만, 때로는 이불을 개켜도 그냥 잠든 채 오그리고 있는 모습이 도저히 밉지가 않습니다. 자고 있던 둘레엔 깜장깨알만 한 똥덩이가 몇 개 흩어져 있고, 가끔 오줌 싼 자국도 있습니다. 당연한 거지요.

　예배당 앞의 좁은 길로 달구지가 다니고 전깃불도 들어오지 않던 시절엔, 옆집 할머니네 감나무에 밤마다 부엉이가 찾아와 울었지요. 살쾡이가 와서 방문을 두들기고 갔습니다.

　그래서 저는 살 수 있었습니다. 더불어 사는 것은 인간들만으로 국한할 수 없습니다. 살아 있는 목숨은 모두가 더불어 함께 살아야 합니다.

　이제 달구지 길은 넓어져 버스가 먼지를 일으키며 다니고 경운기가 시끄럽게 지나다닙니다. 엄마 닭이 병아리를 데리고 모이를 찾던 시골길은 하루 종일 난폭한 오토바이 소리로 괴롭습니다.

　김 목사님, 문명이라는 것이 이렇게 폭군으로 군림할 줄은 몰랐습니다. 편리가 인간에게 어떤 이익을 가져다주었는지 정신을 차려 한 번 생각해 보아야 할 것입니다.

　어떤 여건에서도 인간은 삶을 유지하며 생활을 만들어 갑니다. 생활이 없을 때 인간은 삶 자체가 죽음과 같습니다.

　3년 전, 제가 요양원에 있을 때 들은 얘기입니다. 팔공산 깊숙한 외진 산속에 이북에서 피난 온 할머니 할아버지 부부가 조그만 오두막을 지어 놓고 살더라는군요. 저와 함께 요양 생활을 하던 환자가 우연히 그곳에 갔을 때 마침 다리를 다친 새끼 까치 한 마리를 기르고 있었는데 신통하게도 새끼 까치는 그 노부부의 곁을 떠나지 않고 붙어 다니더라고 했어요. 산자락을 일구어 조를 심고 개울 물가에 미나리를 가꾸면서 그 노부부는 외로운 타향살이를 하고 있었다는 겁니다.

이 이야기를 저는 별로 더 꾸미지도 않고 동화로 썼습니다.「새끼 까치와 진달래꽃」이라는 작품인데 제가 쓴 것이면서 이따금 되풀이 읽으면 가슴이 뭉클해집니다.

더불어 살아가는 사람들의 모습을 보면 그 감동의 깊이가 가난하고 외로운 이들의 것이 훨씬 아름답습니다. 그들은 형식적 예배는 별로 가져 볼 시간 여유가 없지만, 생활 자체가 거룩하고 살아 있는 예배라 할 수 있습니다. 하느님은 어떤 예배를 원하는지 잘 모르겠습니다만 진실을 원하는 하느님이라면 가난한 마음 자체가 향기로운 예배가 될 것입니다.

가난은 절대 불행일 수가 없습니다. 가난한 사람이 고통을 당하는 것은 부자들이 직접 간접으로 그들을 학대하기 때문입니다. 부자는 원래 세상에서 힘 있는 사람을 지칭하는 것 아닙니까. 돈의 힘, 권력의 힘, 무기의 힘, 이런 힘들은 항상 가난한 이들을 다스려 왔고, 더 많은 것을 착취하는 수단이 되어 온 것입니다.

30년 전만 해도 아직 농촌에서는 부인들이 목화를 따다 실을 뽑아 무명을 짰습니다. 여름엔 삼베옷을 입고, 겨울엔 명베옷을 입었지요. 그런데 명베나 삼베는 날의 숫자에 따라 굵고 가늘었습니다. 석새베에서부터 보름새까지, 그 이상 열엿새, 열일곱새도 있었던 것 같습니다. 물론 굵은베는 가난한 일꾼들의 옷감이었고, 새가 높을수록 가는베는 놀고 있는 부자들의 옷감이 되었습니다.

일하는 사람들에게는 투박하지만 굵고 두꺼운 옷이 질기고 실용적일 것입니다. 그래서 닷새베나 엿새베를 입는 것이 당연할 것입니다. 그것은 아무런 흠허물이 될 수 없을 테니 말입니다.

그런데 문제는 그렇게 간단하지 않았습니다. 아홉새나 열새 베로 옷을 만들어 입은 사람들이 닷새나 엿새 베옷을 입은 사람들을 업신여긴 것입니다. 평등이란 외양의 꾸밈새에 있는 것이 절대 아닐 텐데 사람들은 베옷의 굵기에 따라 인격을 판단하고 있었습니다.

그래서 닷새베는 엿새베에 비하여 좀 더 움츠러들었고, 일곱새 베는 엿새베 위에 군림했던 것입니다. 아홉새나 열새 이상의 가는 베옷을 입은 사람들은 닷새나 엿새 베옷을 입은 사람들을 얼마나 멸시했는지요.

손수 길쌈을 해서 베옷을 입던 시대가 지나고 기계 옷감이 나왔습니다. 붉은 광목과 하얀 옥양목이 이번에는 인간의 등급을 쉽게 갈라놓았습니다. 고무신이 짚신을 추방하고 우리의 핫바지는 양복 앞에 꼼짝을 못했습니다.

얼마 전까지 이곳 안동시 가톨릭 수사님들이 있는 수도원에 멕시코에서 온 원장 수사인 ㅁ 씨가 있었습니다. 저보다 나이가 서너 살 아래이지만 텁석부리 수염을 기르고 있어 아주 의젓한 양반 같았습니다.

어느 날 제가 안동 시가지를 걷고 있는데 맞은편에서 저와 똑같은 검정 고무신을 신은 사람이 걸어오는 것이었습니다. 반갑기도 하고 조금 의아스러워 고무신의 임자를 쳐다보니 뜻밖에도 코가 크고 수염투성이인 ㅁ 수사님이었습니다.

인사를 나누고 각자 갈 길이 바빠 헤어졌지만, 왠지 속이 좋지 않았습니다. 고무신만은 우리 한국인의 특허품이고, 더욱이 검정 고무신은 가난한 나 같은 사람의 독점 소유물인 것으로 알았기 때문입니다. 그걸 제가 별로 좋지 않게 생각하는 서양 사람의 발을 감싸 주고 있다니, 영 개운하지가 않았습니다.

세상없어도 이 검정 고무신만은 나의 것으로 한국인의 자랑으로 당당하게 지키려 했던 고집이 일시에 허물어지는 기분이었습니다.

그런 뒤 얼마간 지나서였습니다.

제가 그 수도원에 볼일이 있어 찾아갔습니다. 사무실엔 바로 그 멕시코 수사님의 고무신짝이 놓여 있었습니다. 그는 일어나 꾸벅 인사를 하고는 대뜸 한다는 말이,

"권 선생님, 당신의 나라 한국이 걱정되지 않습니까?"

하는 것입니다.

갑작스러운 물음이어서 무어라 대답할 말을 찾지 못했습니다. 속으론 한 대 얻어맞았다는 기분과 간섭받았다는 역겨움이 엇갈려 가슴이 두근대었습니다.

자리에 앉아 그와 무슨 이야기를 했는지는 말씀드리지 않겠습니다. 다만 그 멕시코의 수도사는 진정으로 한국을 걱정하고 있었습니다. 그는 같은 서양인이었지만 미국인과는 몸가짐부터가 달랐습니다.

김 목사님, 저는 앞서 더불어 살아가는 목숨들에 대해 조금 말씀드렸지요. 더불어 살아간다는 것은 누가 누구를 다스리거나 부리는 관계가 절대 아닙니다.

그리고 보니 멕시코의 ㅁ 수사님은 우리와 함께 더불어 살고 있

는 이웃이라 해도 되겠지요. 더불어 사는 거야 동서양을 가릴 것도 없고 외양의 생김새가 무슨 상관이겠습니까? 핫바지와 양복쟁이도 더불어 살 수 있고, 구두짝과 고무신짝도 어울려 살 수 있는 것입니다.

그런데 김 목사님, 지금 목사님의 차림새와 주위를 둘러보십시오. 걸치고 있는 옷이나 꿰고 있는 신발, 그리고 널려 있는 물건들이 분수를 헤아리고 있는지 돌이켜 생각해 보시기 바랍니다. 더불어 살 수 있는 자격을 갖추었는지, 아니면 도저히 내 이웃과는 나란히 설 수 없을 만큼 과분하지나 않은지 말입니다.

더불어 살고 싶은 마음을 지닌 사람은 절대 남의 자리보다 높아지려 하지 않습니다.

세상에서 더불어 살 수 있었던 사람들은 어째서 가난하고 병든 사람들이어야 했는지 예수님은 잘 알고 계실 것입니다.

지금 목사님이 신고 있는 구두짝이 멕시코의 한 수도사가 신고 있는 검정 고무신에 부끄럽지 않는지요? 옛날 러시아 장교가 신었다던 가죽 장화가 오늘 우리 한국의 철부지 아가씨들의 다리를 장식해 주고 있다고 해서 그게 자랑거리가 될 수 있을까요?

서양 나라에 유학 다녀왔다고 외양만 서양 사람 흉내 내기에 급급한 지식인들은 차라리 창경원 울 안의 원숭이와 바꿔 놓는 편이 좋을 겁니다.

이번 4월 한 달은 참으로 어수선했습니다. 부산 미국문화원 방화 사건으로 저녁마다 우리 방에 모인 아이들은 텔레비전에서 보고 온 뉴스를 전해 주면서 화제로 삼았습니다. 사건에 가담된 사람들이 한두 사람씩 잡혀가고 있었습니다. 마지막에 천주교 신부님 한 분이 주모자 두 사람과 함께 연행되어 가자, 아이들은 놀라움과 의구심으로 무척 착잡해지고 있었습니다.

아이들은 텔레비전 뉴스를 그대로 본떠서 그들을 지탄하고 있었습니다.

"교회가, 그것도 신학교 학생이 방화를 하고 사람까지 죽게 하다니 있을 수 없는 일이다."

"게다가 불을 지르고 도망쳐 간 범인을 은닉시켜 주고 결혼 주례까지 서 준 신부님은 공모자나 다름없지 뭐야."

"반미 선동을 하고 폭력까지 서슴지 않는 불순분자는 샅샅이 색출해 내야 한다."

"북괴의 앞잡이나 다름없는 구호를 서슴없이 주장하는 삐라를 뿌리는 건 간첩이나 다름없다."

"정말 우리 교회가 큰일이다. 사회의 모범은 안 되고 폭력을 정당화하고 혼란을 일으키고 있으니 일반 사회인들에게 욕을 얻어먹어도 싸지 싸. 교회가 사회의 소금은 못 될지라도 불순분자를 길러 내는 온상이 되고 있으니 한심하다 한심해."

부산 미국문화원 방화 사건은 신·구교의 교회 안 사람들이 대거 관련되었기 때문에 이곳 시골 교회 교인들에게 많은 당혹감을 일으켜 준 건 사실입니다. 모이기만 하면 화제로 삼았고, 사건 관련자들을 매도하고 있었습니다.

"집사님, 집사님은 미국문화원 방화 사건을 어떻게 생각하세요? 잘한 짓입니까? 못한 짓입니까?"

아이들은 질문을 해 놓고 잔뜩 호기심을 나타내는 눈으로 저를
쳐다보았습니다.
 "물론 나도 폭력은 질색이다. 폭력엔 파괴가 꼭 뒤따르기 마련이
니까. 그러니까 법 앞에서 공정한 벌을 받아야 한다. 누구에게든 특
권이 주어져선 안 된다."
 저는 그렇게 말하고 나서 다음 이야기를 덧붙여 말했습니다.
 "너희들도 30년 전 일을 알고 있지? 6·25전쟁을 보지는 못했지
만 많이 들었을 게다. 이 조그만 한반도에서 무려 3년 동안이나 전
쟁을 했으니 어떠했겠니? 괭이나 낫 외엔 무기를 가져 보지 못한
농사꾼만 사는 나라에 탱크가 밀어닥치고 폭탄이 비 오듯이 뿌려
지고, 이 땅은 그야말로 아비규환이었단다. 놀라지 마라. 6·25 때
우리 한국 땅에 떨어뜨린 폭탄은 2차 대전 당시 전 세계에 뿌려진
폭탄의 갑절이나 되었다니 얼마나 소름 끼치는 일이니. 온 나라가
잿더미가 되었단다. 불쌍한 사람들은 폭탄을 피해 이리 쫓기고 저
리 쫓겨 다니면서 죽어 갔지. 탱크에 치어 죽고, 총에 맞아 죽고, 대
검에 찔리고, 폭격에 작살이 나고, 강에 빠지고 바다에 빠져 죽고,
맞아 죽고, 굶어 죽고, 얼어 죽고, 목 졸라 죽이고, 찢어 죽이고, 파
괴와 살인 행위가 밤낮으로 자행되었단다. 전쟁이라는 대폭력이
그렇게 불쌍한 우리 할아버지 할머니, 어머니 아버지와 형제 들을
무참히 죽인 거야. 3년 뒤 휴전협정이 체결되어 전쟁은 쉬었지만
결국 우리는 가해자가 누군지 찾아내지 못했단다. 우리는 집을 잃
고 가족을 잃고 씻을 수 없는 상처만 남은 채 30년이 지난 지금까
지 6·25의 원인 규명을 아직까지 못 하고 있단다. 도대체 그 어마

어마한 폭력은 누구의 짓이란 말인가? 그 엄청난 만행을 저지른 장본인은 누구인지 왜 끌어다가 벌주지 않는 거야. 누가 데려다가 은닉시켜 뒀기에 여태 찾아내지 못하는 거야? 작은 폭력은 용서할 수 없고 커다란 폭력은 당연하다는 건가?"

듣고 있던 아이들의 머릿속에 커다란 혼란이 일어났음이 금방 표정에 나타났습니다. 이 정도로 아이들에게 우리 역사의 모순을 이해시킬 수 있겠습니까만, 조그만 계기는 되었을 것 같습니다.

강대국과 약소국 사이에 '우방'이라는 형식적 용어조차 저에게는 몹시 저항감을 불러일으킵니다. 더불어 사는 사이엔 힘이 개입되어서는 절대 안 됩니다. 진정한 우방은 더불어 사는 관계여야 합니다.

김 목사님, 목사님은 지난 4월을 어떻게 지내셨습니까? 어떤 설교를 했고 어떤 기도를 하셨습니까? 어둡다는 말은 해가 없는 밤을 일컫는 것만이 아니라고 말씀하셨겠지요.

한 달에 한 번씩 저는 극빈자에게 주는 양곡 배급을 받으러 면사무소에 갑니다. 창고 앞에는 그렇고 그런 사람들이 빈 푸대기를 들고 차례를 기다립니다.

빈 푸대기 인생들은 서로가 말이 없습니다. 노력 부족인지 불성실 탓인지, 어쩌다가 잘못된 운명 탓인지 우리는 모두 실패자입니다. 실패한 사람들은 할 말이 없습니다. 묵묵히 앉은뱅이저울에 달아 주는 쌀과 보리쌀을 받아 모두 고만고만한 보퉁이를 만듭니다.

문께기 할배는 언제나 화가 잔뜩 난 표정을 짓고는 커다란 푸대기 밑바닥에 깔린 쌀자루를 자전거 꽁무니에 질끈 묶어 놓습니다. 담배 한 대를 피울 동안 연신 헛기침을 뱉어 내다가 너덜너덜한 바짓가랑이를 걷어 올려 부치곤 자리를 뜨는 것입니다.

후생촌 할머니의 보자기는 특이합니다. 검정 무명 보자기는 덕지덕지 기워서 본래 바탕은 어떤 헝겊이었는지 눈여겨보지 않으면 식별할 수 없습니다. 그러나 할머니는 그 보자기에 당신의 한 달치 식량을 정갈하고 맵짜게 싸는 것입니다. 손수 만든 기다란 짐바에 보퉁이를 걸어 양팔에 꿰면 신통하게도 보퉁이는 등허리 한중간에 매달리는 것입니다.

후생촌 할머니는 창고 앞 층계 위에 보퉁이를 놓고 그렇게 팔을 짐바에 꿴 채 뒤를 돌아보는 것입니다.

"누가 뒤 좀 떠받아 주이소."

거기 서 있는 사람 가운데 아무나 할머니의 등을 부축해 드리면 부들부들 일어서는 것입니다.

"할매요, 그렇게 해서 어째 산뺑달까지 올라가니껴?"

"쉬엄쉬엄 가제 뭐."

후생촌은 높은 산등성이에 옹기종기 집이 모인 마을입니다. 양곡 배급을 받으러 오는 사람 중에 후생촌 사람들이 눈에 띄게 많습니다.

결코 필요 이상의 말은 하지 않는 사람 가운데 이따금 말 많은 사람도 있습니다. 젊은 시절 아기를 갖지 못해 소박맞았다는 아주머니가 있습니다. 나이 쉰다섯 아니면 쉰여섯쯤 된다는 아주머니는 이젠 할머니로 호칭을 바꿔야 할 만큼 주름살이 늘었습니다. 그이의 어두운 과거는 이 근처 사람 누구나 훤히 알고 있습니다.

이 아주머니가 지난번 배급받으러 갔을 때 나를 잔뜩 긴장시켜 놓았습니다.

"젊은 양반……."

보통 사람들은 나를 '젊은 양반'으로 부르고 있습니다. 아주머니는 그렇게 불러 놓고 나를 물끄러미 한참 쳐다보는 것입니다. 현관 시멘트 바닥에 퍼질러 앉아 허탈에 빠져든 그 모습만 봐도 괜히 가슴이 썰렁대는데 아주머니는 넋두리를 줄줄 뱉어 내는 것입니다.

"젊은 양반, 앞으루 혼자서 어떻게 살라니껴? 아무것도 아닌걸, 백 분 천 분 다시 태어나서 살아도 괜히 아무것도 아닌걸. 왜 살어요? 왜 살어요?! 한 스무 날 동안 비원(병원) 신세를 졌더니 요강 안의 똥덩이만치도 안 여기대요. 참말 암껏도 아이시대이. 젊은 양반도 살아 보만 알겠지만, 살라끄덩 악착같이 살아야제. 체면도 양보도 다 소용없니더. 먹을 것 생기면 체면 없이 먹고, 입을 것 생기면 남 생각지 말고 입고, 누가 알아주니껴, 뭐이 뭐이 섧다 해도 혼자 사는 몸만치 섧은 건 없니더. 어예 살라니껴? 어예서 살아갈라니껴?……"

아주머니의 넋두리는 차츰 절규로 변했고 눈에는 눈물이 젖어 들었습니다.

그날처럼 배급 차례를 기다리는 시간이 지루한 적은 없었습니다.

아무것도 아니라는 것, 어떻게 살아가겠느냐는 절망에 찬 시선이, 결국 허공으로 맴돌던 것이 지금까지 지워지지 않습니다. 사는 것이 아니라 견디고 있다는 사람들이 더 많은 양곡 배급소의 인생은 누가 만들어 놓은 작품 속의 주인공인지요?

결코 희망을 내다볼 수 없는 막다른 길목에 선 가엾은 사람들, 그들과 더불어 살아갈 사람은 없는지요? 있으면 어떻게, 어떤 방법으로 함께 살아갈 수 있을는지요?

김 목사님, 우리 기독교 교인 숫자가 700만인가 800만인가 할 만큼 어마어마한 인구가 되었다지요. 훌륭한 목사님들이 전도를 잘해서 교회도 굉장하게 짓고 축복받은 나라라고 칭찬도 많이 듣고 있나 봅니다. 하느님도 무척 신이 나시겠지요.

그런데 목사님, 저는 아주 부정적인 인간이어서 그런지 교회가 부흥된다는 소문과는 달리 자꾸 부끄러운 생각이 듭니다. 나 자신이 기독교 교인이라고 당당하게 자랑을 못 하니 분명 문제아인가 봅니다.

며칠 전 우리 교회 장로님 한 분이 아주 정색을 하시면서 말씀하셨습니다.

"권 집사님은 믿음이 신실하면서 왜 생활이 가난하냐."

하시는 게 아니겠습니까. 저는 천부당만부당한 말씀이라고 장로님께 항의를 했습니다. 그 항의가 버릇없는 일장 설교가 될 정도로 자꾸 지껄였습니다.

"장로님, 제가 어째서 가난하다는 말씀입니까? 지난겨울 동안 전 기운 양말을 신지 않았어요. 작년만 해도 구멍 난 양말 잘 꿰매 신었는데 이렇게 게을러졌답니다. 게을러진 건 그만큼 부자가 되었다는 증거지 뭡니까. 세끼 밥 먹고 따뜻한 아랫목에서 잠자고 그게 뭐 가난한 겁니까. 장로님은 한국이 남의 나라한테 빚진 게 얼마나 되는지 아십니까?"

"글쎄, 많다고들 하더군."

"그것 보십시오. 우리는 그런데도 이렇게 부자로 살고 있지 않습니까? 정말 가난하자면 자기 분수를 지킬 줄 알아야 합니다. 남의 이잣돈 내다가 자가용 타고, 칼라텔레비 들여놓고 춤추는 여자 구경이나 하고, 살림살이 그래서 되겠습니까? 조반석죽 먹으면서 허리띠 졸라매고 일해도 빚진 돈 갚기가 까마득한데. 짧은 중의에 긴 대님 맸다고 선진국 되는 거 아니지 않습니까?"

장로님께 드린 말씀은 굉장히 길었습니다만 이만큼으로 줄이겠습니다.

김 목사님, 가난한 삶이란 곧 떳떳한 삶일 것입니다. 항시 남의 겉치장만 따라가다 보면 사람 구실 절대 못 합니다.

민주주의도 가난한 삶에서 시작되고, 종교도 예술도 운동도 가난하지 않고는 말짱 거짓거리밖에 안 됩니다. 자연보호도 가난한 삶에서 비롯됩니다. 하느님에 대한 최대의 순종도, 인간에 대한 최대의 겸손도 가난한 삶이 없이는 되지 않습니다. 결국 정신적 힘 외의 모든 힘이 이 세상에서 추방되었을 때 우리는 진정 가난한 사람이 될 수 있는 것입니다.

갈릴리의 가난한 시골에 태어나서 33년의 생애를 통해 예수가 이루어 놓은 삶의 정상은 바로 가난한 삶이었던 것입니다. 그 가난을 실천하기 위해 지금 굶주려야 하고, 지금 울어야 하고, 미움을 사서 내쫓기고, 욕을 먹고, 누명을 쓰고, 모욕을 당하고, 비난을 받고, 철저한 아픔을 다 겪어야 한다고 했습니다. 그것이 행복이라고 그는 역설(逆說)을 역설(力說)했던 것입니다.

그가 함께한 민족의 수난사를 구약성서로 공부했고, 종교가 인간 위에 군림했을 때 하느님도 한갓 우상으로 전락했음을 아프도록 깨달았던 것입니다. 그는 율법의 종이던 인간을 율법의 주인으로 선포했고, 하느님을 인간을 섬기는 원래 모습대로 보여 준 것입니다.

나사렛 예수는 그냥 나사렛 예수이지 교회당 강대상 뒤에 박제로 만들어 모셔 놓은 껍데기 예수가 아닌 것입니다.

나사렛 예수는 지금 굶주리는 곳에서 함께 살고, 지금 우는 곳에서 함께 울고, 지금 욕 먹고 비난받고 내쫓기고 포박당하는 곳에서, 억울하게 매 맞고 고문당하는 곳에서, 불의로 인해 신음하고 갈기갈기 찢겨 나가는 현장에서 싱싱하게 살고 있는 것입니다.

그는 하늘의 보물을 갖기 위해 자기의 전 재산을 팔아 그것을 산다고 했습니다.

김 목사님, 지금 우리는 너무 많은 것을 갖고 있어 그걸 팔아 버리기엔 아깝기 그지없습니다. 그래서 하늘의 보물이 녹슬어 길바닥에 버려진 채 있는데 거들떠보지도 않는 것입니다.

하느님이 버려진 세상에서 무엇 한 가지 제대로 된다고 보십니까?

지난번 편지에 '무기 창고 속에다 사랑의 교회당 지어 놓고 하느님을 우롱하지 말라'고 제가 당부했는데, 다시 말씀드려야겠습니다.

평화는 그냥 평화인 것이지 무기로 평화를 수호한다는 같잖은 주장이 어디 있습니까? 그래, 지금 우리는 가장 평화롭게 살고 있습니까?

기독교의 선교가 처음부터 잘못된 것입니다. 점쟁이가 부적을 나누어 주듯, 허수아비 하느님을 들고 다닌 선교사들은 이집트의 마술사 노릇밖에 더한 것이 뭐 있습니까?

지금 강대국이라고 일컫는 나라, 지금 가장 평화로운 척 살고 있는 나라, 지금 부자인 척, 민주주의 국가인 척, 약소국가를 어르고 달래고 음험하게 공갈 협박하며 젠 체하는 나라 쳐 놓고 파라오의 막강한 군대가 도사리고 있다는 것 솔직하게 인정합시다.

거기에 무슨 하느님이 있고, 복음이 있고, 사랑과 축복과 우정이 있단 말씀입니까?

김 목사님, 잠꼬대 같은 설교 그만하시고 그 잠에서 깨시기 바랍니다. 여태까지 잘못한 것 하느님께 사죄하고, 늦었지만 지금부터라도 바르게 예수 믿읍시다.

그래서 우리 아이들에게 진실을 가르칩시다. 하느님께 드리는 산 제사와 죽은 제사가 어떤 것인지 분명히 구별 지을 수 있게 가르치자는 것입니다. 살아 있는 예수를 죽은 자 가운데서 찾지 말고 예수의 형상을 똑똑히 체험하면서 살자는 것입니다.

갈릴리 들판에서 그가 자기 민족의 수난사를 공부했듯이, 우리도 하느님과 함께한 우리의 민족사를 아이들에게 가르칩시다.

하느님 나라는 하느님 혼자서가 아니라 우리 인간들과의 공동작업 속에서 이루어지는 것입니다.

얼이 빠진 인간은 제 모습이 어떤지조차 알지 못합니다. 우리의 참모습은 무명 바지저고리였다는 것을 재확인하시기 바랍니다.

우리의 무기는 괭이와 호미와 낫이지 장갑차나 미사일, 핵폭탄이 절대 아닙니다.

가난하고 어질고, 큰 것보다 작은 것을 소중히 여겼던 우리였습니다. 너무 순해서 어리석어 보일 때도 있지만 분명 자기 주인만은 알아볼 수 있는 우리였습니다.

김 목사님, 제가 거듭 부탁하고 싶은 건 바로 이것입니다. 우리 아이들에게, 어리석고 순하기만 하면서도 제 주인의 모습을 똑똑히 구분해서 따라갈 줄 아는 똥개는 될지라도 들쥐 같은 백성은 절대 되지 말라고 가르치자는 것입니다.

김 목사님, 너무 많이 지껄였습니다. 이제 원고 매수가 다 되었습니다.

이담에 또 기회 있으면 만나 뵙겠습니다.

안녕히 계십시오.

1982년 4월

_『월간 목회』 1982

다시 김 목사님께 2

김 목사님,

헤르만 슐츠의 니카라과 이야기를 읽다가 1982년 그곳 미스키토 인디언들의 남자 중 80퍼센트가 결핵 환자라는 것을 보고 아찔했습니다.

본래 원주민인 인디언들은 태고의 원시림 속에서 생활해 온 탓으로 전염병을 모르고 살아온 것으로 압니다. 백인들이 아메리카 대륙에 상륙한 뒤 그들을 학살하기 위해 전염 병균을 가득 담은 상자를 선물로 주어 몇만 명을 한꺼번에 죽인 일이 있다더군요.

먼저 문명이 깨어, 불쌍한 인디언들을, 천사처럼 아름답고 순수한 인간을 고통 속으로 몰아넣고 모조리 죽였습니다. 북미(北美) 인디언이었던 야히 족 최후의 사람 '이쉬'의 죽음의 원인도 문명병인 결핵이었습니다.

지금은 결핵을 감기 정도로 가볍게 말하는 사람들이 있는데, 그것은 아주 부당한 언질입니다.

얼마 전에 어느 요양원에서 함께 지낸 일이 있는 아가씨가 찾아왔습니다. 정확한 나이는 모르겠지만, 짐작으로 벌써 서른이 넘었을 그 아가씨는 너무도 여위어 누가 봐도 중환자라는 것을 금방 알 수 있었습니다. 본인은 그걸 숨기기 위해 짙게 화장을 하고 있었습니다.

요양원을 나온 뒤, 갈 곳이 없어 파출부로 일하다가 또 어느 성당에서 심부름을 하면서 살아왔지만, 이제는 몸도 마음도 지쳐 더 이상 견딜 수 없다는 것입니다. 그래서 전에 친구였던 어느 간호사가 미국에 이민 가 있는데 편지를 했더니 어떻게든 건너오기만 하면 보살펴 주겠다는 것입니다.

그 아가씨는 체면도 없이 손수건으로 눈물을 훔치며 다음과 같이 말했습니다.

"한국에선 더 이상 살아갈 수 없어요. 있을수록 더 힘이 들어요. 미국의 그 애한테 가면 병을 고칠 수 있을 것 같아요."

그 여인은 출국할 수 있는 방법을 찾기 위해 서울로 떠났지만, 아직 아무런 소식이 없습니다. 키가 150센티미터가 조금 넘을까 싶은 조그만 몸뚱이를 의지할 수 있는 곳이 한국 땅엔 없다고 울먹이던 모습이, 미스키토 인디언들의 결핵 환자 때문에 갑자기 떠오른 것입니다.

해마다 국민소득이 높아 가고 물질적으로 정신적으로 선진 대열에 들어섰다는 그 여인의 조국인데, 어째서 그 조그만 몸뚱이 하나 의지할 곳이 없는지 모르겠습니다. 미국으로 신병을 치료하기 위해 돈을 숨기고 떠나다가 들킨 딱한 어느 목사님에 비하면, 차라리 가난한 그 여인이 더 행복할지도 모릅니다. 적어도 그 여인은 돈이 너무 많아 숨길 일은 없기 때문입니다.

하지만 그 가엾은 여인에게 목사님이 숨겼던 돈의 백분의 일이라도 아니 천분의 일이라도 있었더라면 그토록 절박하지는 않았을 것입니다.

현직 국회의원의 엄청난 재산이 그들의 이권 싸움 때문에 결국 세상에 알려졌을 때, "뭐 다 그런거지." 냉소를 해 봤지만 그래도 감정을 가라앉힐 수 없었습니다. 도대체 우리로서는 그 많은 돈을 쉽게 헤아릴 수조차 없는 액수였습니다.

시골 사람들은 아직 미개인이어서 그런지 몇천만이라 해도 벌써 그건 남의 이야기가 되어 버립니다.

그들은 국회의원이고 장관이고 이젠 아무도 믿지 않습니다. 도회지의 큰 교회 목사님도 지금은 높은 사람 중의 하나로 생각하지, 하느님의 종으로 보지 않습니다.

그런 높은 사람은 으레 권력과 돈이 많다는 것을 이상하게 생각하지도 않습니다. 그들은 우리네 서민들의 테두리 밖의 사람들입니다.

목사님의 값어치를 언제부터 돈으로 따지게 되었는지 정말 한심스럽습니다. 돈으로 얼마짜리 목사부터 얼마짜리 전도사까지, 훌륭한 목사님부터 위대한 목사님까지 되었습니다.

간혹 시골 교회 전도사가 가엾다고 하는 이들이 있기도 합니다. 시골 전도사는 10만 원대가 거지반 넘으니까요. 그러나 그 10만 원도 따지고 보면 노동판에서 한 달에 5, 6만 원씩 받고 있는 근로자들에 비하면 그래도 나은 편입니다.

10만 원짜리 전도사의 설교를 듣는 시골 사람들은 10만 원만 주면 무슨 일이라도 할 것입니다. 그런 시골 사람들이니 앞으로 자식들이 커서 최소한 전도사라도 되어 주었으면 하고 기대하는 것입니다. 하느님에 대한 사명이라기보다 솔직히 말해 조금 쉽게 먹고 살 수 있다는 생각 때문입니다.

아마도 지금 현직 전도사나 목사로 일하는 분들 중에도 먹고살기 위해 목회자가 된 분들이 더러 있을 것입니다.

김 목사님,

지금 이 땅에선 먹고살기 위해 아침부터 밤까지 고통스레 살고 있는 사람들이 대부분이라는 것을 얼마나 알고 계십니까? 목사님이 설교하시는 성서의 아름다운 구절구절이 먹고살기 위해 일하는 사람들에게 과연 얼마만큼의 위로와 힘이 되고 있는지 알고 싶습니다.

길쌈을 하지 않아도 아름다운 옷을 입는 백합꽃이나, 농사하지 않아도 먹고살 수 있는 새들은 삶의 현장에서 땀 흘리는 사람들에겐 사치한 우스갯말밖에 되지 않습니다.

농촌에서는 해도 해도 밀리는 일거리로 그들의 육체는 애처롭게 부서져 가고 도시의 노동자들은 먹지 못해 병들고 있습니다. 게다가 농촌 사람들은 농약공해로 병들어 가고 도회지의 노동자들은 산업공해로 찌들어 가는데도 높은 사람들의 입에서는 줄곧 축복과 부강과 선진 조국입니다.

그들은 특권이 있고 특혜가 있고 일하는 사람들과는 아무런 상관이 없는 별천지에 살고 있기 때문입니다.

우리 한국의 역사에서 강대국의 식민지로부터 벗어나 본 적은 고구려 광개토왕 시대 이외에는 거의 없었던 것으로 압니다. 항시 외국의 침략에 시달리고 그들의 압제에 괴로움을 겪어 온 것은 목사님도 아실 것입니다.

그런데 5천 년 역사를 통해 봐도 임금이 백성들을 강권으로 괴롭혔어도 가난한 백성들에게 "잘산다 잘산다." 하면서 거짓 선전은 하지 않았습니다.

김 목사님,

제발 우리 교회 안에서는 거짓말 좀 시키지 말아 주십시오. 못 사는 것은 솔직하게 못산다 가르치고, 그래서 분수에 넘는 교회 장식을 깨끗이 청소해 주십시오.

몇 년 전 이야기입니다만, 어느 여름성경학교 강습회 때 강사 목사님이 시골 교회에 갔더니, 천장에 거미줄이 있고 아이들이 팬티 차림에 검정 고무신을 껴안고 예배를 드리더라고 꾸지람하시는 걸 들었습니다. 그 목사님은 딱하게도 농촌을 너무도 몰랐습니다. 그리고 자연의 생태를 잘 모르는 분이었습니다. 거미줄은 금방 걷어도 다음 날이면 또 생기는 게 정상이기 때문입니다. 사람들에겐 거미줄이 더러운 방해꾼이지만 거미 자신에게는 먹고살기 위한 소중한 방편인 것입니다. 농촌에는 어디를 가도 거미줄이 널려 있습니다.

거미줄은 보기엔 지저분할지 모르지만 농촌 사람들에겐 없어서는 안 되는 귀한 존재입니다. 거미줄엔 파리가 걸리고, 모기가 걸립니다. 그리고 농작물을 해치는 벌레를 잡아 줍니다. 그래서 그런지는 모르지만 농촌 사람들은 거미를 소중히 여깁니다. 특히 아침 거미는 복을 갖다 주는 귀한 손님으로 보호하고 있습니다. 천장에 하얀 거미집이 많으면 애써 보호하면서 흐뭇해하는 것이 농촌 사람들입니다.

시골 교회 천장의 거미줄 청소는 가을에 한 번만으로도 충분합니다. 여름에는 아무리 걷어 버려도 금방 돌아서면 줄을 치고 마니까요.

제가 말하고 싶은 것은 더러운 거미줄을 걷어 내자는 것이 아니고, 거미줄보다 더 더러운 게 호화판 교회 장식품이라는 것입니다. 예배당 안에다 하느님을 모신다고 해도 좋고, 예배당을 거룩한 성도들이 모이는 장소라 해도 좋습니다. 하느님이나 성도가 모두 거룩하지 않다는 것은 아닙니다.

그러나 거룩하기 때문에 화려한 장식을 해야 할 이유가 어디 있습니까? 만약에 하느님을 그렇게 화려하게 모시고 싶고, 성도들의 사치한 예배당이 필요하다면 이 세상 어디에나 똑같이 화려하고 쾌적한 환경을 만들어야 할 것입니다.

하느님은 사람이 있는 곳이면 어디에나 계시기 때문입니다. 수인들이 갇혀 있는 캄캄한 지하 감옥에도 계시고, 기계 소리가 요란한 공장 일터에도 계시고, 창녀들이 몸을 파는 어두운 뒷골목에도 계시기 때문입니다.

언제부터 한국 교회가 이토록 허세를 부리며 사치와 낭비로 타락하고 있었는지 모르겠습니다. 축복받았다고 말하는 사람 쳐 놓고 사기꾼 아닌 사람 없습니다. 교회가 바알이나 아세라 신을 모신 우상 종교로 탈바꿈하는데 보고만 있을 수는 없습니다. 바로 그 교회에 저 자신도 속해 있기 때문입니다.

교회는 정치와는 떨어져 순수한 도덕적 수양만으로 높은 신앙인이 되라고 가르치면서, 어쩌면 그렇게 정치와 결탁해서 하느님의 자녀들을 기만하는 것입니까?

갈보리 산 언덕에서 죽은 예수는 진실로 정치와 대결했던 인간이었습니다. 예수는 이 세상의 모든 정치를 부정했기 때문에 죽은 것입니다. 정치를 비판하다 보니 왕의 미움을 샀고, 사제들의 미움을 샀고, 로마의 앞잡이들에게 미움을 산 것입니다.

헤롯이 백성들을 도탄에 빠뜨려도, 사제들이 성전에서 장사꾼이 되어도, 강대국이 유대 나라를 짓밟아도 예수가 순수하게 복된 말씀만 전했더라면 그에게 십자가는 있을 수 없습니다.

예수가 살아생전에 언제나 가난한 사람들과 함께 자신도 가난하게 산 것에 세상 사람들은 감동을 받고 있습니다. 그는 헐벗은 사람과 함께 헐벗었고, 굶주린 사람과 함께 굶주렸고, 그러고는 옥에 갇히고 형틀에 매여 죽임을 당한 것입니다.

예수는 그렇게 생전의 삶처럼 죽은 뒤에는 역시 "내가 너희와 함께 있겠다."고 말씀하셨습니다. 그가 "너희"라고 한 말은 지금도 억울하게 고통당하는 목숨들을 가리킨 것입니다.

강대국에 시달리고, 그 강대국의 앞잡이들에게 시달리고, 삯꾼 목자들에게 시달리는 가엾은 사람들과 함께 있겠다고 한 것입니다. 그런 예수님이 어떻게 화려한 예배당에서 평화롭게 성가나 부르며 계시겠습니까?

모든 걸 빼앗기고 다만 먹고살기 위해 허덕이는 사람들에게는 주일날 예배당 나갈 시간도 없습니다. 이제는 교회 나가는 사람도 차츰 잘사는 사람들만으로 형성되어 가고 있습니다. 가난한 사람들의 교회가 잘사는 사람들에게 빼앗겨 버렸습니다.

그러나 섭섭하지 않습니다. 누가 어떤 힘으로도 사랑하는 예수님을 불쌍한 사람들 곁에서 빼앗아 갈 수는 없기 때문입니다.

다만, 앞으로는 가난한 사람들이 그냥 가난하게만 있지는 않을 것입니다. 예수는 우리에게 길을 가르쳐 주셨기 때문입니다. "거듭나라." "일어서 걸으라." "자유로워라." "박해를 받으라." "의를 위해 목숨을 바쳐라." 예수는 연약한 샌님이 아니고 훌륭한 용사였습니다.

그 예수가 서른세 살의 젊은 청년으로 박해받는 사람들과 함께 지금도 살고 있습니다. 일찍이 중세 프랑스의 한 꽃다운 소녀 잔다르크에게도 있었고, 그 잔 다르크의 뒤를 이은 시몬 베유에게도, 우리의 유관순에게도, 교회를 비판하고 신을 부정했던 니체에게도 있었습니다. 공산주의 이론가였던 마르크스도 예수만은 그의 "형"이라 불렀습니다.

라틴 아메리카의 풍운아인 체 게바라는 레온 필립의 다음과 같은 시를 항시 가슴에 지니고 살았습니다.

그리스도 제가 당신을 좋아하는 연고는
당신이 별나라에서 내려오셨기 때문이 아니외다.
당신이 내게 가르치시기를
인간은
피와
눈물과
불안과
광명을 막고 닫혀진 문을 여는
열쇠와
연장을 가졌노라고 하셨기 때문이외다.
그러하외다. 당신은 인간은 하느님이라고……
당신처럼 십자가에 달린 가련한 하느님이라고,
골고다에서 당신 왼편에 섰던 못된 도적도
역시 하느님이라고
우리에게 가르치신 때문이외다.

김 목사님,
정말이지 우리 모두가 인간을 하느님의 형상 그대로 지음을 받은 하느님으로 모신다면, 어째서 이 땅에 또다시 슬픈 피 흘림이 있겠습니까?
병든 몸을 의지할 데 없어 막연한 그 누구에게 동정을 바라는 불쌍한 하느님을 모른 채 버려두지는 않을 것입니다. 정말 개코 같은 민주주의를 앞세워 총칼로 백성 위에 군림하는 군주도 없을 것입니다.

어디서 빌어먹던 뼈다귀 귀신인지 모르는, 사상이니 이념이니 이데올로기니 하면서 동족끼리 총부리를 겨누는 어리석음도 없을 것입니다.

이 땅의 어디에도 '특권'이 있다면 그거야말로 악마입니다. 인간은 진실로 평등합니다. 먹을 권리, 입을 권리, 즐길 권리는 다 똑같이 부여받은 것입니다.

한백성은 평등에서 실현되는 것이고 공동체는 같은 수준의 생활에서 비롯되는 것입니다. 억대 부자 교회와 기만 원짜리 교회가 무슨 공동체가 되고 한형제가 된단 말씀입니까?

그 교회 안에서도 억대 부자 나으리와 만 원짜리 사글셋방 인간이 모여 주일마다 부르는 찬송은 "한피 받아 이룬 형제여 친구들이여……."입니다.

김 목사님,

한번 시간 있으면 농촌 교회 예배 시간에라도 와서 구경해 보십시오. 해골과 껍데기만 남은 사람들이 무엇 때문에 모여서 슬픈 예배를 드려야 하는지 보고 나서 가르쳐 주시기 바랍니다.

작년 겨울 어느 날, 보석상 강도범으로 9년형을 받고 징역을 살다 나왔다는 불쌍한 전과범을, 꾸지람만 실컷 하고는 내쫓듯이 보내 놓고 아직도 마음만 괴로워하고 있습니다. 차라리 지금 같은 세상에 저 자신이 끔찍한 그런 전과자라 해도 이다지 부끄럽지는 않을 것입니다.

더 큰 도둑은 다른 데서 떵떵거리며 살고 있는데, 그런 좀도둑만이 정죄받는 세상이고 저도 역시 그 큰 도둑놈의 한패거리니 말입니다. 제가 여지껏 감옥에 가지 못한 것은 누군가 제 대신 누명을 쓰고 감옥에 가 주고 있기 때문입니다.

김 목사님,

너무 길어져서 이만 쓰겠습니다. 침묵은 금이라 했지만, 뭐 다 썩은 똥덩이가 금이 될 리 만무하고 그러니 앞으론 더 많이 지껄이겠습니다.

아무리 지껄여도 입 닳는 법은 없습니다.

안녕히 계십시오.

_『오물덩이처럼 딩굴면서』 1986

새벽종을 치면서

겨울의 새벽하늘은 참 아름답다. 종을 치면서 나는 줄곧 이 아름다운 하늘을 쳐다보고 있다.

성에가 끼고 꼬장꼬장 얼어 버린 종 줄을 잡은 손이 무척 시리지만, 나는 장갑을 끼지 않는다. 가장 효과적으로 종소리를 낼 수 있는 것은 역시 맨손으로 종 줄을 잡고 쳐야만 서툴지 않게 조절할 수 있기 때문이다.

그만큼 한 번 한 번 종 줄을 잡아당기는 데 정성이 가기 마련이다. 깨끗한 하늘에 수없이 빛나는 별들과 종소리가 한데 어울려 더없이 성스럽게 우주의 구석구석까지 아름다운 음악으로 채워지는 순간이다.

지난 한가윗날, 어릴 적에 도회지로 이사를 간 종희라는 아이가 오랜만에 고향에 다니러 왔다. 대학 2학년의 어엿한 숙녀가 된 종희는 내게 물었다.

"집사님, 여기 계신 지 얼마나 되셨어요?"

"벌써 10년이 넘었구나."

내 대답에 종희는 고개를 갸우뚱거린다.

"저는 한 30년은 됐을 거라 생각했어요. 집사님은 아주 오랜 옛날부터 여기 계신 것만 같아요."

종희뿐만 아니다. 어릴 때 주일학교에 다니던 아이들은 가까이 있거나 멀리 갔거나 한결같이 이 산골 예배당 문간 조그만 방에 혼자 사는 종지기인 나를 옛날얘기 속 주인공처럼 착각하고 있다.

내 생활이 남들과 달라서일까? 아니면 고된 세상살이에 부대껴 세월의 흐름이 그만큼 지루했던 탓일까? 어쨌든 나는 12월이 되면 새벽종을 치면서 많은 얼굴들을 떠올린다.

외로워지면 누군가 그리워지고, 그리워지면 밉던 얼굴도 보고 싶어지고, 보지 못하는 설움 때문에 가슴이 아파진다. 사방이 아직 어둡고 적막한 이 새벽에 느끼는 고독은 형언하기 어렵도록 절실한 것이다.

우리 교회에서 가장 연세가 많으신 일흔 살의 장로님은, 추운 새벽에 종을 치는 나를 생각해서 따뜻한 이불 속에 그냥 누워 있을 수 없어 기도하러 나오신다고 한다. 그러나 정작 종을 치는 나는 이런 것과는 다른 무엇을 염원한다.

그것이 너무 추상적이고 황당한 염원인지는 모르지만, 새벽하늘에 반짝이는 별의 수만큼 나의 바람은 한없이 많다. 종 줄을 한 번

한 번 잡아당기면서 하느님께 기도드리듯 쏟아지는 나의 바람들.

 불치병을 가진 아랫마을 그 애의 건강을, 이 새벽에도 혼자 외롭게 주무시는 핏골산 밑 할머니의 앞날을, 통일이 와야만 할아버지를 뵐 수 있다는 윗마을 승국이 형제의 소원을, 그러고는 어서어서 예수님이 오시는 그날이 와서 전쟁이 없어지고, 주림이 없어지고, 슬픔과 괴로움이 없어지고, 사막에도 샘이 솟고, 무서운 사자와 어린애가 함께 뒹굴고, 독사의 굴에 어린이가 손을 넣어 장난치고, 다시는 헤어짐도 죽음도 없는 그런 나라가 오기를…….

 이런 것들을 끝도 없이 쏟아 놓으며 예순 번이 넘도록 치던 새벽종을 그친다.

 이때쯤 뒷산 솔밭 숲에서 곤히 자던 다람쥐랑 산토끼가 깨어나 오줌을 쭈르르 누고는 다시 쭈그리고 잠들 게다.

_『샘터』1980

그해 가을

창섭이가 죽기 한 달 전이다. 부슬비가 내리고 있었다. 초가을 비 내리는 오후는 창백한 결핵 환자의 얼굴처럼 윤기가 없다. 산이 그렇고, 나무가 그렇고, 검버섯처럼 빛깔이 퇴색한 초가지붕들.

비가 내리지 않더라도 우리 집은 항시 을씨년스럽게 적막하다. 농사일에 바쁜 교인들은 주일날에야 찾아와 예배를 드리고 가면, 한 주일간 교회당 뜰은 조용하다. 이따금 찾아오는 이는 학교 길에 들르는 꼬마들이고, 그리고 지체부자유에다 정신박약까지 겹친 창섭이라는 아이뿐이다.

1955년 여름, 나의 몸을 결핵이라는 병균이 파먹기 시작하고부터 자연 외톨이가 되었다. 세상과 격리되는 것은 옥살이를 하는 죄수나 별다를 게 없다. 들것에 담겨 온 중풍병 환자에게 예수님은

"네 죄가 사하여졌다."고 말씀하셨다. 과연 병든 자는 누구나 죄인인 것이다. 구약시대엔 병든 자는 아예 성전에도 나갈 수 없었다. 병든 자들이 겪은 멸시와 수모가 어느 정도였는지 짐작하고도 남을 것이다. 억눌린 자의 해방을 부르짖다가 십자가에서 처형을 당한 그리스도는, 안식일에도 이 해방을 위해서 일하셨다. 그가 일함으로써 놓여났던 병든 수인(囚人)들은, 그가 죽임을 당함으로써 재수감되어 버렸다.

비 내리는 날, 아무도 없는 내 집에 찾아온 창섭이는 나와 닮아서 서로 통할 수 있다고 여겨 하루에도 몇 번씩 찾아오는 버릇이 있다. 이런 날 나는 누워 있거나 소반 위에 원고지를 놓고 앉아 있거나 둘 중 하나이다. 창섭이가 찾아왔을 땐 마침 원고지를 놓고 무언가 긁적거리고 있었다.

온통 양팔을 제멋대로 내저으면서 두 다리 또한 갈팡질팡 주정꾼처럼 걷는 건지 뛰는 건지 우스꽝스럽게 걷는 창섭이는, 질퍽한 흙투성이 바지를 걷어 올리지도 않고 내 방문 앞에 와서 멈추어 섰다. 그가 정박아라지만, 어느 정도 예의 같은 건 지킨다. 내가 열심히 무엇을 쓰고 있다고 여겼던지, 문 앞에 선 채 숨을 죽인다. 그러고는 기다리는 것이다. 내가 들어오라고 말할 때까지.

한 10분가량 서 있던 창섭이는 기다리기가 지루했던지, 슬그머니 방으로 들어와 구석에 쭈그리고 앉는다. 흙투성이 발은 걸레에 쓱쓱 닦는 둥 마는 둥 해치우고.

나는 그래도 여전히 쓰고 있었다. 한 10분쯤 시간이 또 흘렀다. 창섭이는 어깨를 들먹거려 가면서 푹 한숨을 쉰다. 얼른 상대를 해 달라는 눈치임에 틀림없다. 그리고 또 10분이 흘렀을 게다. 창섭이는 정확하지 못한 발음으로 다음과 같은 말을 했다.

"서새니도 냉가 시치(선생님도 내가 싫으시죠)?"

순간, 나는 고개를 들었다. 창섭이의 흉한 얼굴, 그의 눈이 슬프게 나를 쳐다보고 있다. 서로 마주 바라보면서 또 말없이 시간이 흘렀다.

창섭이는 곧 굳어진 얼굴 표정을 풀었다. 정신박약아들의 감정 변화 같은 건 내가 알 턱이 없지만, 창섭이의 경우는 물거품처럼 곧 사라져 버린다. 창섭이는 내가 무슨 말을 걸어 줄 것을 기대하는 눈치였다. 나는 이 가엾은—영원히 구원받지 못할—인생을 앞에 앉혀 놓고 꽤 깊은 생각에 젖어 들고 있었다.

쭈그리고 앉았던 창섭이가 목을 앞으로 내밀며 침을 꿀떡 삼킨다.

"머 머구지따(뭘 먹고 싶다)."

그 소리에 나는 나도 모르게 눈시울이 더워졌다. 그를 앞에 놓고 심각한 인생철학 같은 망상은 간데없이 사라지고 현실이 커다랗게 확대되어 나타난 것이다. 창섭이의 단추가 없는 옷자락 사이로 보이는 배가 홀쭉하다. 점심시간을 두 시간쯤 지나 보냈으니, 이때쯤은 시장기를 느낄 시간이다. 그러고 보니 나도 배가 고프다. 나는 방 안을 두리번거려 봤다. 먹을 것이 없다. 한 그릇의 감자라도 있으면 우리는 맛나게 먹을 수 있을 텐데, 말없이 머리로만 그것을 상상하면서 침을 또 삼키고 삼켰다.

"창섭아, 우리 누워서 자지 않을래?"

나는 그렇지 않아도 눕고 싶었다. 창섭이는 싫다는 건지, 좋다는 건지 분간치 못할 이상한 눈매로 나를 잔뜩 쳐다본다. 나는 그의 팔을 끌어다 방바닥에 눕혔다. 원고지를 올려놓았던 밥상 겸 책상으로 쓰는 소반을 치우고 나도 누웠다. 내 여위고 빈약한 팔에 억지로 창섭이 머리를 끌어다 얹었다. 자주 빨아 입지 못하는 창섭이 옷에서 냄새가 나 코를 막았다. 누워서 자자고는 했지만 공복일 때는 잠이 잘 오지 않는다. 창섭이는 누워서도 계속 침을 꼴딱꼴딱 삼키고 있다.

"찬송 부를까?"

창섭이는 흘끔 나를 쳐다봤다. 찬성하는 표시이다. 우리는 누워서 찬송가를 불렀다. 진짜로 하느님을 찬양하기 위한 것이 아니라 배고픔을 참기 위해 부르는 찬송이었다.

내 주를 가까이하려 함은
십자가 짐 같은 고생이나
내 일생 소원은 늘 찬송하면서
주께 더 나가기 원합니다.

창섭이는 되지 않는 발음이지만, 목소리를 높여 제법 흥이 나게 부른다. 1절, 2절, 3절, 4절을 다 부르고 다시 처음부터 되풀이되풀이 불렀다. 몇 차례 부르고 났을 때 누구 편에서 먼저 지쳐 버렸는지, 둘은 어느새 깊이 잠이 들어 버렸다.

이 일이 있은 지 한 달 만인 어느 주일날이었다. 낮 예배를 마치고 교회 문을 나오는데 창섭이가 잔뜩 찌푸린 얼굴로 내게 다가왔다.

"서새니, 배 아뿌다(선생님, 배 아픕니다)."

나는 조금 놀랐다. 창섭이가 배고프다는 말을 했었지만, 배가 아프다는 말을 한 적은 절대 없었기 때문이다. 그가 슬프다는 표정을 간혹 보여 줬지만 결코 눈물을 흘리는 것은 보지 못한 거와 거의 같았다. 그래서 나는 창섭이는 울 줄 모르고, 또 아픈 것을 모르는 아이처럼 생각하기도 했었다.

그러나 나의 판단은 틀렸다. 그가 죽고 난 다음 그것은 더욱 절실하게 내 마음을 아프게 했다. 나는 배가 아프다는 그에게 아주 냉정한 말씨로 일축해 버린 것이다.

"배가 아픈 건, 네가 옷을 꼭꼭 여미지 않아서 바람이 들어가서 그런 거야."

그러곤 그의 옷을 대충 여며 주고는 떼밀어 쫓아 버린 것이다. 보통 사람들은 그에게 아주 몰인정한 짓을 하면서 당연한 것으로 안다. 나도 꼭 같았다. 사실 창섭이는 조금 알은체하면 귀찮을 만큼 성가시다. 곁에서 떠나가려 하지 않는다. 하지만 그는 고독했기 때문에 사람이 그리웠던 것이다.

그의 부모도, 형제도, 친척도, 골목길의 아이들도, 동네 어른들도, 교회의 집사도, 장로도, 교회학교 교사도, 아이들도 한결같이 싫어하고 있었다.

배가 아프다고 한 창섭이를 내가 떼밀어 쫓아 버린 다음 날, 그는 결국 이 세상에서 완전히 버림받았음을 알아차리기라도 한 것처럼 죽어 버렸다.

지금도 4년 전 가을, 보슬비 내리던 날 창섭이가 내게 들려준 한

마디 말이 나는 주님의 음성처럼 귀에서 떠나지 않는다.
"선생님도 내가 싫으시죠?"
창섭이는 어쩌면 가장 무거운 소명을 받고 이 땅에 태어난 천사인지 모른다. 아니면 외로운 십자가를 지고 자신을 박해한 예루살렘을 돌아보던 예수의 분신인지도 모른다. 16년간이라면 짧은 인생이다. 그러나 창섭이의 경우는 지쳐 버릴 만큼 견디기 어려웠던 긴 세월이었을 게다.
강물이 위로 거슬러 올라갈 수 없듯이 나도 지난날로 돌아갈 수는 없다. 그러나 과거는 나에게 숱한 교훈을 남겨 주었다.
나와 직접 간접으로 관계해 온 이웃들의 실망과 기쁨. 내가 그들에게 받은 실망만큼 나도 그들에게 실망을 주었음이 분명하다.
내 주위는 항시 조용하다. 아니, 조용한 것 같다. 그러나 소리없이 흐느끼는 영혼들의 울음소리로 내 귓전은 조용하지가 않다. 착각도 환청도 아닌 그 소리 때문에 나는 신경과민에 빠져 있다.
벌레 한 마리가 성경책 모서리로 기어가고 있다. 잡으려고 손을 가까이 대다가 주춤했다. 자세히 들여다보니 분홍빛 머리에 하얀 몸뚱이가 꼬물꼬물 움직이는 것이 신기롭고 귀여워지기까지 한다. 나는 생명 앞에서는 이토록 약해진다.
한 마리의 벌레라 할지라도 살아 있는 것이란 더없이 고귀하다. 1센티미터쯤 되는 이 조그만 벌레는 어디서 어떻게 태어났는지, 따지고 보면 결국 조물주가 만든 이 우주의 한식구임이 분명하다. 내가 생각에 잠기고 있는 동안 벌레는 어디론가 기어가 버리고 보이지 않는다.

나는 어제 우체국에 다녀오던 언덕길을 떠올려 보았다. 벌레처럼 내가 기어 오던 그 길이었다.

_『새가정』1975

부록

빌뱅이 언덕

하늘이 좋아라
노을이 좋아라

해거름 잔솔밭 산허리에
기욱이네 송아지 울음소리

찔레 덩굴에 하얀 꽃도
떡갈나무 숲에서 불어오는 바람도

하늘이 좋아라
해 질 녘이면 더욱 좋아라

_『안동문학』1986

민들레꽃

민들레꽃이 모닥모닥
산모퉁이 길로
바삐바삐 걸어가는
아주머니를 보고 있네

함지박에 고추 모종을 수북이 담고
엉덩이 삐딱삐딱 걷는 아주머니

민들레꽃은
보다가 보다가
방실방실 웃네
노랗게 방실방실 웃네

_『안동문학』1986

느티나무 안집 강아지들

느티나무 안집
강아지 일곱 마리 팔려 가던 날
어미 개 누렁이만 남고
알룩이랑
깜둥이랑
꼰디기랑
리어카에 실어 간 강아지들

나이롱 끈에 한 짝 발을 모두 묶인 채
아무것도 모르고
까불랑 까불랑 실려 가던 날

장 가는 길섶에
보라꽃 제비꽃이 피었고
수재개골 숲 속에 산비둘기가 울고
주죽주죽
산비둘기가 울고

강아지 일곱 마리

뿔뿔이 뿔뿔이 팔려 가던 날

_『안동문학』1986

인간성에 대한 반성문 2

도모코는 아홉 살
나는 여덟 살
이 학년인 도모꼬가
일 학년인 나한테
숙제를 해 달라고 자주 찾아왔다.

어느 날, 윗집 할머니가 웃으시면서
도모코는 나중에 정생이한테
시집가면 되겠네
했다.

앞집 옆집 이웃 아주머니들이 모두 쳐다보는 데서
도모코가 말했다.
정생이는 얼굴이 못생겨 싫어요!

오십 년이 지난 지금도
도모코 생각만 나면
이가 갈린다.

_『사람의 문학』 1997

정축년 어느 날 일기

그 집엔
십 년이 넘은 늙은 개 한 마리와
늙은 인간 하나가 살고 있었다.

늙은 개는 늙은 인간의
일거수일투족을 지켜보는
감시자가 되어 있었다.

늙은 인간은 오래전부터
어디가 탈이 나서 그런지
자주 몸에 열이 나서 눕는 날이 많다.

늙은 개가 쯧쯧 혀를 차면서
이 인간아
전생에 무슨 못할 짓을 했기에
날이면 날마다 아파 쌓는 거야?

자존심 상한 늙은 인간이
벌떡 일어나 앉았다.

어디 아파서 열이 나는 줄 아냐?
이 똥개야!

이래 봬도
평생 정의에 불타는 가슴으로 살다 보니 그런 거다!

늙은 개가 또 혀를 차면서
저 인간이 이젠 머리까지 돌았군
한다.

_『사람의 문학』 1997

가을 하늘

아침나절
양지 쪽에 앉아
멀리 하늘을 바라보았다

높고 푸른 하늘을 보는데
저쪽 가장자리에
둥글넓적한 것이 보였다
자세히 보니
하느님이 똥 누고 계셨다

오늘 아침
늦잠 주무신 모양이다

_『민들레교회 이야기』 2005

한 인간과 하늘이 동시에 울부짖었다

〈인간〉
70년을 살았지만
아직 양복도 못 입어 보고
넥타이도 못 매 보고
장가도 못 가 보고
약혼도 한 번 못 해 봤습니다.
돈까스도 못 먹어 보고
피자도 못 먹어 봤습니다.
억울합니다!
억울합니다!

〈하늘〉
겨우 70년 살아 보고 그러냐
나는 7백억 년을 살았지만
아직 장가도 못 가 보고
돈까스도 못 먹어 보고
피자는커녕
미숫가루도 못 먹어 봤다
이 꼰대기 같은 놈아!

_『민들레교회 이야기』 2005

30억의 잔치

그날 밤, 빌뱅이 아저씨네 집에 생쥐 귀신이 또 찾아왔습니다.
"아저씨, 안녕!"
"……."
"아저씨, 오랜만이에요."
"그만 춥다. 문이나 얼른 닫아라!"
구석 쪽에 웅크리고 누웠던 아저씨는 대뜸 고함을 꽥 지르는 것이었습니다.
"문은 본래 열려 있었어요. 그리고 내가 어떻게 이렇게 큰 문짝을 닫을 수 있어요?"
아저씨는 어쩔 수 없이 일어났습니다.
하얀 둥근 달이 두둥실 떠 있고, 뜰에는 보랏빛의 들국화와 하얀 코스모스가 아름답게 피어 있었습니다. 문 앞에서 그걸 잠시 바라보던 아저씨는 가늘게 한숨을 쉬며 문을 조용히 닫았습니다. 그러고는 불을 켰습니다.

5촉 전등불이지만 방 안은 환하게 밝아졌습니다.

"아이고! 아저씨네 방 궁궐 같다."

"……."

아저씨는 말없이 조금 뽐내느라 헛기침을 한 번 했습니다.

"전에 가물가물하던 호롱불이었을 땐 신세 처량해 보이더만, 이젠 말 탄 양반 같다."

"……."

아저씨는 또 한 번 헛기침을 했습니다.

"전깃불에서 보니 아저씨 신수 훤하다."

아저씨는 여간 기분 좋은 게 아니었습니다. 그러나 짐짓 점잖을 빼느라 연신 헛기침만 했습니다. 그러다가 그만 못 참고 어깨를 삐딱하게 추켜세웠습니다.

"너 진짜 놀랄 게 또 있다. 아니?"

아저씨의 기다란 모가지가 앞으로 쑥 나오면서 눈이 희번덕거렸습니다.

"그게 뭔데요?"

생쥐 귀신은 아저씨가 그러니까 어쩐지 무서운 기분까지 들었습니다. 아저씨는 말없이 무릎걸음으로 시렁 밑 구석에 놓인 텔레비전의 스위치를 돌렸습니다. 화면이 천천히 밝아지더니 휘황찬란한 그림이 나타나며 노래하고 춤추는 것이었습니다.

"어마나! 어마나! 어마마마마……!"

생쥐 귀신은 진짜 어질어질 정신이 나갈 지경이었습니다.

"옛날 임금님 궁궐에도 이런 건 없었을 게다. 놀랐지?"

"정말 놀랐어요. 저기 저 사람들, 밖으로 쏟아져 나오면 어쩌나요? 그만 꺼 버려요."

"괜찮다. 내가 널 잘 보호해 줄 테니 안심하고 구경해라."

아저씨는 점점 더 뽐내고 싶어서 앉은 자리에서 엉덩이를 밍그적거리며 점잖게 말했습니다.

"아이구 진짜 임금님 같다. 양덕왕!"

"양덕왕이 뭐냐?"

"양파대가리가 덕이 있는 임금님이 되었으니 양덕왕이잖아요."

"그, 그렇냐."

아저씨는 모처럼 점잔을 빼고 있는데 갑자기 화를 낼 수도 없어 어정쩡하게 말했습니다.

"옛날 신라에도 선덕여왕 진덕여왕 경덕여왕……."

"어디 경덕여왕이냐? 진성여왕이지."

"하나쯤은 틀려도 되어요."

"지금 우리가 농담하고 있냐?"

"참, 농담이 아니죠."

"그러니까 아무렇게나 말하는 게 아니다. 엄숙하고 품위 있게 해야 한다. 그런데, 왜 모두 여왕 이름만 들먹거리니?"

"괜찮아요. 아저씨는 당당한 남아 대장부니까요. 양덕남왕 폐하!"

"……?"

아저씨는 배꼽이 좀 간지러웠지만 꾹 참고 자세를 가다듬었습니다.

"그런데 저 상자 속의 그림이 왜 저리도 야단스러워요? 지금 뭘 하는 중이에요?"

생쥐가 텔레비전의 화면을 보며 물었습니다.

"넌 그것도 모르냐? 30억 아시아인들이 모여서 체육대회를 하는데, 야단스럽다니 말조심해라!"

"어머나! 정말이군요. 그러니까 그끄저께 절안골 할머니가 오셔서 걱정하던 것이 바로 저거군요."

"절안골 할머니가 오신 걸 어떻게 아니?"

"왜 몰라요? 난 아저씨네 집에 오는 사람들 하나도 빼지 않고 다 눈여겨보는 걸요."

"그럼, 절안골 할머니가 뭐라고 걱정했는가 말해 봐라."

"그대로 흉내 내야 하나요?"

"응, 그래야만 네가 거짓말이 아니란 걸 알 수 있잖니."

"어흠!"

생쥐 귀신은 목소리를 가다듬었습니다.

"집사임요, 세계 각처에서 외국 사람이 와서 경주서 불을 써 가주 서울로 가는데 태늠이네 학교 앞으로……."

"어디 학교 앞이라 했니? 핵고 앞이라 했지."

"참…… 태늠이네 핵고 앞으로 지내가는데 학상들도 모두 신작로 가에 줄 서 있어야 된다니더. 그래 선상님이 모도 옷도 단정히

입고 신도 안 떨어진 걸 신고 오고, 돈도 5백 원쓱 가주 오라 카드라니더. 내가 야야 니는 옷도 없고 신도 다 떨어지고 돈도 없으이께네 고마 가지 마라카이, 선생님이 니 하나 빠지마 좋은 일이 안 되이께네 할 수 없제요. 옷은 빨아 입히면 되제만 신 한 커리 사 신기고 돈 5백 원은 줘야 하는데, 집사임요, 돈 5천 원만 있거덩 꿔 주이소. 다음 달에 꼬치 모다 가주 팔아 줌시더."

"거의 비슷하게 맞다."

"그래, 아저씨 돈 4천 원 꾸어 드렸잖아요? 이젠 틀림없지요?"

"하지만, 30억 인이 모이는 큰 잔치에 그만한 걱정이 뭐 대단한 거니?"

"하기야, 며칠 전엔 아랫마을, 윗마을, 아저씨 할아버지 들이 신작로에 나가서 풀을 깎고 자갈을 깔고 다듬고 하느라 힘들었지만, 옛날부터 원님 지나가는 길엔 황토를 깔았잖아요."

"그래 말이다. 원님 하나 지나가는 데도 그러는데, 30억이 지나가는 데야 무슨 짓을 해도 부족하지."

"그래서, 신작로 가에 있는 집에는 모두 새로 담을 쌓고 뺑끼칠도 했고요."

"막 번쩍번쩍 빛나겠구나."

"그럼요, 우리 한번 가서 볼까요?"

"지금 말이니?"

"달도 밝고 명랑하잖아요."

"그렇구나, 한번 구경이나 하러 가 보자."

아저씨는 서둘러 저고리 단추를 잠그고 양말도 신었습니다.

"아저씨, 어서 이것 발라요."

생쥐 귀신이 오줌을 짤끔 눠 가지고 아저씨 코에다 발랐습니다. 아저씨는 기분이 좀 상했지만 어쩔 수 없었습니다.

둘은 밖으로 나와 가을 하늘 밝은 달빛을 받으며 씽씽 날아갔습니다.

마을을 지나 들판을 지나 강을 건너고 철둑길을 넘으니 금방 신작로가 나타났습니다.

"아이구! 정말 번쩍번쩍하는구나!"

"뼁끼칠도 하고 담도 쌓고, 나무도 심고 꽃도 심고……."

"아저씨, 우리도 이 길로 한번 쭉 달려가 봐요."

"그러자꾸나. 그런데 그게 뭐라 그러냐? 무슨 불을 들고 간다던데……."

"아니에요, 그런 불을 들고 가려면 길가에 어른들, 아이들, 학생들이 쭉 서 있어야 하는데 번거롭잖아요. 그러니까 그냥 가요."

"하지만 체면이 안 서잖겠니?"

"괜찮아요. 아저씨같이 꾀죄죄한 꼬라지로 그런 성스런 불을 어떻게 들고 가요."

"……."

아저씨는 말없이 생쥐를 잔뜩 쨰려보았습니다. 그러나 어쩔 수 없었습니다. 모두 맞는 말이기 때문입니다.

둘은 달밤의 신작로를 훨훨 날듯이 달렸습니다. 코스모스가 피어 있고, 들국화, 서양제비꽃, 빨간 깨꽃, 모두 가지런히 심어져 아름다웠습니다.

길가의 군데군데 화단을 만들고 전에 없던 아름드리 느티나무도 심어 놓았고, 은행나무, 팽나무, 백일홍, 천일홍, 노간주나무, 전나무, 삼나무 온갖 나무들이 심어져 있었습니다. 쭉 곧은 포플러가 늘어선 신작로는 그야말로 30억 인구의 큰 잔치를 위해 치장되어 있었습니다.

"아저씨, 우리 노래 불러요."

"그래 그래."

"아아 대한민국 아아 대한민국 영원하리라······!"

"아이고 숨차라."

10리를 달리고 나니 벌써 아저씨는 온몸이 늘어져 버렸습니다. 신작로 아스팔트 길바닥에 털썩 주저앉으며 숨을 가쁘게 토해 내었습니다.

"아저씨, 왜 그러셔요?"

"넌 생쥐니까 아무리 달려도 괜찮은 모양이지만 이렇게 숨이 찬데 모두들 서울까지 어떻게 달렸는지 대단하구나."

"참말 그래요. 그래서 모두들 1년 전부터 달리기 연습을 했잖아요."

"1년씩이나 연습을 했단 말이니?"

"그럼요. 30억의 잔친데 1년이고 10년이고 오래오래 연습해야지요."

"만날 연습만 하고 뭘 먹고 사니?"

"아아 우리 대한민국은 찬란하고 위대해서 10년 100년 운동 연습만 해도 끄떡없어요."

"참 그렇겠구나."

"그러니까 아저씨도 이젠 먹을 걱정, 입을 걱정 하지 마시고, 만날 만날 축구도 하고 탁구도 하고 배구, 농구, 달리기, 뛰기, 넘어지고 흔들며 운동 연습만 하라고요."

"그럼, 농사도 안 짓고 공장에 안 다녀도 된단 말이니?"

"그렇다니까요. 운동 연습만 하면 금메달이 와르르 쏟아진다니까요."

"그, 그, 금메달이 와르르 쏟아진다고?"

"노다지로 막 쏟아져요."

"그랬었구나. 가르쳐 줘서 고맙다. 다음 주일부터 목사님께 말씀드려 가지고 설교하지 말고 운동 연습시켜 달라 그래야지."

"맞았어요. 금메달이 쏟아지면 '하늘에는 영광, 땅에는 평화' 그렇게 되잖아요."

"그렇고말고지."

"이젠 알았으니 그만 집으로 돌아가요."

"그래 가자꾸나."

"아아 대한민국 아아 영원토록……."

그런데 그때 어디선가 부르는 소리가 났습니다.

"여보시오! 여보시오!"

생쥐와 아저씨는 아아 대한민국을 그치고 귀를 기울였습니다.

"여보시오! 여보시오!"

돌아다보니 그건 길가에 새로 심어 놓은 커다란 느티나무였습니다.

"왜 그러시오?"

아저씨가 의아해서 물었습니다.

"날 다시 고향으로 보내 주구려."

"고향이라뇨?"

"내가 40년 동안 태어나서 자란 못골 냇둑에 보내 달란 말이오."

느티나무는 울음 섞인 목소리로 애원했습니다.

"……"

"이젠 성화 봉송도 끝났으니 제발 우릴 고향으로 보내 주시오."

아저씨는 우물우물 망설이다가 가까스로 말했습니다.

"하지만 금메달이 막 쏟아지는데도요?"

"금메달인지 다이아몬드메달인지, 그런 건 우리네하곤 상관도 없으니 제발 이 낯선 곳이 싫으니 다시 옮겨다 주구려."

그러자, 길가 여기저기서 웅성거리기 시작했습니다.

"정말이오. 우릴 이렇게 가지를 자르고 뿌리를 잘라 낯선 길가에 심어 놓고 무엇이 좋아 '아아 대한민국'이란 말이오."

"제발 우릴 고향으로 보내 주시오!"

"고향으로 보내 주시오!"

아름드리 팽나무도, 버드나무도 목멘 목소리로 말하는 것이었습니다.

아저씨는 와락 겁이 났습니다.

"생쥐야, 어서 도망치자."

속삭이듯 말하고는 그만 '날 살려라!' 달리다가 씽 날아올랐습니다.

집으로 돌아오자 겨우 안도의 숨이 나왔습니다. 아저씨는 헐떡거리며 말했습니다.

"내가 도망쳐 온 건 아주 장한 일이지?"

"……."

생쥐 귀신은 그냥 입술만 비쭉 내밀었습니다.

_『월간 고신』1986

| 원문 출처 |

1부

「나의 동화 이야기」,『오물덩이처럼 딩굴면서』, 종로서적 1986
「오물덩이처럼 딩굴면서」,『새가정』1976년 2~6월호;『오물덩이처럼 딩굴면서』종로서적 1986
「열여섯 살의 겨울」,『날자, 깃을 펴지 못한 새들이여!』, 사계절 1989
「목생 형님」,『새생명』1978년 3월호;『오물덩이처럼 딩굴면서』종로서적 1986

2부

「토종 씨앗의 자리」,『문학동네』2006년 가을호
「우리 삶과 함께하는 동화」,『어린이문학』2002년 8월호
「미국에도 눈물이 있었던가?」,『우리 말과 삶을 가꾸는 글쓰기』2001년 10월호
「아낌없이 주는 나무」,『작은 이야기』2001년 8월호
「더 이상 낮아질 수 없는 사람들」,『작은 이야기』2001년 7월호
「민들레 꽃씨」,『작은 이야기』2001년 6월호
「자유로운 꼴찌」,『작은 이야기』2001년 5월호
「말을 만드는 사람들」,『우리 말과 삶을 가꾸는 글쓰기』2000년 11월호
「만주댁 할머니」,『아름다운 사람』2000년 7월호

「그저께 시내 장터에서」, 『우리 말과 삶을 가꾸는 글쓰기』 2000년 6월호

「우리 옛 어린이들」, 『우리 말과 삶을 가꾸는 글쓰기』 2000년 2월호

「그때 참새들은 모두 어디로 갔을까?」, 『마음의 풍경』, 이레 2000

「경순이의 아름다운 한 그루 나무」, 『작은 이야기』 1999년 1월호

「엄마, 통일은 왜 해야 하나요?」, 『생활성서』 1994년 8월호

「시를 잃어버린 아이들」, 『시와 사회』 1993년 가을호

「가난한 예수처럼 사는 길」, 『새가정』 1993년 9월호

「아름다운 우리 당산나무」, 『해인』 1993년 7월호

「쓰레기를 만드는 사람들」, 『계몽문화』 1993년 5·6월호

「구릿빛 총탄이 날아오던 날」, 『한국논단』 1992년 6월호

「강물을 지키는 어머니」, 『어머니』 1991년 5·6월호

「고아 소녀 명자의 열 시간」, 『밀알』 1990년 3월호

3부

「안동 톳제비」, 『안동』 7호(1989. 10)

「우리 아이들은 어떤 책을 읽을까」, 『종로서적』 1989년 3월호

「꿈만 같은 일」, 『민들레교회 이야기』 제171호(1988. 4. 1)

「그릇되게 가르치는 학부모들」, 『빛』 1988년 4월호

「평화란 고루고루 사는 세상」, 『경향잡지』 1987년 1월호

「올봄의 농촌 통신」, 『샘이 깊은 물』 1986년 5월호; 『오물덩이처럼 딩굴면서』 종로서적 1986

「가난이라는 것」, 『오물덩이처럼 딩굴면서』, 종로서적 1986

「처음으로 하느님께 올리는 편지」, 『오물덩이처럼 딩굴면서』, 종로서적 1986

「편지 대필」, 『오물덩이처럼 딩굴면서』, 종로서적 1986

「두 개의 이야기」, 『오물덩이처럼 딩굴면서』, 종로서적 1986

「자연과 더불어 크는 아이들」, 『오물덩이처럼 딩굴면서』, 종로서적 1986

「장화 이야기」,『산 넘고 물 건너』, 이오덕 엮음, 그루 1984

「순정이, 영아와 깨끼산 앵두꽃과」,『길을 밝히는 사람들』, 김봉군 엮음, 한샘 1982

「김 목사님께」,『오물덩이처럼 딩굴면서』, 종로서적 1986

「다시 김 목사님께 1」,『월간 목회』1982년 8~9월호

「다시 김 목사님께 2」,『오물덩이처럼 딩굴면서』, 종로서적 1986

「새벽종을 치면서」,『샘터』1980년 12월호

「그해 가을」,『새가정』1975년 11월호

부록(시·동화)

「빌뱅이 언덕」,『안동문학』제9집(1986)

「민들레꽃」,『안동문학』제9집(1986)

「느티나무 안집 강아지들」,『안동문학』제9집(1986)

「인간성에 대한 반성문 2」,『사람의 문학』1997년 가을호

「정축년 어느 날 일기」,『사람의 문학』1997년 가을호

「가을 하늘」,『민들레교회 이야기』제592호(2005. 11. 20)

「한 인간과 하늘이 동시에 울부짖었다」,『민들레교회 이야기』제592호
　　(2005. 11. 20)

「30억의 잔치」,『월간 고신』1986년 11월호

| 발문 |

가장 낮은 곳에서 가장 맑은 목소리로
권정생 선생의 산문들

염무웅

　권정생 선생의 동화는 이제 우리나라에서 국민문학의 반열에 올라 있다. 『강아지똥』 『몽실 언니』를 비롯한 그의 많은 작품들은 어린이뿐만 아니라 어른들에게도 큰 감동을 주고 널리 읽혀 왔다. 그러나 적지 않은 사람들에게 권정생은 단지 한 사람의 동화작가에 그치는 존재가 아니다. 그의 동화 자체가 단순한 아동문학의 경계를 넘어서는 깊이를 지닌 것이지만, 특히 그의 산문집 『우리들의 하느님』(녹색평론사 1996; 개정증보판 2008)은 도시 생활에 젖은 대다수 독자에게는 단순한 문학적 감동 이상의, 일종의 정신적 확장의 충격을 선사한 것이었다. 그의 산문들은 대부분 주변의 비근한 일상사를 소재로 아주 소박하게 감상을 서술한 것임에도 동화나 동시와는 다른 차원에서 우리의 눈을 어떤 근본적인 곳으로 향하게 했고, 그럼으로써 우리의 무심한 일상생활이 실은 얼마나 잘못된 허구적 욕망에 기반하고 있는지 깨닫도록 만들었던 것이다. 이번 산문집도 그 점에서는 마찬가지다. 다만 이번 책은 분단과 전쟁 시기에 그가 겪은 참담한 경험들이 좀 더 솔직하게 담겨 있어, 권정생의 인간적 성장 과정을 이해하는 데에 도움을 준다. 하지만 어떤 경우에도 그는 결코 이론가가 아니고 그의 글의 충격 효과도 이론적인 데서 나온 것이 아니다. 그의 글이 책상 앞 사색의 산물이 아니라, 병든 몸으로 가난하고 외롭게 살아가는 생활의 있는 그대로의 반영이라는 점이야말로 그가 동시대인들로부터 받는 존경의 원천이다. 가난과 질병을 벗어난 적이 없으되 자기 몸을 돌보는 일보다 자연을 사랑하고 약자를 대변하는 일에 70년 생애를 바쳤던 그의 삶 자체야말로 아무도 흉내 낼 수 없는 위대한 유산이다.

이 책에 실린 「나의 동화 이야기」란 글에서 권정생은 "나의 동화는 슬프다. 그러나 절대 절망적인 것은 없다"고 말하고 있다. 그리고 그는 자기 동화가 어른에게도 읽히는 까닭이 "한국인이면 누구나 체험한 고난을 주제로 썼기" 때문일 거라고 추측하고 있다. 아마 이것은 권정생의 삶과 문학에 대한 그 자신의 가장 적절한 요약일 것이다. 과연 그의 동화는 그의 생애 자체가 그렇듯이 대체로 불행하고 슬픈 이야기들로 가득 차 있다. 또한 이 책의 제1부에 실린 글들, 즉 「나의 동화 이야기」 「오물덩이처럼 딩굴면서」 「열여섯 살의 겨울」 「목생 형님」이 보여 주는 바와 같이 그의 생애는 '비참하다' '기구하다'는 말로밖에 표현할 수 없는 극단적 고난의 연속이었다. 그러나 그는 삶에서나 문학에서나 결코 고난에 굴복하지 않았다. 대체 어떤 힘이 그로 하여금 절망적인 고난을 딛고 일어서게 했던 것일까.

알다시피 권정생은 1937년 일본 도쿄 빈민가의 뒷골목 셋방에서 태어났다. 아버지는 거리의 청소부, 어머니는 삯바느질, 형과 큰누나도 일하러 나가고 유일하게 작은누나만이 소학교에 다녔다. 어린 그는 늘 외톨이로 골목길에서 지내야 했다. 후일 그는 자기가 태어나 자란 뒷골목 사람들을 이렇게 묘사한 바 있다. "아무렇게나 흘러들어 와 모여 사는 빈민가 사람들은 가족 구성도 정상적이지 않았다. 골목길 끄트머리 노리코네 아버지는 조선 사람, 어머니는 일본 여자, 노리코는 고아원에서 데려온 딸이었다. 건너편 집 미치코는 주워다 키운 아이고 동생 기미코는 조선 아버지와 일본 어머니 사이에서 태어난 혼혈아였고 우리 앞집 일본인 부부도 양딸을 데리고 살았다. 한 집 건너 경순이는 관동지진 때 부모를 잃고 거기서 식모살이처럼 얹혀살고 있었다." 집집마다 이렇게 사정이 딱한 데 비하면 권정생네 가족은 그나마 아주 정상인 셈이었다.

그런데 우리의 상식을 뒤집는 것은 그가 "이때 나는 따뜻한 사람들을 많이 만났다" "그 따뜻한 촉감은 평생을 잊을 수 없다"는 말로 당시를 기억하고 있다는 사실이다. 해방 이듬해 봄에 두 형만 남겨 두고 귀국할 때에도 그는 그 동네를 떠나는 것을 슬퍼했다. 조선인 남편과 일본인 아내, 부모가 다른 이복형제들, 고아와 혼혈 등 복잡하게 구성된 빈민가 가족들의 세계를 아무런 편견 없이, 아니 오히려 어떤 그리움조차 느끼면서 돌아본다는 것은 보통 일이 아니다. 그것은 재산도 특권도 또 높은 지식도 갖지 않은 사람들 사이에서나 가능한, 진정한 평등의 경지가 그때 이루어졌고 그 자신의 가족도 자연스럽게 거기에 속해 있었음을 암시하는 것이다. 여기서 당시 그의 빈민가 이웃들이 실제로 어떤 사람들이었는지 따지는 것은 부질없는 일이다. 말할 것도 없이 사람의 본성이란 선천적으로 정해져 있는 것이 아니라 일정한 사회 관계 속에서 구체화되는 것이기 때문이다. 어떻든 우리가 주목해야 할 것은 세속적 기준으로 보아 인생의 밑바닥까지 갔다고 할 수 있는 '불쌍한' 사람들 사이에 오히려 삶의 원리로서의 따뜻한 인정이 작동하고 있음을 권정생이 어려서부터 경험했다는 사실이다. 그리고 이렇게 해서 형성된 긍정적 가치관이 분단과 전쟁의 참화를 견디며 살아갈 힘을 그에게 주었고, 『몽실 언니』를 비롯한 여러 동화에 시대를 초월하는 감동으로 형상화되었다는 사실이다. 이 책의 제1부에 수록된 자전적인 글들은 그가 상상을 뛰어넘는 가난과 견디기 힘든 병고에 시달리면서도 마치 한 단계 한 단계 시련을 극복해 가는 구도자처럼 희망의 불씨를 키워 나가고 있음을 보여 준다.

권정생을 이해하는 데 있어 그가 선량한 가족과 따뜻한 이웃들 틈에서 자랐다는 것 말고도 꼭 기억해야 할 것이 있다. 다름 아니라 그가 일찍부터 책을 접했다는 사실이다. 청소부였던 아버지는 쓰레기에서 헌책들을 골라다 고물 장수에게 팔았는데, 권정생은 대여섯 살 때부터 아버지가 뒤란에 쌓아 놓은 책을 가지고 혼자 글자를 익혔다. 그렇게 해서 읽게 된 유명한 그림책과 동화책 들은 그를 삭막한 현실로부터 아름답고 슬픈 상상의 세계로 인도했다.

책에 묘사된 온갖 진기한 이야기들은 그의 외로운 영혼에 꿈의 날개를 달아 주었던 것이다. "이불 속에 누워 천장을 쳐다보고 있으면, 판자 쪽 줄무늬가 어느새 찬 빗줄기로 변하고 그 찬비를 맞으며 왕자와 제비가 떨고 있었다. 잠이 들면 꿈속에 양초 가게의 인어가 상인에게 팔려 가는 구슬픈 모습이 나타나곤 했다."

그후 사춘기 시절 객지를 떠돌다가 부산에서 가게 점원으로 일할 때에도 그는 책 읽기에서 위안을 받았다. 새벽부터 밤중까지 일에 매여 책 같은 건 손에 잡을 여유가 없음에도 그는 "용돈이 생기면 초량동에 있는 '계몽서점'이란 헌책방에서 책을 빌려다 보는 것으로 낙을 삼았다." 포장지 뒤에다 스스로 시와 소설을 써 본 것도 이때가 처음이었다. 그가 처한 문학적 여건이 자갈밭보다 더 거친 박토였음은 설명할 필요도 없이 우리가 아는 바인데, 그럼에도 불구하고, 아니 바로 그랬기 때문에 그 악조건을 뚫고 자라나 꽃을 피운 그의 문학적 노력은 만인에게 희망과 가르침을 주는 영속적 생명을 얻게 되었던 것이다. 그러나 작가로 이름을 얻은 뒤에도 그는 독서를 쉬지 않았고, 문학이나 종교 같은 특정 영역에만 안주하지도 않았다. 그의 산문집은 그의 시야가 인류의 운명과 세계사의 미래를 향해 예민하게 열려 있었음을 입증한다.

알다시피 권정생은 1968년부터 경북 안동군 일직면 조탑동 마을 교회 문간방에 정착해 지냈고, 1983년 교회 뒤쪽 언덕에 작은 흙집을 지어 독립한 뒤에도 작고하기까지 그 교회의 집사로 봉직했다. 한마디로 그는 6·25전쟁 전후 유랑과 방황으로 보낸 한때를 제외

하면 평생 독실한 기독교도였다. 그의 문학 세계도 근본적으로는 기독교 신앙에 바탕을 둔 것이라고 말할 수 있다. 그러나 그의 기독교는 오늘날 우리가 주위에서 흔히 보는 기독교와는 전혀 다른 것이었다.

그가 예수를 처음 알게 된 것은 다섯 살 때 누나들이 예수의 죽음에 관해 주고받는 얘기를 곁에서 듣고서였다. 교회의 제도와 규범을 통해서가 아니라 "핏기 없는 검푸른 얼굴에 붉은 피를 흘리며 공중에 높이 매달린 남자"의 이미지, 즉 십자가의 형틀에 달린 예수의 형상을 통해 기독교가 그에게 전해졌다는 것은 매우 상징적이다. "내가 교회에 나가고 예수를 믿는 것은 예수가 사랑했던 들꽃 한 송이를 나도 사랑하고 싶고 그가 아끼던 새 한 마리를 나도 아끼며 살고 싶기 때문이다."라는 그의 말이 웅변하듯이 권정생은 어떤 외부 형식의 매개를 거치지 않고 직접 예수의 삶을 본받고 싶어 했다. 그런데 그가 보기에 역사 속의 교회, 현실 속의 교회는 예수의 실천과는 반대로 서구 제국주의의 첨병이 되어 아프리카·아메리카·아시아의 민중을 약탈하고 침략하는 데에 앞장섰고 부자와 강자의 편이 되어 기성 체제를 옹호하는 일에 선전 부서가 되었다.

특히 오늘의 한국 교회에 대한 권정생의 비판은 유례없이 신랄하다. 가령 「김 목사님께」「다시 김 목사님께 1」「다시 김 목사님께 2」 같은 글은 아슬아슬할 만큼 통렬한 목소리로 한국 교회의 부패와 타락을 규탄한다. "교회는 정치와는 떨어져 순수한 도덕적 수양만으로 높은 신앙인이 되라고 가르치면서, 어쩌면 그렇게 정치와 결탁해서 하느님의 자녀들을 기만하는 것입니까? 갈보리 산 언덕에서 죽은 예수는 진실로 정치와 대결했던 인간이었습니다. 예수는 이 세상의 모든 정치를 부정했기 때문에 죽은 것입니다." 그러므로 권정생이 보기에 오늘의 한국 교회는 예수를 다시 돈과 권력의 우상에게 팔아넘기고 있는 것이다.

그럼 교회는 어떠해야 하는가. 「우리들의 하느님」이란 글에서 권정생은 교회 문간방에 살면서 새벽종을 울리던 때가 "진짜 하느님을 만나는 귀한 시간"이었다고 회고한다. 1960년대까지만 해도 "농촌 교회의 새벽 기도는 소박하고 아름다웠다. 전깃불도 없고 석유램프를 켜 놓고 차가운 마룻바닥에 꿇어앉아 조용히 기도했던 기억은 성스럽기까지 했다." 그러므로 그때 교회는 가난하지만 따뜻하고 정이 넘쳤다. 예컨대 당시 교회의 회계장부를 보면 마을의 누가 몇백 원을 꿔 갔다가 언제 갚았다는 기록이 종종 보인다고 한다. 교회가 민중 생활 한가운데서 고락을 함께했음을 이보다 잘 입증하는 사례는 없을 것이다. 그런데 1970년대 들어 이런 민중적·생활적 요소는 교회에서 자취를 감추었다고 권정생은 개탄한다. 권위주의와 물질만능주의에 신비주의까지 밀려들어 이제 교회는 인간 상실의 본산이 되었고, 목사와 장로도 직분이 아니라 "명예가 되고 계급이 되고 권력이 되었다."

권정생이 보기에 한국 교회는 불교 등 다른 종교나 민속신앙 들과 이 사회에서 평화롭게 공존하는 지혜를 잊은 지 오래다. 뿐만 아니라 교회는 우리 민족의 역사적 전통과 고유문화를 파괴하고 사람과 자연 간의 공생의 질서를 어지럽히는 데까지 나아가고 있다. 그러므로 이제 교회는 자기 존재의 정당성에 대한 근본적 물음

앞에 직면해 있다. 그는 뜨거운 가슴으로 외친다. "동족끼리, 인간끼리 무기를 맞대고 싸우는 전쟁터에 아무리 거대한 교회당을 지어 놓고 수만 명이 모여도 그건 교회가 아닙니다. 황량한 들판이든, 강가이든, 산 위이든 싸움이 없는 곳이, 무기가 없는 곳이, 권력이 없는 곳이, 황금이 없는 곳이, 억압이 없고 공갈이 없는 곳이 곧 교회입니다." 그러나 잊지 말아야 할 것은 한국 교회에 대한 권정생의 이 가열찬 비판이 스스로 '교회에 속해 있다'고 믿는 그의 자기 확신에서 나온다는 점이다. 즉 그에게 있어 교회 비판은 일종의 자기 비판으로서, 예수의 정신을 따르고자 하는 자의 의무 이행이며 교회 혁신의 책임을 자각한 자의 당연한 신앙적 참여 행위인 것이다.

권정생의 사상은 근본적으로 자연과 사람의 공생 관계를 전제로 한다. 그가 생각하기에 원래 사람은 "자연을 한식구처럼 생각하면서" 살았다. "집에서 키우는 짐승도, 들판이나 산에 사는 새와 짐승도 이웃에 사는 한목숨들이었다." 그런데 언제부턴가 인간과 자연 사이에 맺어진 공존·공생의 순환적 질서는 무너지고 말았다.

앞에서도 지적했듯이 권정생은 이론적으로 이 문제를 천착한 학자가 아니다. 하지만 그의 많은 글에서 우리는 자연 파괴가 단지 환경의 문제가 아니라 인간성의 지속가능성이 걸린 문제이고 인류 문명의 존망에 관계된 문제라는 경고를 되풀이하여 읽게 된다. 역설적이지만, 그가 보기에 우리 사회가 아직까지 이만큼의 도덕성을 유지하는 것은 자연 속에서 자라난 세대가 그래도 아직 많이 남아 있기 때문이다. 그런데 세월이 더 흘러서 세상이 "도시적 삶을 살아온 세대로 바뀌면 그때는 상상도 못 할 만큼 무서운 사회가 될지 모른다"고 그는 말한다. 실제로 오늘 우리는 그런 가공할 사회가 임박해 있음을 날마다 실감하고 있지 않은가. 그렇다면 우리는 이 절체절명의 위기에 어떻게 대처할 것인지, 도대체 대처 방안이 있기나 한 것인지 묻지 않을 수 없다. 권정생이 제시하는 유일한 해결책은 사람이 자연의 법칙에 순응하여 소비를 최소화하는 삶, 즉 자연 속에서 가난하게 사는 것뿐이다. 다음과 같은 그의 전언은 이제부터 우리 스스로 고민하고 대답해야 할 무거운 숙제이다.

"모두가 원래의 위치로 돌아가 가난을 지켜야 한다. 가난만이 평화와 행복을 기약한다. 가난이란 바로 함께 사는 하늘의 뜻이다."

"민주주의도 가난한 삶에서 시작되고, 종교도 예술도 운동도 가난하지 않고는 말짱 거짓거리밖에 안 됩니다."

염무웅 | 문학평론가

빌뱅이 언덕

초판 1쇄 발행 2012년 5월 25일
초판 12쇄 발행 2024년 2월 29일

지은이	권정생
펴낸이	염종선
책임편집	백승윤 유용민
디자인	이은혜
펴낸곳	(주)창비
등록	1986. 8. 5. 제85호
주소	10881 경기도 파주시 회동길 184
전화	031-955-3333
팩스	031-955-3399(영업) 031-955-3400(편집)
홈페이지	www.changbikids.com
전자우편	dongmu@changbi.com

ⓒ 권정생어린이문화재단 2012
ISBN 978-89-364-7216-0 03810

* 이 책 내용의 일부 또는 전부를 재사용하려면 반드시 저작권자와 창비 양측의 동의를 받아야 합니다.
* 책값은 뒤표지에 표시되어 있습니다.